ROLAND HAMPE
ANTIKES UND MODERNES GRIECHENLAND

KULTURGESCHICHTE
DER ANTIKEN WELT

BAND 22

VERLAG PHILIPP VON ZABERN · MAINZ AM RHEIN

ROLAND HAMPE

ANTIKES UND MODERNES GRIECHENLAND

HERAUSGEGEBEN
VON ERIKA SIMON

VERLAG PHILIPP VON ZABERN · MAINZ AM RHEIN

343 Seiten mit 82 Textabbildungen und 6 Farbtafeln

Umschlagbild: Terrakottakopf des Zeus von der
Gruppe Abbildung 34, Olympia, Museum
Vor- und Nachsatz: Attika, Blick auf den
Pentelikon. Aufnahme H. Wagner

© 1984 by Philipp von Zabern, Mainz am Rhein
ISBN 3-8053-0802-7
Alle Rechte, insbesondere das der Übersetzung in fremde Sprachen, vorbehalten. Ohne ausdrückliche Genehmigung des Verlages ist es auch nicht gestattet, dieses Buch oder Teile daraus auf photomechanischem Wege (Photokopie, Mikrokopie) zu vervielfältigen. Printed in West Germany by Philipp von Zabern

INHALTSVERZEICHNIS

Vorwort der Herausgeberin	9
KAPITEL 1: MYKENISCHE UND HOMERISCHE WELT	15
»Frühgriechisches Kunsthandwerk«, Einleitung zu einer Vorlesung	17
Besprechung von Viktor Burr, νεῶν κατάλογος	20
Die Homerische Welt im Lichte der neuen Ausgrabungen: Nestor. Anhang: Stammbaum der Neleiden	25
Die Homerische Welt im Lichte der neuesten Ausgrabungen: Der »Nestorbecher« von Ischia	30
Die Gleichnisse Homers und die Bildkunst seiner Zeit: Schiffbruch des Odysseus	33
Ein frühattischer Grabfund: Schlachtfeld, Hunde und Geier	39
Böotische Fibeln: Zusammenfassung	49
»Frühgriechische Bildniskunst«. Einleitung zu einer Vorlesung	55
KAPITEL 2: ANTIKES UND NEUZEITLICHES KRETA	57
Der Sarkophag von Hagia Triada	59
Kretische Löwenschale des 7. Jahrhunderts v. Chr.	63
παραμύθι	69
(Märchen)	
Hochzeit auf Kreta	74
Die Pithostöpfer von Kreta	87
KAPITEL 3: OLYMPIA	107
Ein bronzenes Beschlagblech aus Olympia	109
Olympia-Funde (Eine Auswahl)	115
Olympia-Funde	127
KAPITEL 4: INTERPRETATIONEN ANTIKER BILDWERKE	135
Kretische Mitra in Olympia · Fundlücken in der Darstellung des Alexandros	137
Bruchstück eines attischen Grabpfeilers	143

Zu den Panathenäischen Amphoren	145
Hydria des Telesstas · Silen aus dem Umkreis des Pistoxenos-Malers	150
Attische Trinkschale: Hetäre am Waschbecken	155
Ein Denkmal für die Schlacht von Marathon	157
Rückkehr eines Jünglings	169
Der Wagenlenker von Delphi: I. Die Pferde · II. Deutung	180
Die Stele aus Pharsalos im Louvre	191
Glaspaste mit Büste des Königs Kodros	198
Statuette eines jungen Nubiers	206
Zur Laokoongruppe	208

KAPITEL 5: ÜBERTRAGUNGEN ANTIKER UND NEUGRIECHISCHER DICHTUNG. GRIECHISCHE HELDENSAGEN — 213

Homer, Ilias 13,10 ff.	215
Homer, Odyssee 6,85 ff.	216
Homer, Odyssee 23,153 ff.	219
Kyprien (Fr. 4 Allen)	222
Hesiod, Theogonie 319 ff.	222
Homerischer Hymnus an Apollon (3,140 ff.)	222
Homerischer Hymnus an Aphrodite (5,68 ff.) und an Athena (28)	223
Archilochos (Fr. 30 und 31 West)	224
Alkman (Fr. 56 Page)	224
Alkaios (Fr. 362 Lobel/Page)	224
Anakreon (Fr. 348 Page)	224
Anakreontische Verse (VIII 5–10 und XXII Preisendanz)	225
Pindar, Hymnus (Fr. 33 Snell)	226
Pindar, Dithyrambos (Fr. 70 b, 19 ff. Snell) und Parthenion (Fr. 94 b Snell)	227
Euripides, Hippolytos 215 ff.	227
Vergil, Aeneis 5,833 ff. und 6,337 ff.	228
Georgios Drosinis, Auf eine Kore der Akropolis	230
Zwei Kapitel aus Ion Dragumis, Samothrake	232
Aus Elias Venesis, Äolische Erde	244
Brief an C. Weickert vom 20.1.45 und unveröffentlichtes Probekapitel aus »Griechische Heldensagen«	248

KAPITEL 6: JUGENDBRIEFE, ERINNERUNGEN, NACHRUFE 271
Briefe zwischen 1926 und 1935 272
Kieler Erinnerungen. Stefan George und Friedrich Wolters 298
Penthesileaschale, von Schülerinnen beschrieben 303
Antrittsrede in der Heidelberger Akademie der Wissenschaften 309
Ernst Buschor 1886–1961 317
Porphyrios Dikaios 1904–1971 321
Hermann Wagner 1895–1976 325

Textnachweise 329
Bildnachweise 333
Register 336

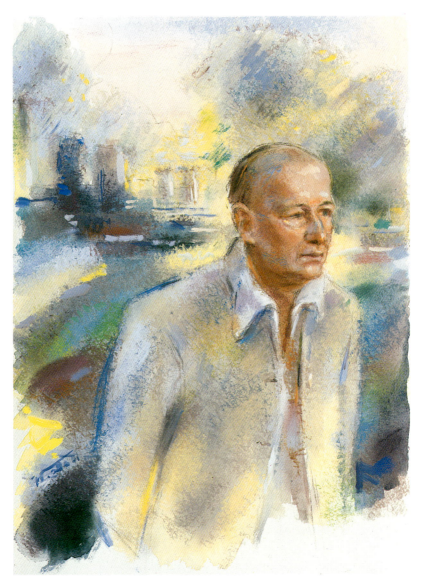

Taf. I Porträtgemälde Roland Hampe (2.12.1908–23.1.1981) von Wilfried Otto, Karlsruhe (1981). Im Hintergrund die Altis von Olympia.

Taf. II   Iraklion, Museum. Sarkophag von Hagia Triada.   ▷

Taf. III Olympia, Museum. Terrakottakopf des Zeus von der Gruppe Abb. 34.   ▷▷

VORWORT DER HERAUSGEBERIN

Der vorliegende Band enthält eine Auswahl aus gedruckten und ungedruckten Schriften von Roland Hampe (1908–1981). Die verschiedenen Themenbereiche und deren Gliederung ergaben sich aus dem unverwechselbaren Charakter dieses Archäologenlebens, in dem neben strenger Forschung die Musen stehen. Sie waren ihm wie seinem griechischen Freund, dem Musikhistoriker Thrasybulos Georgiades (1907–1977), im antiken Sinne Realität. Die Auswahl ist im wörtlichen Sinne als Lesebuch gedacht, nicht nur für Fachgenossen, sondern auch für seine Hörer, die aus allen Fakultäten kamen, sowie für seine Freunde und für alle, die Griechenland lieben. Es wurde darauf geachtet, daß alle wichtigen Lebensphasen zu Worte kommen, so Jugend und Studienjahre in Briefen an die Eltern (S. 272), die Tätigkeit am Deutschen Archäologischen Institut in Rom durch Beiträge über die Brygosschale in Tarquinia (S. 169) und die Münchener Penthesileaschale (S. 303), die Athener Assistentenzeit durch Berichte über die Funde in Olympia (S. 109) und die Publikation des Wagenlenkers von Delphi (S. 180), mit der sich Hampe an seinem nächsten Arbeitsort, der Universität Würzburg, habilitierte. Seine öffentliche Probevorlesung »Attische Bildkunst der Solonischen Zeit« fiel bereits in den Beginn des Krieges.

Nach seinen eigenen Worten war er »durch Kriegs- und Nachkriegsereignisse rund zehn Jahre verhindert, wirklich wissenschaftlich zu arbeiten« (S. 312). Aber die Musen verließen ihn auch in jenen bitteren Jahren nicht. Seine Unterkunft schmückte damals eine Photographie der ihm wohl liebsten antiken Plastik, des Kalbträgers von der Akropolis (Abb. 1), und wenn ihm Zeit blieb, sammelte er Material für das geplante Buch »Griechische Heldensagen«, von dem das aus der Zerstörung Berlins gerettete Probekapitel hier erstmals abgedruckt ist (S. 249). Auch übersetzte er in jener Zeit den Roman »Samothrake« von Ion Dragumis, einem Bruder seines griechischen Schwiegervaters (S. 232), und »Äolische Erde« von Elias Venesis (S. 244), der in der griechischen Zeitschrift Nea Estia 89, 1971, 119–121 die erste Begegnung mit seinem deutschen Übersetzer mit großer Sympathie schildert. Die »Äolische Erde« wurde für uns, die unmittel-

Abb. 1   Athen, Akropolismuseum. Kalbträger. Marmor. Höhe 1,65 m. Um 570 v. Chr.

bar nach dem Krieg studierende Generation, zu einer Offenbarung griechischen Wesens.

Roland Hampe beherrschte die neugriechische Volkssprache so mühelos, daß ihn die Griechen für einen der Ihren ansahen. Er verfaßte in dieser Sprache auch Geschichten, von denen hier ein hintergründiges »Märchen« abgedruckt ist (S. 69). Es erschien während des Krieges in der Zeitung von Chania. Von der Landschaft und den Menschen Kretas wie von der minoischen und dädalischen Kultur dieser Insel fühlte er sich besonders angezogen. Von Heidelberg aus besuchte er später Kreta mehrmals im Zuge seiner mit Adam Winter (1903–1978) durchgeführten Töpferforschungen, die ihn auch sonst weit in die Mittelmeerländer ausgreifen ließen (S. 87). Im letzten Augenblick, vor der endgültigen Überschwemmung durch Touristen und

Industrieerzeugnisse, haben die beiden Freunde, der Keramikforscher und der Keramikbildhauer, die seit Jahrtausenden geübte Handwerktradition in zwei vielbeachteten Bänden durch Wort und Bild festgehalten (Mainz 1962 und 1965).

Auf ein ausführliches Werkverzeichnis von Roland Hampe wird in diesem Lesebuch verzichtet, da es in der von Freunden und Schülern verfaßten Festschrift »Tainia« zum 70. Geburtstag (erschienen Mainz 1980) abgedruckt ist. Es fehlen dort seine knappen, originellen Texte (seit 1971) für den »Archäologischen Kalender« des Verlags Philipp von Zabern, von denen drei hier ausgewählt sind (S. 143, 155, 206), sowie das zusammen mit der Herausgeberin verfaßte Werk »Tausend Jahre frühgriechische Kunst« (Fribourg 1980) und die Beiträge »Aktorione«, »Alexandros« und »Amarynkeus« im Lexicon Iconographicum Mythologiae Classicae (Zürich 1981), das Lilly Kahil mit seiner Hilfe ins Leben gerufen hatte und dessen Erscheinen er nicht mehr erlebte. Aus dem zuerst genannten Buch ist hier die Beschreibung und Interpretation des Sarkophages von Hagia Triada wiedergegeben (S. 59), eines Hauptwerkes spätminoischer Malerei und Religion, aus dem letzteren die Deutung einer in Olympia gefundenen kretischen Bronzemitra (S. 137).

Hampe war in Deutschland einer der ersten, die die Entzifferung der mykenischen Schrift freudig begrüßten. Viele Fachkollegen, vor allem aus dem philologischen Lager, waren in den fünfziger Jahren noch skeptisch. Inzwischen hat sich herausgestellt, daß der Ansatz von Ventris und Chadwick, in der Linear B-Schrift ein frühes Griechisch zu erkennen, richtig war. In zahlreichen öffentlichen Vorträgen stellte er dem Publikum in Deutschland und der Schweiz »Die Homerische Welt im Lichte der neuesten Ausgrabungen« vor (S. 30).

Im Gegensatz zum reinen Schreibtisch-Archäologen war er vom Drang nach praktischer Tätigkeit erfüllt. Er grub in Olympia (S. 107) und auf Ischia, dem Pithekussai der Griechen, ihrer frühesten Pflanzstadt im Westen. Noch im Frühjahr 1977 nahm er trotz angegriffener Gesundheit an einer Grabung auf Kreta teil. Er leitete die Zusammensetzung der mannshohen protoattischen Kessel in Mainz (S. 39), richtete dort an der Universität eine erlesene Originalsammlung ein (S. 150) und erweiterte seit 1957 systematisch die Sammlungen des Archäologischen Instituts der Universität Heidelberg. Dabei gelang ihm etwas ganz Seltenes, der Ankauf einer Reihe von spätgeometrischen böotischen Bronzefibeln, deren Platten gravierte Darstellungen tragen (S. 49). Dieser Gattung von Bronzefunden hatte seine Dissertation »Frühe griechische Sagenbilder in Böotien« gegolten (Athen 1936), über deren Entstehen er in Briefen an die Eltern aus München und Athen berichtet (S. 283). Er zeichnete selbst viele Fibelplatten mit einer Stiltreue, die für so frühe Werke einen Maßstab setzte. Dieses genaue Zeichnen befähigte ihn ferner, Meisterhände zu scheiden. Auch der graphische Reichtum des großen Bronzeblechs mit der säugenden Greifin, das er zusammen mit Ulf Jantzen in Olympia barg, wurde durch seine einfühlsame Zeichnung (Abb. 37) erschlossen.

An den böotischen Fibeln interessierte ihn aber nicht nur die spätgeometrische Form, sondern mehr noch der Inhalt ihrer gravierten Bilder. Unter ihnen befinden sich nämlich die frühesten Sagenszenen der griechischen Kunst, aus dem 8. Jahrhundert, der Epoche Homers. Seine Datierung der Fibeln in diese Zeit und seine Lokalisierung wurden durch die neuen Grabungen von Lefkandi – an der Böotien zugewandten Küste Euböas – glänzend bestätigt. Aus der Zeit Homers stammt auch die attisch-geometrische Kanne in München mit dem Schiffbruch des Odysseus, die durch Hampe in die Forschung eingeführt worden ist (S. 33). Die ihn bei seinen wissenschaftlichen und musischen Arbeiten am stärksten antreibende Kraft war die Liebe zum Homerischen Epos. Das schönste Zeugnis dafür ist sein Alterswerk, die vollständige metrische Übersetzung sowohl der Odyssee als auch der Ilias (S. 215). Teile daraus, so die hier wiedergegebene Beschreibung des Poseidon aus der Ilias, reichen in die Zeit zurück, als er »Samothrake« von Ion Dragumis übersetzte. Und die Übertragungen frühgriechischer Lyrik (S. 224) sind zum Teil noch älter, stammen aus der Kieler Studentenzeit.

Aus den Jugendbriefen geht hervor, daß sein Vater, der Historiker Karl Hampe (1869–1936), ihm trotz mancher Spannungen bewundertes Vorbild war. Neben seinem Schreibtisch hing bis zuletzt eine Zeichnung mit dem Porträtkopf des Vaters. Von ihm hat er die behutsame, im Detail nie das Ganze aus dem Blick verlierende Fragestellung an das Material übernommen. Es ist die historische Fragestellung, die während seiner Studienjahre bei Ernst Buschor (S. 317) in der deutschen Archäologie stark zurückgetreten war, während sie zur Zeit, nicht zuletzt durch Schüler Roland Hampes, an vielen Archäologischen Instituten unserer Universitäten im Zentrum steht.

An den Anfang dieses Buches wurde bewußt die Einleitung zu einer Vorlesung im Wintersemester 1945/46 an der wiedereröffneten Universität in dem zerstörten Würzburg gesetzt. Sie leitet den Hauptabschnitt der Laufbahn Roland Hampes ein, den des akademischen Lehrers. Zunächst in Würzburg, dann in Kiel, Mainz und seit 1957/58 in Heidelberg, sammelte er eine immer größer werdende Hörerschar um sich. Dennoch zog er die intensive Arbeit mit Wenigen der Wirkung auf Viele vor, und das war mit ein Grund, weshalb er sich für Heidelberg und gegen München entschied, wohin er gleichzeitig einen Ruf erhalten hatte. Über den Lehrer berichtete sein Schüler und Nachfolger auf dem Heidelberger Lehrstuhl, Tonio Hölscher, in zwei Nachrufen, auf die hier verwiesen sei: Ruperto-Carola 33, 1981, 214ff. und Gnomon 53, 1981, 620–624. Leider läßt sich die typische Atmosphäre eines Hampe-Kollegs, in dem die Studenten oft so gespannt waren, daß man eine Nadel hätte fallen hören können, kaum wiedergeben. Vielleicht aber ist etwas davon in dem folgenden, von einem Augen- und Ohrenzeugen verfaßten Gedicht enthalten:

Wie einen Falken, der in den Lüften schwebt
Und hellen Auges spähend herniederblickt
Auf Berge, Täler und Gehöfte,
Heimliche Quellen und breite Ströme –

So sahn wir ihn, wenn er uns von Hellas sprach
Und seiner Kunst, die staunende Schülerschar.
Zuweilen stieß er herrlich nieder,
Faßt mit den Fängen die sichre Beute.

Dann wieder hing er hoch in der Bläue, wo
So bald ihn keines anderen Flug erreicht,
Und schaut der Landschaft reine Linien,
Inseln und Meer und die stillen Haine.

KAPITEL 1

Mykenische und Homerische Welt

Taf. IV   Olympia, Museum. Terrakottaköpfchen einer Frau (Mänade).   ▷

Taf. V   Asomatos, Kreta. Frisch getöpferte Pithoi, die zum Trocknen abgestellt   ▷▷
          sind.

Taf. VIa Kreta. Pithostöpfer beschleunigt das Trocknen eines Pithos durch bren-
          nende Reisigbündel.   ▷▷▷
Taf. VIb Asomatos, Kreta. Bau des Pithos-Ofens.

»Frühgriechisches Kunsthandwerk«. Einleitung zu einer Vorlesung
1945

Die Zeit, welche der Same einer Pflanze unter der Erde zubringt, ist gewiß bedeutend und nicht minder die erste Wachstumszeit der jungen Pflanze. Bestimmend ist nicht allein, was ein solcher Same, eine solche Pflanze an eingeborener Kraft und Eigenart mitbringt, mindestens ebenso wichtig, in welchem Boden sie wurzelt, was sie in ihm vorfindet, aus ihm aufsaugen, sich zu eigen machen kann. Wichtig, unter welchem Himmelsstrich sie aufwächst, unter welchem Licht oder in welcher Beschattung, ob eingeengt oder frei sich entfaltend, ob von der Witterung begünstigt oder von Sturm und Hagelschlag heimgesucht.

Wir haben uns in der Menschheitsgeschichte allzusehr daran gewöhnt, hauptsächlich jene Zeiten zu beachten, in denen das reife Kornfeld durch Unwetter vernichtet wird, in denen der Sturm in den Forst einfällt und ihn verwüstet. Man übersieht dabei sehr leicht die stillen Wachstumszeiten, oder man wertet sie nur als unvollkommene Vorstufe zu Künftigem, ohne zu bedenken, daß jedes Lebensalter seinen Wert und eine gewisse Vollendung in sich selber trägt.

Eine solche Zeit des stillen, beinahe dem Blick verborgenen Wachstums waren die ersten Jahrhunderte der griechischen Geschichte, die Zeit von rund 1100/1000 bis 700 v. Chr., eine Epoche, aus der wir kaum Nachrichten haben, keine Überlieferungen im Sinne geschichtlicher Daten und Tatsachen, eine Epoche, die wir nun doch in ihrem Ablauf überblicken können durch die stummen – und doch so beredten – archäologischen Zeugnisse.

Entscheidend wichtig, gewissermaßen eine Grundvoraussetzung ist, was die einwandernden Hellenen an eigenem Wesenskern, an Substanz, mitbrachten. Aber das macht es dennoch nicht alleine aus. Es mag im Laufe der Geschichte manche in den Mittelmeerraum dringende Stämme gegeben haben, die eine gleiche Veranlagung in sich trugen, denen es aber an zwei sehr wesentlichen Voraussetzungen fehlte: an einem so günstig vorbereiteten Boden und an einer so glücklichen Weltstunde. Denn das war für die einwandernden Hellenen nicht weniger entscheidend, daß sie auf der griechischen Halbinsel und im ägäischen Inselraum bis hinüber nach Kleinasien nicht in eine völlig fremde Welt vorstießen, sondern daß der Boden bereits durch die Achäer vorbereitet war, daß sich Verwandtes auf Verwandtes legte. Daß sie, die selber keine »Kulturbringer« waren, die kretisch-mykenische Mittelmeerkultur nicht mehr in ihrer Hochblüte antrafen, nicht als etwas Fremdes, fast Exotisches, kaum für sie Begreifliches, sondern bereits durch ihre Vorläufer, die Achäer, ihrem Wesen anverwandelt, so daß sie daran anknüpfen konnten, ohne davon erdrückt zu werden. Daß sie durch diese Berührung über die Stufe des prähistorischen Bauern hinausgehoben, in Gesittung und Gestaltung ihres Daseins – im Staatlichen, in den religiösen Vorstellungen, im Kultus – bereichert und verfeinert wurden. Daß sie durch die geographische Lage in ein bewußtes Weltgeschehen gestellt schon etwas wie eine Ahnung oder Vorahnung von Weltgeltung bekamen, wenn diese auch zunächst nur in der Spiegelung des Mythos einen Ausdruck fand.

Schließlich ist von ausschlaggebender Bedeutung der Umstand, daß die Großreiche des Mittelmeerraums in Kleinasien und Ägypten um diese Zeit teils äußerlich überrannt und zusammengebrochen, teils in sich so erschlafft waren, daß sie weder eine politische Expansionsmöglichkeit noch eine kulturelle Ausstrahlungskraft besaßen. Daß also die eingewanderten Griechen von außen völlig unbedroht blieben, daß sie sich ganz gefahrenlos, ganz auf sich selbst gestellt entwickeln konnten.

Dies sind die drei großen Voraussetzungen dieser frühen Wachstumsepoche, der am reinsten hellenischen von allen griechischen Entwicklungsstufen. Einer großen Epoche, die mit der Einwanderung und der Landaufteilung begann und die – nach mehreren Jahrhunderten der Seßhaftigkeit – mit dem Ausgreifen über den mutterländischen Raum in den Koloniegründungen auslief. Einer Epoche, welche mit der Übernahme mykenischer religiöser Vorstellungen und Kulte begann, welche andere Gottheiten selbst mitbrachte, andere neu erschuf, an deren Ende eine völlig neugeformte Götterwelt stand und damit gleichzeitig die ersten Kultbilder und die Gotteshäuser für diese Kultbilder, die ältesten griechischen Tempel. Einer Epoche, die zu Beginn das Nachklingen einer eben erst versunkenen wikingerhaften Heldenzeit im Gedächtnis der Menschen noch lebendig fand und an deren Ende die große mythische Widerspiegelung jenes Heldengeschehens stand, zugleich das Reinste, was hellenischer Geist geschaffen hat, die Gedichte des Homer. Das Ende jahrhundertelanger Entwicklung war zugleich ein neuer Anfang, oder besser das Fundament für alles Künftige.

Besprechung von Viktor Burr, Νεῶν Κατάλογος 1948

»Eine möglichst genaue Festlegung aller im Homerischen Schiffskatalog genannten Orts- und Namensbezeichnungen auf Grund der neuen Ausgrabungen und der modernen Forschung zu bringen«, zugleich »bis zu den Quellen des Schiffskatalogs vorzudringen« und damit einen Beitrag zur Lösung des Katalogproblems zu geben, ist die klar umrissene Aufgabe, die sich Burr für seine Untersuchung gestellt hat. Die Mehrzahl der Forscher sah im Schiffs- und Troerkatalog die jüngste Zutat der Ilias, eine Einschaltung, die nicht vom Iliasdichter stamme: Burr weist Kap. I »Der Katalog in der neueren Forschung« (6–17) überzeugend nach, daß der von F. Jacoby[1] hierfür gelieferte »mathematisch genaue, mit den gewöhnlichen Mitteln der Philologie aus dem Text geschöpfte Beweis« nicht stichhaltig ist, daß vielmehr die Einarbeitung in die Ilias, von langer Hand vorbereitet, vom Iliasdichter selber planvoll vorgenommen wurde. Burr will keine neue philogische Theorie aufstellen. Er ist vielmehr der Ansicht, daß die rein philologische, ausscheidende Kritik versagt hat. Es gilt ihm, den Schiffskatalog aus seiner isolierten Betrachtung herauszuziehen. Auch die archäologischen Ergebnisse allein genügen nicht, wenn sie auch weitgehend Th. W. Allens These, daß der Schiffskatalog älter als alles andere und als historisches Dokument zu werten sei, bestätigen. Hinzukommen muß die geographische Kritik, denn in den geographischen Angaben verrät sich das Zeitalter am untrüglichsten.

Das Fundament der Untersuchung liefert das umfangreiche Kap. II »Die Ortsangaben des Achäerkatalogs« (18–108), eine Aufzählung der Ortsangaben in der homerischen Reihenfolge, jeweils mit den Ergebnissen der topographischen Forschung, dem archäologischen Befund und geographisch-kritischer Beurteilung. Würde sich die Arbeit nur auf Zusammenfassung der bisherigen Ergebnisse der verschiedenen Forschungszweige beschränken, müßten wir schon überaus dankbar für das Geleistete sein. Burr hat indessen in dreimonatigem Aufenthalt in Griechenland einen guten Teil der Orte selbst aufgesucht, bringt zahlreiche von ihm überprüfte oder mit Grund vermutete Neuvorschläge für die Lokalisierung, Anregungen zu Ausgrabungen, neue geographisch-kritische Gesichtspunkte. Der besondere Wert der Untersuchung liegt darin, daß nicht einzelne Ortschaften und Probleme herausgepflückt werden, sondern daß auf ganzer Breite vorgegangen wird – auf der anderen Seite gerade in der Beschränkung auf präzise Fragen: etwa, ergibt sich aus dem Grabungsbefund jeweils ein terminus post oder terminus ante? Was gehört jeweils zum alten Bestand der Katalogquelle, was wurde vom Iliasdichter hinzugefügt oder ist jüngere Interpolation? Ist die ursprüngliche Reihenfolge gewahrt oder erfolgte eine Umstellung aus metrischen oder sonstigen Gründen? Einzelne Brennpunkte sind entsprechend ihrer geschichtlichen Bedeutung und der Wichtigkeit für den Gang der Untersuchung ausführlicher behandelt. Abweichende Ansichten zu Einzelheiten können hier nicht vorgebracht werden. Kleinere, durch die Zeitverhältnisse bedingte Versehen fallen gegenüber dem Geleisteten nicht ins Gewicht.

Kap. III »Die Quellen des homerischen Achäerkatalogs« (109–131) faßt die bisher einzeln gewonnenen Ergebnisse zusammen, wertet sie aus und fragt nach den Quellen des Katalogs. Von den 164 im Katalog genannten Orten sind 60 durch Funde als mykenisch erwiesen, 31 durch altes Sagengut oder durch Ortsnamen als mykenisch wahrscheinlich gemacht, von 70 ist nichts Näheres bekannt. Nur bei 3 (Plataiai, Troizen, Hypochalkis) kann man zweifeln, ob sie erst nach der großen Wanderung angelegt sind. Auch hier bleibt aber die Möglichkeit, daß mykenische Reste bisher nur nicht gefunden wurden.

Der Katalog zeigt trotz gewisser Unstimmigkeiten im ganzen keine Verwirrung, sondern nur eine andere Gliederung als die aus der Zeit nach der Einwanderung und aus der klassischen Epoche geläufige. Es war keine vollständige geographische Aufzählung (Attika ist etwa nur mit Athen, Elis nur mit zwei Städten vertreten), sondern ein Städteverzeichnis mit einem Anhang von drei Stammesnamen. Darein wurden Landschafts- und Stammesbezeichnungen sowie schmückende Beiwörter eingearbeitet. Diese geographische Färbung ist dem Iliasdichter zuzuschreiben. Gegen eine Datierung des gesamten Katalogs in das 8. Jahrh. spricht aber entschieden das Fehlen von Städten wie Megara, Larissa, Theben in der Phthiotis oder die Erwähnung von Doris, Pylos, Pytho, Krisa, die, am Ende der mykenischen Zeit zerstört, nicht wieder besiedelt wurden.

Als Quelle des Katalogs kommt das Epos vom Zorne des Achilleus nicht in Frage, denn die meisten Städte des Kataloges werden in der

Ilias nicht erwähnt. Der ursprüngliche Bestand des Kataloges weist vielmehr in spätmykenische Zeit. Es ist eine peinlich-genaue Aufzählung, wie sie sich im normalen Überlieferungsschatz so nicht gehalten hätte. Die natürliche Reihenfolge, das Prinzip der Nachbarschaft von Land zu Land, ist nicht streng eingehalten. Hierbei ist manches auf das Konto des Dichters zu setzen – innerhalb der einzelnen Kontingente spielen metrische Gründe für die Reihenfolge der Städte mit. Aber die Trennung Nordgriechenlands vom übrigen Griechenland, die Gruppierung der thessalischen Städte in einem zwiefachen Bogen um Halos muß besondere Gründe haben. War dies Halos (am Pagasäischen Meerbusen) eine Enklave des Achilleus bzw. Peleus im Gebiet des Protesilaos? Burr findet eine verblüffend einfache, zugleich schlagende Erklärung des bisher viel erörterten Problems: Halos steht am Beginn des zweiten Hauptteils des Katalogs (so wie Hyrie und Aulis am Beginn des ersten), weil es Sammelpunkt für eine tatsächliche Mobilmachung der nordgriechischen Kontingente gewesen war (so wie die Bucht von Aulis und der übrige Euböische Golf für die übrigen Kontingente). Die sonderbare Reihenfolge im Katalog erklärt sich aus der Entfernung der einzelnen Städte vom Sammelpunkt bzw. aus dem sich daraus ergebenden Datum des Eintreffens der Kontingente.

Ein Verzeichnis der Teilnehmer einer See-Expedition der spätmykenischen Zeit, aus der Situation von Aulis bzw. Halos geschaffen, nimmt Burr als Quelle des Schiffskataloges an. Aus der einmaligen historischen Situation erklären sich die Besonderheiten, die Unvollständigkeit der Städteliste etwa daraus, daß in achäischer Zeit – außer für die Hausmacht – die Teilnahme nicht befohlen werden konnte. Der Aufforderung zur Teilnahme folgten, ähnlich wie bei den Ritterheeren im Mittelalter, Aufgebote aus allen Teilen von Althellas, aber bei weitem nicht alle Städte.

Verzeichnisse dieser Art waren im östlichen Mittelmeer im 2. Jahrtausend allgemein verbreitet. Burr zählt solche Parallelen auf und interpretiert sie zum Teil eingehend. Mit dem hochentwickelten Dokumentenwesen des Orients sind die Achäer nicht nur über Kreta, sondern seit der Mitte des 2. Jahrtausends wohl auch unmittelbar in Berührung gekommen. Die 1939 in Pylos-Englianos (nahe der Bucht von Navarino), dem historischen Pylos des 2. Jahrtausends und des Schiffskatalogs, gefundene Registratur aus spätmykenischer Zeit[2] gibt die

Möglichkeit zur Annahme eines schriftlichen Verzeichnisses der Teilnehmer an der trojanischen Expedition. Die metrische Behandlung des Ortsnamens Oitylos spricht für schriftliche Überlieferung dieses Verzeichnisses, das ursprünglich im wesentlichen die Namen der Führer, die Herkunft der Teilnehmer und die Zahl der Schiffe enthielt. »Ehrfurcht vor dem bis in mykenische Zeit zurückreichenden Verzeichnis bewog Homer, Schema und Anordnung zu übernehmen und die trockene Aufzählung der Führernamen sowie der Herkunftsbezeichnung durch Zusätze genealogischer und anderer Art dem epischen Stil anzugleichen und in Verse zu bringen.«

Der Inhalt der folgenden Kap. IV »Die Verarbeitung der Quellen durch den Dichter« (132–136) und V »Der Troerkatalog« (137–150) kann hier nur noch gestreift werden. Was Troja selbst betrifft, so wird gegenüber neueren Zweifeln mit Recht unter Berücksichtigung des Epos sowie der Auffassung eines so besonnenen Historikers wie Thukydides angenommen, daß die Achäer um 1190 Troja erobert und zerstört haben und daß Troja VII a mit dem homerischen Ilios gleichzusetzen ist.

Ein »Rückblick« (151–153) faßt nochmals zusammen: Der Schiffskatalog ist vom Verfasser des 2. Gesangs der Ilias, d.h. von Homer, gedichtet. Abgesehen von geringen nachträglichen Interpolationen ist der Schiffskatalog so alt wie die gesamte Ilias ohne Dolonie. Das Troerverzeichnis wurde eigens für den Zusammenhang gedichtet, in dem es steht. Der Achäerkatalog wirkt durch die Schiffszahlen, die Nennung von nichtgegenwärtigen Führern, Personen, die sonst in der Ilias nicht auftreten, wie ein Fremdkörper. Die Quelle des Schiffskatalogs ist aus einer anderen, historischen Situation entstanden. Gegenüber der Autorität und dem hohen Alter dieser Quelle fühlte sich der Dichter inhaltlich gebunden. Die nähere Ausgestaltung des Kataloges freilich ist ihm zuzuschreiben. Homer hat dabei weder archaisiert noch modernisiert, sondern ein eigenes, homerisches Bild entworfen. Die Auffassung der Alten aber, die im Schiffskatalog eine geschichtliche Urkunde erblickten, ist im wesentlichen richtig.

Der Schiffskatalog gehört also nicht zum jüngsten, sondern historisch ältesten Bestand der Ilias, und Burr hat durch die Art seines Vorgehens überhaupt sowie durch die Rückführung auf ein einmaliges historisches Ereignis und dessen schriftliche Fixierung in spätmykenischer Zeit das Katalogproblem nicht nur sehr wesentlich gefördert, sondern auf eine *grundsätzlich neue* Ebene gestellt. Dies kann bei dem Dank für das Geleistete nicht genug hervorgehoben werden.

1 Sitz.-Ber. Berl. Akad. 1932, 572–617.
2 AJA. 43, 1939, 557 ff.

Die Homerische Welt im Lichte der neuen Ausgrabungen: Nestor. Anhang: Stammbaum der Neleiden

(Nach den Angaben bei Homer, Herodot, Hellanikos, Pausanias)

1950

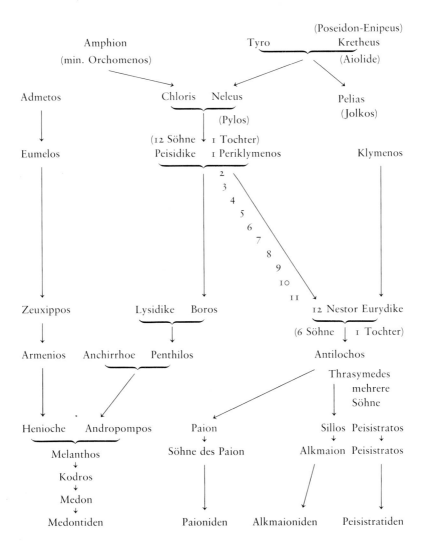

Diese Übersicht soll nicht mehr darstellen, als die Überschrift angibt. Auf manche mögliche Problematik wird bewußt verzichtet. Ob diese genealogischen Zusammenhänge ›attische Erfindung‹ sind oder in ihren Grundzügen auf historischer Überlieferung fußen – in beiden Fällen muß man sich die Frage nach der relativen und absoluten Chronologie vorlegen.

Für den absoluten Zeitansatz haben wir auszugehen vom trojanischen Krieg bzw. von Trojas Zerstörung. Ich schließe mich durchaus dem Urteil von V. Burr, Schiffskatalog 140 an, der als geschichtlichen Kern der Ilias einen Heereszug vom griechischen Festland gegen Troja um 1200 v. Chr. annimmt. »So zögere ich nicht, im Hinblick auf den Ausgrabungsbefund und unter Berücksichtigung des Epos selbst sowie der Auffassung eines so besonnenen Historikers wie Thukydides anzunehmen, daß die Achäer um 1190 Troja erobert und zerstört haben, also Troja VII a mit dem homerischen Ilios gleichzusetzen.«

Den weitverbreiteten Irrtum, die Grabungen hätten eine Zerstörung von Troja VII a durch thrakische oder donauländische Invasoren erwiesen, stellt J. L. Caskey[1] im Namen der Ausgräber ausdrücklich richtig: »We have found and reported clear evidence to confirm the general conclusions of Dörpfeld and H. Schmidt that foreign elements appear in Settlement VII a, among them Knobbel Ware (Buckelkeramik) ... We have not supposed that these Knob-folk, whoever they may have been, were responsible for the burning of Troy VII a. On the contrary, there exists stratigraphical evidence which all but precludes the possibility of such a concurrence. In 1933 and 1937 particularly, but in other campaigns also[2] areas were tested where the burnt layer of VII a proved to be covered by a deep stratum containing pottery of local fabric and a few late Mycenaean pieces, but no Knobbel Ware ... The latest excavations have indeed not proved that Settlement VII a was destroyed by Achaeans, but they have produced no evidence to the contrary.«[3] Wenn Troja rd. um 1190 fiel, muß der Trojanische Krieg rd. um 1200 begonnen haben, da er 10 Jahre dauerte. Während des Krieges hatte Nestor schon 2 Generationen hinter sich, lebte in der dritten. Damit kommt man für Nestor auf ein Geburtsdatum von etwa 1270/60, wobei ein gewisser Spielraum gegeben ist, je nachdem man die Generation ansetzt zu $33^{1}/_{3}$, wie etwa Herodot und Hellanikos, oder zu 40 Jahren, wie wohl Hekataios und auch die spätere griechische Chronographie für die Zeit vom Trojafeldzug bis zur Heraklidenrückkehr.[4]

Nestor war der jüngste von 12 Söhnen des Neleus (die Namen der Töchter des Neleus und Nestor sowie die mittleren Söhne sind in unserer Tabelle fortgelassen; ebenso der Name des Neleus-Sohnes Chromios, von dem nicht bekannt ist, der wievielte er war). Nestors ältester Bruder Periklymenos kam mit den anderen Brüdern um, als Nestor noch ein Kind war. Periklymenos muß damals schon erwachsen und vermählt gewesen sein, da er den Boros als Sprößling hinterließ. Wir dürfen die Geburtszeit des Periklymenos demnach um etwa 1290/80 ansetzen. (Auf die Periklymenos-Legenden wird hier bewußt nicht eingegangen.)

Damit kämen wir mit der Geburtszeit des Neleus in die 2. Hälfte des 14. Jhs. Über des Neleus Todesdatum erfahren wir nichts. Nach Homer ist er beim Einbruch des Herakles nicht umgekommen, sondern lebte noch, als Nestor seine Jugendtaten vollbrachte. Sein Grab zeigte man im späten Altertum irgendwo auf dem Isthmos; nach einer Sagenversion war er im Krieg gefallen (Apoll. II 142), nach einer anderen Version in Korinth an einer Krankheit gestorben (Paus. II 2, 2). Wie das Neleusgrab an den Isthmos kommt, ist bisher unerklärt. Wieweit die aus Homer, Odyssee 11, 235 ff. und Paus. IV 2, 4 (vgl. Apoll. I 90 ff.) ersichtliche Überlieferung einer Zuwanderung des Neleus aus Mittelgriechenland nach der Peloponnes, auch die Bedeutung des isthmischen Poseidonheiligtums und seine Beziehungen mit Onchestos in der Frühzeit damit zusammenhängen, bedarf noch der Untersuchung. – Auf die megarische Version wird hier bewußt nicht eingegangen.[5]

Auch über das Todesdatum des Nestor erfahren wir nichts Genaues. Der Odyssee nach hat er den Krieg gut zehn Jahre überlebt, würde demnach nach 1180 gestorben sein. Er hätte dann ein Alter von gut 90 Jahren erreicht. Rd. 1180 als Todesdatum Nestors angenommen: 2 Generationen nach Nestors Tod wanderten Melanthos und die anderen Neleiden aus Pylos aus. Die Generation zu $33\frac{1}{3}$–40 Jahren gerechnet, käme man mit der Flucht der Neleiden etwa auf die Zeit von ca. 1110/1100. Nach Thukydides I 12, 2 »wurden die heutigen Böotier 60 Jahre nach Trojas Eroberung durch die Thessaler aus Arne vertrieben«, während »die Dorier zusammen mit den Herakliden 80 Jahre nach dem trojanischen Kriege die Peloponnes besetzten«.[6] 1190 als Datum für Trojas Zerstörung angenommen, käme man damit auf 1130 für den Fall von Arne, auf 1110 für die Besetzung der Peloponnes, auf ca. 1110/1100 für die Flucht der Neleiden aus Pylos. Der Ausgrabungsbefund wird lehren, ob ein solcher Ansatz für die Zerstörung des Palastes von Pylos-Englianos möglich ist.

Verfolgt man die Linie des Periklymenos – die Generation zu 40 Jahren gerechnet, was natürlich schematisch ist und nur auf längere Zeiträume, nicht für die Einzeldaten, Anhaltspunkte gibt –, so kommt man etwa auf folgende Geburtsdaten: Periklymenos geb. 1290; Melanthos 1130; Kodros 1090. Oder die Generation nach $33^1/_3$ Jahren gerechnet: Periklymenos geb. 1280; Melanthos ca. 1145; Kodros ca. 1100, wobei für die Einzeldaten ein Spielraum von gut 10 Jahren natürlich gegeben wäre. Die Nachkommen des Kodros waren nach Pausanias VII 2, 3 väterlicherseits Messenier und stammten von denen aus Pylos, nämlich von Melanthos und Kodros ab, mütterlicherseits aber waren sie Athener. Kodros müßte sich also in Athen, vermutlich mit einer Angehörigen eines dort führenden Geschlechtes, vermählt haben. Von den drei für den Tod des Königs Kodros überlieferten Daten: 1091, 1088, 1068 würden die beiden jüngeren in dieser Chronologie besser passen; doch auch das ältere wäre nicht ausgeschlossen.

Wenn diese genealogischen Zusammenhänge alle attische Erfindung sein sollen, so muß man mindestens sagen, daß sie nicht das Machwerk eines Stümpers waren, sondern von einem historisch oder chronologisch gut geschulten Erfinder stammen müssen. Die Absicht dieses Aufsatzes aber ist es, die Frage wiederum in Fluß zu bringen, ob diese Zusammenhänge nicht doch, im Kern, auf historischer Überlieferung beruhen können – eine Frage, die durch die neuen Ausgrabungen in Ano Englianos = Pylos angeregt wurde. – Insgesamt ist man heute nicht mehr so geneigt, Überlieferungen über die griechische Frühzeit einfach zu verwerfen wie noch vor einem Menschenalter. Das ist aber der Segen der archäologischen Bodenforschung, daß bei jeder Grabung ebenso viele alte Fragen beantwortet wie neue Fragen aufgeworfen werden. Dadurch bleibt die Forschung lebendig und im Fluß, und es gilt für sie das italienische Sprichwort:

Acqua, che camina, non puzza.

1 AJA. 52 (1948) 121f.
2 AJA. 38 (1934) 235f.; 41 (1937) 48. 575.
3 Vgl. auch K. Bittel, Vor- und Frühgeschichte Kleinasiens (1945) 62; G. Hanfmann, AJA. 52 (1948) 143 mit Anm. 36; F. Matz, Handbuch (1950) 217.
4 RE. XIV 2 s.v. ›Hekataios‹ 2742.
5 Vgl. F. Pfister, Reliquienkult (1909/12) 1ff.; K. Hanell, Megarische Studien (1934) 20. 58; E. Kirsten, Gnomon 13 (1937) 516ff.
6 Vgl. Burr, a.O. [vgl. oben S.20] mit Anm. 2.

Die Homerische Welt im Lichte der neuesten Ausgrabungen: Der »Nestorbecher« von Ischia 1956

Nicht erst im späten Altertum hat Homers Nestorbecher die Gemüter beschäftigt, sondern – und dies ist erstaunlich – bereits im 8. Jh. v. Chr. In der frühgriechischen Nekropole des antiken Pithekussai auf Ischia, die in den letzten Jahren weitgehend ausgegraben wurde, fand sich ein Napf spätgeometrischer Zeit, der eine eingeritzte Inschrift trägt (Abb. 2), die offenbar in scherzhafter Form auf den berühmten Nestorbecher anspielt.[1] Das Gefäß, vom Typ der sog. »rhodischen Vogelschalen«, ist 10,3 cm hoch und hat einen oberen Durchmesser von 15,1 cm. Auf Grund der allgemeinen Fundumstände und der keramischen Vergleiche setzen die Herausgeber das Gefäß »nicht später als das dritte Viertel des 8. Jahrhunderts« bzw. »noch gut im

Abb. 2   Ischia, Museum. »Nestorbecher«. Um 730 v. Chr.

8. Jahrhundert« an. In etwa diese Zeit weisen nach Ansicht der Herausgeber auch die Buchstabenformen der Inschrift, welche die chalkidischen Charakteristika der archaischen Cumaner Inschriften aufweist. Die Inschrift wurde also nicht am ostgriechischen Herstellungsort des Gefäßes, sondern vermutlich auf Ischia selbst eingraviert. Die linksläufige Inschrift beginnt mit Νέστορος: ε [. . .] ι: εὔποτ [ον]: ποτέριον. Man würde in der Lücke ein ἐμί erwarten, wie dies durch zahlreiche Besitzerschriften der archaischen Zeit nahegelegt wird. Es hieße dann: »Ich bin der Becher des Nestor . . . « Da aber die Lücke im Gefäß für ein einziges M zu groß zu sein scheint, schlagen die Herausgeber ἔρροι vor, was viel ungewöhnlicher wäre. Es hieße dann: »Was schert mich der Becher des Nestor, aus dem sich's so gut trinkt.« Und dann:

ὅς δ' ἄ ⟨ν⟩ τōδε π [ίε] σι: ποτερί [ο]: αὐτίκα κένον
hίμερ [ος: hαι] ρέσει: καλλιστε [φά] νο: Ἀφροδίτες

»Wer aber aus *diesem* Becher trinkt, den wird sofort das Liebesverlangen der schönbekränzten Aphrodite ergreifen.« Mit Recht sagen die Herausgeber: »Nestor ist ohne Zweifel Nestor von Pylos, bei Homer Besitzer eines außergewöhnlichen δέπας und ein guter Trinker. Die Namen der epischen Heroen, die erst in der Spätzeit wieder aufblühen, wurden offensichtlich lange Zeit hindurch als für gewöhnliche Personen nicht anwendbar betrachtet.«

Damit rühren sie an eine Frage, die durch die Entzifferung von Linear B brennend geworden ist. Die Entzifferung der Eigennamen hat ergeben, daß sich unter ihnen neben bisher unbekannten Namen auch eine ganze Reihe aus der Mythologie bekannter Heldennamen befinden wie Aigeus, Theseus, Peirithoos (?) oder Aias, Achilleus, Glaukos, Tros, Aineias (?), Hektor usw. Aus dieser Tatsache hatten Ventris/Chadwick und andere Forscher den voreiligen Schluß gezogen, daß die Mehrzahl der Mythen bereits im 15. bis 13. Jh. v. Chr. bekannt gewesen sein müßte; auch Lesky hatte sich dahin ausgesprochen: »Man wird daraus schwerlich einen anderen Schluß ziehen können als den, daß der Mythos bereits in jener Zeit weitgehend seine Gestalt gefunden hatte, wie Nilsson das seit langem lehrte.« Er hat inzwischen seine Ansicht widerrufen.[2]

Es sind merkwürdigerweise kleine Leute, wie Hirten, Bronzeschmiede, Ackerssklaven, die auf den Tontafeln solche ›heroischen‹

Namen tragen. Noch vor kurzem hatte Schadewaldt mit Scott u. a. vermutet, »daß Hektor keine überkommene Gestalt der Sage ist«. Seinen Namen habe Homer nach seiner Rolle als ›Halter‹ der Stadt erfunden.³ Wenn ein Hektor nun in Pylos als Sklave der Göttin begegnet, so ergibt sich daraus, wie vorsichtig man mit solchen Hypothesen sein sollte. Es setzt sich vielmehr die Auffassung durch, daß der Mythos sich um Namen gerankt hat, die bei den Achäern allgemein verbreitet waren. »Das schließt ein, daß von den Heldengestalten wenigstens die Namen nicht von den Sängern erfunden worden sind.«⁴ V. Ehrenberg formuliert zu der bemerkenswerten Tatsache, daß die heroischen Namen später als Eigennamen verschwinden, treffend: »...als ob ihr Vorkommen im Mythos sie unter ein Tabu gestellt hätte. Sie waren in eine Sphäre religiöser Heroisierung einbezogen, die sie ebenso wie die Namen der Götter für menschliche Träger unmöglich machte«.⁵

Brennend erhebt sich die Frage, *wann* dieses Tabu wirksam wurde: erst bei Abfassung oder Ausbreitung der Heldenepen? Unmittelbar nach dem Zusammenbruch der achäischen Welt? Oder nicht doch schon davor, am Ende der mykenischen Epoche?⁶

1 Vorläufiger Grabungsbericht: G. Buchner, Atti e Mem. Soc. Magna Grecia, N. S. 1, 1954, 1 ff.; vgl. RM 60/61, 1954, 37 ff.; Nestorinschrift: G. Buchner/C. F. Russo, RendAccLinc 10, 1955, 215 ff. [Vgl. Nachwort von R. Hampe zu Homer, Ilias (Reclam 1979) 532: »Der Napf stammt aus der Abteilung für Frauen und Kinder des Friedhofs, möglicherweise aus dem persönlichen Besitz einer Hetäre. (Hetären hatten zum Gelage das Trinkgefäß mitzubringen.) Die Bestattung erfolgte etwa um 730 v. Chr. Seitdem lag das Gefäß im Boden. Eine Datierung um 550/525 v. Chr., wie sie Rhys Carpenter vorschlug, ist durch die Fundumstände ausgeschlossen.«]
2 AnzWien 1954, 11 (= Gymnasium 62, 1955, 11); AnzWien 1955, 136.
3 Von Homers Welt und Werk² 177; vgl. U. Hölscher, Gnomon 27, 1955, 396; vgl. auch F. M. Combellack, ClassWeekly 49, 1955, 30.
4 H. Mühlestein, Olympia in Pylos. Selbstverlag Basel (1954) 11 f.
5 HistZeitschrift 180, 1955, 1 ff.
6 So: L. Banti, AJA 58, 1954, 310.

Die Gleichnisse Homers und die Bildkunst seiner Zeit: Schiffbruch des Odysseus[1]
1952

Das Münchener Museum antiker Kleinkunst konnte im Kunsthandel eine Kanne geometrischer Zeit, aus dem mittleren 8. Jahrhundert, erwerben, die uns in diesem Zusammenhang beschäftigen soll. Obwohl der Fundort nicht bekannt ist, sprechen Tonbeschaffenheit, Form und Verzierung dieser Kanne, die 21,5 cm hoch ist, für einstige Herstellung in Attika (Abb. 3 und 4). Um den Bauch des Gefäßes läuft ein Vogelfries. Auf der Schulter von Henkel zu Henkel zieht sich ein Fries mit Hunden, die einen Hasen jagen, hin. Aber das Hauptbild dieser Kanne läuft auf dem Halse um, derart, daß man es nicht mit einem Blick erfassen kann. Wer, die Kanne drehend, das Bild nur einmal vor sich abrollt, wird den Eindruck haben, daß hier etwas ganz Ungewöhnliches abgebildet ist. Dann erst gelingt es, die einzelnen Elemente aus dem Gesamteindruck herauszulösen: Menschen, Fische, die im Wasser wimmeln, rings um ein umgeschlagenes Schiff. Die Fische sind übliche, gleichsam formelhafte Andeutung für Meer im Sinne der epischen Formulierung »im fischreichen Meer«. Auch die Menschen sind formelhaft, was die Zeichenweise als solche angeht, nicht aber in ihrer Anordnung und ihrer Bewegung. Sie wurden aus dem Schiff ins Meer geschleudert, schwimmen nun im Wasser, suchen sich krampfhaft irgendwo festzuklammern, an einem Teil des Schiffes oder aneinander. Daß sie unbekleidet sind, will nicht sagen, daß sie die Gewänder eben abgeworfen hätten, sondern es entspricht geometrischer Darstellungsweise. Aber kaum bei einem anderen Vorwurf ist diese Formel der Wirklichkeit so adäquat wie hier beim Schiffbruch. Denn es geht hier um das nackte Leben. Diese Männer, die mit den Fluten ringen – der Maler hat das Geschlecht ausdrücklich angegeben –, sind Krieger; denn in der Kunstsprache dieser Zeit bedeutet die raupenartige Linie, die vom Scheitel in den Nacken fällt, den Helmbusch. Dies heißt wiederum nicht, daß diese Krieger alle anderen Kleider oder Waffen abgeworfen und gerade nur den Helm auf ihrem Kopf behalten hätten. Die Helmbüsche bedeuten vielmehr lediglich: dies sind Krieger. Es handelt sich also nicht um die Insassen eines Kauffahrteischiffes, um Handelsleute oder beliebige Ruderknechte

34

Abb. 3 und 4 München, Staatliche Antikensammlungen. Geometrische Kanne mit Schiffbruch des Odysseus. Höhe 21,5 cm. (Das Halsbild Abb. 4 ist aus Teilphotographien zusammengesetzt). Um 730 v. Chr.

sondern um Angehörige des Kriegerstandes, die hier die Bemannung bildeten.

Es gibt aus spätgeometrischer Zeit zahlreiche Darstellungen von Kämpfen auf oder um Schiffe.[2] Auf diesen Kampfbildern werden Lanzen geschwungen, Schwerter gezogen, Bogen gespannt, Schilde vorgehalten; Geschosse fliegen, Verwundete stürzen getroffen, Gefallene liegen umher oder schwimmen durchbohrt im Wasser. Nichts dergleichen auf unserem Bilde, keine Andeutung, daß zuvor eine Kampfhandlung stattgefunden habe. Die Ursache der Katastrophe ist vielmehr deutlich angegeben: das umgeschlagene Schiff. Dies aber kann in der formelhaft konzentrierten Bildsprache der Frühzeit nichts anderes bedeuten als – Schiffbruch. Hätte der Maler einzelne Trümmer, Balken, Planken im Wasser treiben lassen, wie hätte er den Vorgang in gleicher Weise wirkungsvoll gestalten, wie die Form des Schiffes so einprägsam festhalten können? Auf die Schiffsform kam es offenbar ebenso wie auf die Kriegerhelme an. Es ist kein Handelsschiff, wie es zum Warentransport diente, sondern die typische Form des Kriegsschiffes, wie es – aus dem Epos ist es uns geläufig – zur Beförderung von Kriegern diente.

Nicht wer auf Anfahrt oder Anmarsch zum Kriege einen Unfall erleidet, wird als Held gepriesen, sondern wer nach glücklich überstandenem Feldzug, nach rühmlich vollbrachten Taten auf der Heimfahrt solches Mißgeschick erleidet. So haben wir uns auch diese Krieger auf der Heimfahrt von glücklich überstandenem Kriegszug vorzustellen. Solche Heimfahrten waren in den Heimkehrepen des Trojanischen Krieges, den Nostoi, geschildert. Auch Schiffbrüche müssen dort vorgekommen sein. Aber *ein* Heimkehrepos hebt sich aus den übrigen heraus, ein Epos, in dem der Schiffbruch eine ganz besondere Wendung bringt: Die Heimfahrt des Odysseus, sein Schiffbruch nach dem Frevel an den Heliosrindern (Od. 12, 403 ff.). Denn dort verliert Odysseus alle seine Gefährten, wird auf sich selbst gestellt, steht von nun an ganz allein den Elementen und den Schicksalsmächten gegenüber. Immer wieder wird in der Odyssee diese Vereinzelung des Helden, der Verlust aller seiner Gefährten hervorgehoben. Teiresias weissagt es dem Odysseus in der Unterwelt (Od. 11,112 ff.). Proteus sagt zu Menelaos: »*Einer* ist noch am Leben und wird vom weiten Meere zurückgehalten« (4, 498). Und Menelaos bittet ihn, von dem zu erzählen, »der noch am Leben ist und vom Meere zurückgehalten wird« (4, 552). Und Proteus wieder: »Denn es fehlt ihm an Ruderschiffen und Gefährten, die ihn über den weiten Rücken des Meeres geleiten können« (5, 16). Auch Kalypso äußert dies zum Götterboten Hermes: »Denn es fehlt mir an Ruderschiffen und Gefährten, die ihn über den breiten Rücken des Meeres geleiten könnten« (5, 141). Denn die Gefährten gingen samt dem Schiff zu Grunde. Auf dies entscheidende Ereignis wird immer wieder hingewiesen. So sagt Hermes zu Kalypso: »Da gingen zwar die anderen edlen Gefährten alle zu Grunde, ihn aber trieben hierher der Wind und die Woge« (5, 110). Und Kalypso wiederholt dies mit den gleichen Worten (5, 133). Auch Odysseus erzählt bei den Phäaken: »Da gingen die anderen edlen Gefährten alle zu Grunde, aber ich, den Kielbalken des Schiffes umfassend, trieb neun Tage umher...« (7, 251). Kalypso sagt es ähnlich: »Ihn habe ich gerettet, als er auf dem Kiele trieb, allein, da ihm Zeus mit dem hellen

Blitze das schnelle Schiff zertrümmert hatte, mitten im weinfarbenen Meer« (5, 130ff.). Ist eine solche Gegenüberstellung eines Einzelnen mit der Menge der Gefährten, die zu Grunde gingen, auf dem Bilde unserer Kanne ablesbar?

Die Gefährten auf der Darstellung entsprechen dem Wortlaut in der Odyssee genau: »Die Gefährten aber stürzten aus dem Schiffe. Sie aber trieben rings um das schwarze Schiff in den Wogen, den Meerkrähen vergleichbar« (12, 416ff.). Eine größere Übereinstimmung zwischen dem homerischen Krähengleichnis und den um das Schiff herumtreibenden, gleichsam flatternden Gefährten auf der Kanne ist kaum denkbar (Abb. 4). Aus all diesen schräg, rücklings, kopfüber treibenden Gestalten hebt sich aber *eine* Gestalt heraus, die einzig aufrechte an betonter Stelle in der Bildmitte, genau an der Vorderseite der Kanne, ein Mann, der rittlings auf dem Kiele sitzt. So werden in dieser Zeit der dinglichen Zeichenweise Reiter auf das Pferd gesetzt, indem man ihre beiden Beine zeichnet. Die aufrechte Haltung der Gestalt zeigt an, daß dieser Mann, im Gegensatz zu den versinkenden Gefährten, allein gerettet wird. Sein Reiten auf dem Balken zeigt, auf welche Weise er dem Tod entgeht. Es ist der folgenschwerste Augenblick der Irrfahrt des Odysseus, wo er auf sich selbst gestellt wird, um fortan alleine seine Tlemosyne zu bewähren, während den anderen Gefährten ein Gott die Heimkehr verwehrte (12, 419).

Man wende nicht ein, daß Odysseus nach der Schilderung der Odyssee im Augenblicke, wo der Blitz des Zeus einschlug, wo das Schiff ganz herumwirbelte, die Gefährten über Bord flogen, noch nicht auf dem Balken saß, sondern daß er erst, als sich die Planken lösten, als der Mast umbrach, diesen mit dem Kiel zusammenband, ihn dann mit seinen Armen umschlang, dann erst sich darauf setzte (12, 415ff.). Für den Vasenmaler war der Kielbalken nur so, im Zusammenhalt mit dem gesamten Schiff, als Kielbalken kenntlich zu machen. Auch müssen wir damit rechnen, daß der Maler, der ja nicht wie der Dichter eine zeitliche Abfolge nacheinander schildern konnte, das Nacheinander in *einer* Bildprägung konzentriert zusammenfaßte, wie es die ganze archaische Zeit hindurch bis in die klassische dann üblich blieb. Gegenüber den traditionsgebundenen Bildtypen der jüngeren archaischen Epoche zeichnen sich freilich diese frühen Bildfassungen durch eine ganz unkonventionelle Frische der Erfindung aus.[3]

Wir kehren noch einmal zu den beiden Nebenfriesen der Kanne zurück. Beide zeigen für die Bildkunst jener Zeit geläufige Motive. Während aber die Vogelfriese mit ihren Pünktchenreihen im Laufe der Zeit zu immer ausgelaugterer Dekorationsformel erstarren, sind die Friese mit Hasen oder Fuchshatz entwicklungsfähiger. Sie pflanzen sich über die geometrische Zeit hinaus bis in die Kunst der archaischen Epoche fort. Während in der Regel die Hunde in ein und derselben Richtung hinter dem Hasen herjagen, bringt unsere Kanne eine reizvolle Variation. Vor dem rechten Bildrand ist ein Hund im Gegensinne eingefügt. Er hat den Hasen gestellt. Die hergebrachte, an sich sinnvolle Bildformel für laufenden Hund wurde dabei nicht geändert. Es wurde ihr nur durch andere Position ein neuer sinnerfüllter Bildgehalt verliehen – ein Vorgang, den wir ähnlich bei der Verwendung epischer Beiwörter in der Ilias beobachten konnten.

[J. N. Coldstream, Greek Geometric Pottery (1968) 76, 3].
1 [s. dazu auch die Anmerkungen von R. Hampe zu dem hier im Anschluß abgedruckten Text, S. 48].
2 Torr, RA 25, 1894, 14–27; Köster, Das antike Seewesen Abb. 21–27; F. Chamoux, RA 23, 1945, 55 ff.; R. J. Williams, Ships in Greek Vase Painting. In: Greece and Rome 8, 1949, 126–137. 143 f. Taf. 85–88; G. S. Kirk, Ships on Geometric Vases, BSA 44, 1949, 93–153, Taf. 38–40; R. Hampe, Frühe griechische Sagenbilder in Böotien (1936) Taf. 4 ff.; W. Schadewaldt, Homer und sein Jahrhundert, Das neue Bild der Antike I (1942) Abb. 10 ff. (= Von Homers Werk und Welt[1], Abb. 11 ff.).
3 Vgl. J. D. Beazley, The Development of Attic Black-Figure (1951) 4. – [Im ursprünglichen Text folgt nun eine Zusammenstellung von Sagenbildern des 8. und frühen 7. Jahrhunderts v. Chr., die in den Anmerkungen a. O. 16–33 nachgewiesen werden. Dazu hat sich R. Hampe später noch oft geäußert, z. B. in der Besprechung von K. Schefold, Frühgriechische Sagenbilder, GGA 220, 1968, 14 ff.; in: Tausend Jahre frühgriechische Kunst (1980) 79 ff.; in: LIMCI (1981) 472 ff. s. v. Aktorione. – Vgl. auch hier S. 51 ff. (zu Sagen auf böotischen Fibeln)].

Ein frühattischer Grabfund: Schlachtfeld, Hunde und Geier
1960

Jeder der drei großen Mainzer Kessel war mit einem einzigen figürlichen Fries geschmückt. Zwei lassen sich in ihrem Ablauf überschauen, der dritte aus Resten erschließen: Hunde schreiten in langem Zuge, Geier streichen darüber und darunter hin (Abb. 5 und 6). Die Geier fliegen mit gespreizten Schwingen, recken gierig die Hälse mit den

Abb. 5   Mainz, Universität. Zwei protoattische Kratere (A links und B rechts). Höhe bis zum Rand 108 und 109 cm. Um 700 v. Chr.

Abb. 6   Fragment vom Hauptfries des Kraters B Abb. 5: Schlachtfeld, Hunde und Geier (Zeichnung).

gebogenen Schnäbeln. Sie zeigen eine Freiheit der Zeichenweise, wie sie nur in der Atempause zwischen zwei Epochen möglich war – nach der Befreiung von der geometrischen Strenge und vor dem Eingehen neuer formaler Bindungen.

Die Hunde ziehen auf dem Fries hintereinander. Wie bei den anrückenden Kriegern mag hier ein Nebeneinander gemeint sein; der Maler hat eine Staffelung, ein Sichüberschneiden der Gestalten auch auf seinen anderen Bildern vermieden. Die hastig fliegenden Vögel, die schwirrenden Füllmotive, machten die Szene auch ohne Überschneidungen wirr genug. Die Hunde sind hungrig. Weiß aufgemalte Rippen hoben die Magerkeit hervor. Sie öffnen gierig das Maul, blecken die Zähne; die Zunge hängt lechzend heraus. Es gibt weibliche Tiere unter ihnen – sie sind besonders hager; die männlichen sind stärkeren Wuchses; ihr mächtiger Nacken mit einer Art Mähne macht, daß sie wie Löwen wirken. Aber es sind keine Löwen. Sie tragen Halsbänder mit Bommeln – für Glocken wäre das Anhängsel zu schmal und zu lang. Sie sind also nicht wie die Geier Tiere der Wildnis, sondern des Menschenbereichs.

Hunde dieser Art begegnen ein paar Mal auf kleineren Gefäßen eben dieser Epoche. Auf einem Phaleron-Kännchen in München (Abb. 7) sind es drei Hunde mit Halsband und Bommel, darüber fünf fliegende Vögel – man hat die Hunde für Jagdhunde gehalten. Aber auf dem Halsbild darüber ist eine ›Sphinx‹ gemalt, die drohend die Pranke erhebt. Wir halten sie für einen Todesdämon, die Ker. Ein Kännchen des N-Malers (JdI 2, 1887, 48) zeigt unten vier Hunde mit Halsbändern, die hinter einem Hasen her sind, auf dem Bild darüber drei Hähne. Der Hahn wurde im siebten Jahrhundert auf Grabgefäßen dargestellt. Die Amphora der Sammlung Passas trägt am oberen Rand des Halses jederseits einen schmalen Fries. Beide Darstellungen sind aufeinander bezogen: auf der einen Seite sind es zwei laufende Hunde mit Halsband und Bommel, auf der anderen zwei Geier. Sie sind deutlich als solche charakterisiert; der große Vogel des Schulterbildes, der einen Hirsch von hinten anfällt, soll wohl auch ein Geier sein, obschon er eher wie ein Reiher aussieht. Auch der N-Maler konnte Geier malen. Das zeigt das Halsbild der Londoner Amphora (Abb. 8): Der mächtige Löwe legt dem zarten Reh wie ein Gebieter seine Pranke aufs Haupt. Hinter ihm schießt durch die Luft ein Aasgeier – auf der Gegenseite sind es deren zwei – und reckt, Beute witternd, den Hals nach unten.

Der Sinn der Darstellung von Hunden und Geiern auf Grabgefäßen erschließt sich erst durch die Mainzer Kratere (Abb. 5 und 6). Ihre Bilder sind auf Kampf und Schlachtentod bezogen. Sie zeigen als Thema der Kessel Hunde und Geier, die über das Schlachtfeld streifen, nach unbestatteten Leichen suchen, die Eingangsverse der Ilias ins Gedächtnis rufend: »den Hunden zur Beute und den Vögeln zum Fraße.«

Aber was bedeutet dieses Bild? Warum steht es am Anfang der Ilias? Auf diese Frage wurde vor kurzem eine Antwort gesucht: Weil »das Grausige als solches gewollt ist, weil es erschütternd und somit in

Abb. 7 München, Staatliche Antikensammlungen. Protoattisches Kännchen. Um 700 v. Chr.

gewissem Sinne ›schön‹ ist; wie ja denn auch der Eingang der Ilias dem Hörer das anhebende Epos durch die Verheißung empfiehlt, daß in dem Gedicht viele Leichen und Hunde den Vögeln preisgegeben werden«. Es heißt dann weiter: »Seiner eigentlichen Bestimmung nach soll ein Krater und ein Kantharos dazu dienen, daß Lebensfreude daraus geschöpft und getrunken wird, und zum Auskosten von Lebensfreude gibt es, nach dem Ausweis der Literatur, für den polar fühlenden frühen Griechen keine bessere Würze als ein grimmiges memento mori.«

Abb. 8 London, British Museum. Spätgeometrische Amphora (N-Maler). Ende des 8. Jahrhunderts v. Chr.

Aber der Kantharos war kein alltägliches Trinkgefäß. Er diente den heroisierten Toten beim Totenmahl. Wir finden ihn in der Hand des Dionysos, der auch Herr der Toten war. Ein Krater konnte gewiß zum Mischen des Weines beim heiteren Gelage dienen. Aber ein Weinmischgefäß beim Gastmahl und ein Krater im Totenkult sind nicht ein und dasselbe. Eines memento mori bedurfte es bei einem Leichenbegängnis des siebten Jahrhunderts mit seinen Totenklagen, seinem ganzen feierlichen Aufwand nicht. Bei Grabgefäßen wie Krater und Kantharos könnte man eher von einem memento vivere an die Toten sprechen.

Die Mainzer Kratere sind Grabgefäße, eigens für den Totenkult geschaffen. Darauf weist der plastische und der gemalte Bildschmuck. Das grausige Bild von Hunden und Geiern findet sich auf ihnen, wie am Anfang der Ilias, nicht aus ästhetischen Gründen. Es war so wirksam, weil die Realität der Totenvorstellungen und Totenbräuche hinter diesem Bilde stand. Den Toten nicht bergen zu können, nicht, wie es Brauch war, zu bestatten, so daß er ruhelos umherschweifte, wie ein dämonisches Wesen Schaden bringen konnte – das war, auch noch für die Griechen der späteren Zeit, die schlimmste Vorstellung. Wer kennt nicht die Klage Elpenors, der in der Unterwelt unter den Schatten des Erebos dem Odysseus als erster erscheint. Er war noch nicht bejammert und bestattet und hatte unter der Erde noch nicht Ruhe gefunden und sagt zu Odysseus (11, 66 ff.): »Nun aber flehe ich dich an bei den Zurückgelassenen, die jetzt nicht hier sind, bei deiner Gemahlin und dem Vater, der dich, als du klein warst, aufzog, und bei Telemachos, den du allein in deinem Hause ließest... Kehr nicht heim, indem du mich unbeklagt und unbestattet zurückläßt, damit ich dir nicht irgend Ursache zum Zorn der Götter werde...«

Aber das Motiv von den Hunden und Vögeln steht ja nicht nur am Anfang der Ilias, sondern durchzieht dies ganze Epos, nicht als formelhafte Wendung, sondern mit ungebrochener Bedeutungsfülle. Gerade die großen Auftritte sind es, wo die Hauptgestalten diese Wendung – mit der ganzen magischen Kraft des Fluches – in den Mund nehmen. So flucht Priamos dem Hektor: »Wäre doch Achill den Göttern ebenso ›lieb‹ wie mir, bald läge er da, den Hunden und den Geiern zum Fraße« (Il. 22, 41 ff.). Er fleht Hektor an, nicht gegen Achill zu kämpfen, denn er sieht sein eigenes Schicksal voraus: Am Tor des Palastes werde er liegen, zerfleischt von seinen eigenen Hunden, die sich an seinem Blute berauschen. Selbst seine Scham werde von den Hunden geschändet werden (Il. 22, 66 ff.). Auch Hekabe ruft ihrem Sohne zu: Wenn Achill dich mordet, werden weder ich noch deine Frau dich auf der Totenbahre beklagen, sondern weit von uns weg werden bei der Argiver Schiffen die schnellen Hunde dich verschlingen (22, 86 ff.). Oder Andromache klagt: Nun werden dich bei den gebogenen Schiffen, fern von den Eltern, die wimmelnden Würmer verzehren, nachdem die Hunde sich an dir sättigten, nackt, obwohl dir doch zu Hause Gewänder liegen, feine und liebliche, von den Händen der Frauen bereitet (22, 508 ff.). Später hat Hekabe sich damit abgefunden, dem Hektor habe die Moira zugesponnen, er werde einstmals die schnellfüßigen Hunde sättigen, fern von den Eltern (24, 208 ff.).

Agamemnon spricht beim Ausrücken zur Schlacht die Warnung aus (2, 393): »Wen ich gewahre, daß er fern von der Schlacht bei den gebogenen Schiffen bleiben will, dem wird es später nicht möglich sein, den Hunden und den Vögeln zu entgehen«; dem Feigling wird also keine ehrenvolle Bestattung zuteil werden. Agamemnon endet seine Ansprache mit dieser furchtbaren Drohung, die ihre Wirkung sicher nicht verfehlte.

Am meisten erbittert sind Hektor und Achill. Hektor will der Leiche des seiner Waffen beraubten Patroklos den Kopf abschlagen, seinen Rumpf schleifen und den troischen Hunden vorwerfen (17, 125 ff.). Iris warnt den Achill, Patroklos schwebe in Gefahr, den troischen Hunden zur Labung zu werden (18, 179; vgl. 17, 255; 13). Achill ruft dem sterbenden Hektor zu: »Dich werden Hunde und Vögel schmählich umherzerren, den Patroklos aber werden die Achäer ehrenvoll bestatten« (22, 335 ff.). Hektor aber fleht mit den letzten Atemzügen, er möge ihn nicht bei den Schiffen der Achäer von den Hunden verschlingen lassen, sondern seinen Leichnam gegen Lösegeld den Eltern ausliefern, damit er des Leichenbrandes teilhaftig werde (22, 338 f.). Mit welcher Schärfe weist Achill dies zurück: niemand werde die Hunde von seinem Haupt abwehren..., sondern Hunde und Vögel würden ihn ganz und gar verschlingen (22, 348. 354). Sterbend warnt Hektor ähnlich wie Elpenor: »Sieh zu, daß ich dir nicht irgend Ursache zum Zorn der Götter werde« (22, 358). Dem toten Patroklos bringt Achill die Einlösung des Gelübdes, er werde Hektor schleifen und den Hunden roh zu fressen geben (23, 21), und noch am Scheiterhaufen wiederholt er, den Hektor werde er keinesfalls ausliefern, damit er von Feuer verzehrt werde, sondern ihn von den Hunden vertilgen lassen (23, 182).

Auch in der Odyssee begegnet das Motiv von Hunden und Geiern. So drohen die Freier dem Odysseus, als er den Antinoos mit dem Pfeilschuß getötet hatte, dafür würden ihn dort die Geier fressen (Od. 22, 30). Das andere Beispiel ist noch eindringlicher: Aigisthos hatte viel Schändliches verbrochen, unter anderem hatte er den treuen, zum Schutze Klytaimnestras zurückgelassenen Sänger auf eine einsame Insel bringen lassen »den Vögeln zum Fang und zur Beute« (Od. 3, 270). Hätte Menelaos den Aigisthos bei seiner Heimkehr lebend angetroffen, dann hätte keiner dem Toten einen Grabhügel aufgeschüttet, sondern ihn hätten die Hunde verzehrt und die Vögel, wie er dalag, fern von der Stadt auf dem Feld, und keine der Achaierinnen hätte für ihn die Totenklage angestimmt (Od. 3, 256).

In all diesen Fällen steht das Motiv von den Hunden und Geiern, welche die Leichen fressen, nicht weil es grausig und somit in gewissem Sinne schön wäre – ein ästhetisches Wirkungsmittel dieser Art hätte sich bei so häufiger Anwendung rasch abgenützt –, sondern weil es für die Menschen jener Zeit nichts Schlimmeres geben konnte: für die Toten, weil sie keine Ruhe fanden, zu dämonisch herumgeisternden Wesen wurden; für die Lebenden, weil ihnen eben daraus Schaden zu erwachsen drohte. Für den ›polar denkenden‹ Griechen der Frühzeit – oder sollte man statt ›polar‹ besser ›komplementär‹ sagen? – war dies Motiv geradezu das Gegenbild zur ehrenvollen Bestattung. Eines wird von dem anderen wirksam abgehoben. Aber diese Wirkung beruht nicht in einem ästhetischen Reiz, sondern in dem Ernst der dahinterstehenden Wirklichkeit. Dasselbe gilt für die Ertrunkenen, die in Flüssen und im Meer von den Fischen ausgesaugt und gefressen werden (Ilias 21, 122 ff.). Auch dort das Gegenbild: »Und nicht wird deine Mutter dich auf die Totenbahre betten und bejammern.«

Man wird fragen dürfen, ob diese Vorstellungen in homerischer Zeit so allgemein verbreitet waren, daß sie im Epos und in der Bildkunst Eingang fanden, oder ob umgekehrt die Bildkunst hier im Wirkungsbereich des großen Epos steht. Wir können diese Frage hier nur stellen, nicht beantworten, und begnügen uns, darauf hinzuweisen, daß K. Kübler für den Wandel in Grabform und Grabkult eben dieser Zeit neben unmittelbarer Beeinflussung aus dem kleinasiatischen Osten auch das Epos als Vermittler zum Mutterlande annimmt.

Die Mainzer Kratere sind für ein ehrenvolles Leichenbegängnis geschaffen; ihr Bildschmuck weist zum Teil auf ehrenvolle Bestattung des in der Schlacht Gefallenen (Wagenumfahrt, Aufbahrung, Totenklage), zum anderen führt er das Gegenbild vor Augen: das Los derer, die auf dem Schlachtfeld, fern von den Ihren, unaufgebahrt, unbeklagt und unbestattet liegen bleiben, den Hunden zum Fraß und den Geiern zur Beute. Auf ein solches Leichenfeld führt auch die Darstellung auf Bruchstücken von Reliefgefäßen aus Tenos, die noch aus dem späten achten Jahrhundert stammen. Da liegt ein bärtiger Gefallener am Boden. Brust, Gesäß und beide Schenkel tragen eingetiefte Wunden; sind es Verwundungen von Waffen, oder sind sie vom Schnabel des Vogels aufgerissen, der gerade nach der Scham des Toten hackt? Jedenfalls ruft das Bild die Befürchtung des Priamos ins Gedächtnis, seine Hunde würden ihn zerfleischen und auch seine Scham schänden. Sind die Geier ihrer Natur nach wilde Aasvögel, so sind die Hunde der homerischen Bilder die Haus- und Wachthunde der Menschen; auch die Gefäßmaler haben sie durch Halsband und Bommel als zum menschlichen Bereich gehörig charakterisiert. Aber durch die Gier nach dem Blut der im Felde Verendenden und den Leichenfraß wachsen sie in der Vorstellung über Hunde hinaus, nehmen dämonisches Ausmaß an. Die Vorstellung vom Hadeshund, von den Hunden der Hekate, von Wesen wie Harpyien, Keren, Sphingen und Erinyen, die alle in der Dichtung Hunde heißen können und in der Bildkunst zum Teil hundehafte Züge tragen, mögen das Grausige an ihnen noch gesteigert haben. Das übermächtige, unheimliche Wesen dieser Bestien drückten die Maler unwillkürlich durch löwenhafte Erscheinung aus. Ähnlich unwillkürlich wurden einem Maler des frühen Mittelalters, der die Eingangsverse der Ilias illustrierte, die leichenfressenden Hunde zu löwenhaften Bestien. Neben den Löwenhunden und den schwarzen Vögeln findet sich dabei ein Wesen, das die Merkmale beider in sich vereint, der geflügelte Greif. Es ist der berühmte Codex Venetus, der in einer gemalten Randglosse gerade dies Motiv zum Bild verdichtet vorführt.

Hunde auf Phaleronkännchen CVA München 3 Taf. 134, 1–3; hier Abb. 7; Halsbild mit Ker.; Verdelis, BCH. 75, 1951. 22 Abb. nach JdI. 22, 1907. 100 Abb. 14. Zu den Eingangsversen der Ilias: H. Fränkel, Gnomon 28, 1956, 572. – Daß die Schiffbrüchigen des herkömmlichen, ehrenvollen Leichenbegängnisses beraubt sind, ist der Sinn des von Fränkel in diesem Zusammenhang zitierten Kraters von Ischia; Buchner, Atti e Memorie della Società Magna Grecia (1954) 8; Ders., RM. 60/61, 1953/54, 39 ff. Dieser Grabkrater bildet vorstellungsmäßig ein Gegenstück zu den Hunde- und Geierfriesen der Mainzer Kratere. Von dieser allgemeinen Vorstellungswelt unterscheidet sich die Darstellung des Schiffbruches auf der Kanne in München, R. Hampe, Die Gleichnisse Homers und die Bildkunst seiner Zeit (1952) 26 ff.; hier Abb. 3.4. Dort ist die Darstellung pointiert, auf eine einmalige Szene abgehoben. Gerade der Unterschied dieses Schiffbruches zu dem auf dem Krater von Ischia bestätigt die Deutung auf den Schiffbruch des Odysseus. Die Fische auf der Münchener Kanne sind klein und harmlos, deuten das Meer an (so richtig Buchner a. O. 46). Auf dem Grabkrater von Ischia sind sie gefährliche Bestien, den Löwenhunden auf den Mainzer Krateren im Ethos vergleichbar. Bei dem riesigen Raubfisch, der dem einen Schiffbrüchigen den Kopf abbeißt, könnte man an den schon in der Odyssee (12, 96) genannten »Hundefisch« denken. –
Einfluß des Epos auf Grabform und Grabkult: K. Kübler, Kerameikos VI 1 (1959) 102 ff.
Fr. Reliefgefäß aus Tenos in Athen (Inv. Nat. Mus. 2495): Studniczka, AM. 11, 1886, 87 ff. mit Hinweis auf die Eingangsverse der Ilias und auf die nicht viel jüngere Gemme in London; Walters, Cat. Gems (1926) Nr. 211 Taf. 5 = Furtwängler, Antike Gemmen (1900) Taf. 5,34. – E. Kunze, Kretische Bronzereliefs (1931) 251 Taf. 54b, mit Verweis auf die Gemme Walters, a. O. Nr. 237 Taf. 5 = Furtwängler a. O. Taf. 4, 30 und orientalische Vorbilder. In diesem Zusammenhang wären auch Stellen aus dem Alten Testament zu nennen; etwa: 1. Könige 14, 11; 16, 4; 21, 24; 22, 38. Vgl. Josephus Antiqu. 8, 270. 288 f.; 361. – J. Schäfer, Studien zu den griech. Reliefpithoi (1957) 67 f. (T 2) Taf. 10, 2. – Bruchstück in Tenos: Praktika 1949, 132 Abb. 17; Schäfer a. o. 68 (T 3). – Schlachtfeld mit Gefallenen und Vögeln, die sich auf sie stürzen, auf italisch-korinthischer Olpe und Oinochoe der Villa Giulia; Rom: Bd. A 31, 1937, 149 ff. Abb. 1–3. Dämonische Bedeutung des Hundes: H. Scholz, Der Hund in der griechisch-römischen Magie und Religion, Diss. Berlin 1937. Mit dem dämonischen Wesen der Hunde haben die Hunde, die ins Grab mitgegeben wurden (vgl. Kübler, Kerameikos V 1, 25 Anm. 63), unseres Erachtens nichts zu tun. Es dürfte sich dort um Haustiere aus dem persönlichen Besitz des Verstorbenen handeln. Codex Venetus A mit Illustration der Eingangsverse der Ilias: Venedig, MSS. Greci, Marciana 454 Collezioni 822, Blatt 4 verso. – Faksimile-Ausgabe: de Vries-Comparetti (Leiden 1901). Zum rein mittelalterlichen Stil seiner Miniaturen, die aus dem 10. Jh. stammen, vgl. R. Bianchi-Bandinelli, Hellenistic-Byzantine Miniatures of the Iliad (1955) 165 Anm. 10.

BÖOTISCHE FIBELN: ZUSAMMENFASSUNG
1971

Überblickt man die Themen auf den 18 Bildseiten der neuerworbenen Fibeln in Heidelberg und vergleicht sie mit den bisher bekannten Darstellungen auf böotischen Fibeln, so ergibt sich: Das bisher häufigste Thema »Pferd mit Vogel« oder »Pferd mit Vögeln« (bisher: 29) hat auch auf unseren Fibeln den größten Zuwachs erfahren (neu: +8). Über den »Sinn« dieser Kombination eine Aussage zu machen, ist für uns Heutige schwer. Die Vögel sind nach ihren Merkmalen »Wasservögel« – eine nähere Bestimmung ist nicht möglich. Sie mögen der freien Natur angehören. Die Pferde weisen indessen durch ihre Halfter in den Bereich des »rossezähmenden« Menschen; sie sind als Wagenpferde der Streit- oder Rennwagen zu denken; die griechische Reitkunst war, wie Fibel- und Vasenbilder zeigen, in dieser Phase noch im Anfangsstadium. Aber die Pferde hier sind nicht angeschirrt; sie sind handlungslos neben die Vögel gestellt, beide in reinem Profil, fast ohne Überschneidungen (Nr. 121: Abb. 9. 10).

Das Format der Tiere ist nicht naturalistisch aufeinander abgestimmt; sie sind nicht im Sinne eines Illusionsbildes aufzufassen; sie

Abb. 9 und 10 Heidelberg, Universität. Platte einer böotischen Bronzefibel (antik geflickt) von beiden Seiten: Pferd und Vogel. Plattenbreite 6,4 cm. Kat.-Nr. 121.

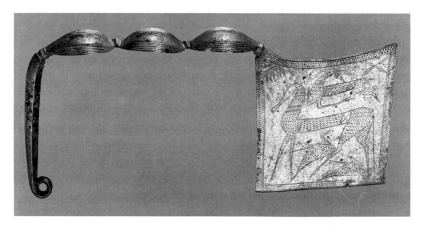

Abb. 11   Heidelberg, Universität. Böotische Bronzefibel mit dreiteiligem Bügel. Auf der Platte Wild, Pferd und Vogel (andere Seite: Abb. 14). Länge 19 cm; Plattenbreite 6,9 cm. Kat.-Nr. 126.

bilden keine inhaltliche, sondern eine künstlerische Einheit; dabei stellen die sogenannten »Füllmotive« ein wesentliches Element der Bildwirkung dar.

Dies Hauptthema ist in zwei Fällen (Nr. 125. 126) mit einem zweiten Thema kombiniert, dem flüchtenden Wild (Hindin und Steinbock) im Bildfeld über dem Rücken des Pferdes (Nr. 126: Abb. 11) – auch diese Kombination ist ohne einen für uns erkennbaren Sinnzusammenhang. Anders steht es mit dem Thema »Löwe, der ein Wild überfällt«. Dieses Motiv war auf böotischen Fibeln beliebt (bisher: 9) und erfährt durch unsere Fibeln (neu: + 3) eine Bereicherung. Für das Wild (Hirsch oder Hindin) ist zwar auch hier die herkömmliche Bildprägung des weidenden Tieres verwendet, aber der Löwe greift hier nicht von hinten an, sondern ist über das weidende Tier gestellt oder steht ihm aufrecht gegenüber. Das Thema »Löwe und Wild« ist nicht auf die böotische Fibelgravierkunst beschränkt, sondern findet sich über die ganze griechische Welt verbreitet. Es hatte in den homerischen Gleichnissen seine Vorbilder und Entsprechungen. Auf den gleichnishaften Symbolgehalt dieser Darstellungen – Einbruch der ungestümen Todesgewalt in das friedliche Dasein – wurde schon mehrfach hingewiesen. Es ist das einzige Fibelthema, das so einen gewissen Bezug auf den Tod hat, den man bei den anderen Themen, obwohl die Fibeln den Toten oft ins Grab mitgegeben wurden, nicht zu erkennen vermag. Und obwohl diese Verstorbenen Frauen waren und obwohl diese Fibeln, gewiß von Frauen, in die Heiligtümer meist weiblicher Gottheiten geweiht waren, zeigen die Themen ihrer Bilder keinen unmittelbaren Bezug auf die Welt der Frau, sondern sind von dem bestimmt, was die Vorstellungswelt der Männer – und mit ihnen der Frauen – erfüllte und ihre Phantasie beflügelte. So läßt auch Homer im dritten Gesang der Ilias 126 ff. Helena »die Kämpfe der rossezähmenden Troer und erzgewappneten Achäer« in ein großes Gewand einweben als »die Mühen derer, die ihretwegen litten«. So litten die Männer im Kriege für Schutz und Freiheit der Frauen ihrer Geschlechter; die Frauen aber hatten, wie Andromache, den Verlust der Männer und damit ihrer Freiheit zu befürchten. Eindeutig spiegelt sich diese Vorstellungsweise in den Kriegern; aber auch die Schiffe gehören zu diesem Bereich. So stillebenartig sie häufig dargestellt sind – zumal auf den Fibeln des Schiffsmeisters – und so friedlich die Vögel auf Aphlaston und Akrostolion sitzen, die Fische oder Vögel »unter«, das heißt neben ihnen dahinschwimmen, es sind ihrer Bauart nach Kriegsschiffe, oft vorn und hinten mit Rammspornen bewehrt. Ob die als Hopliten mit böotischem Schild, Helm und Lanze gewappneten Krieger auf der Fibel des Kriegermeisters (Nr. 122) den ebendort dargestellten Kriegsschiffen entstiegen zu denken sind, müssen wir offen lassen; daß ihr

Abb. 12 Heidelberg, Universität. Böotische Bronzefibel mit vierteiligem Bügel. Auf der Platte Herakles im Kampf gegen die Molione. Länge 25 cm; Plattenbreite 8,5 cm. Kat.-Nr. 124.

Abb. 13   Vergrößerung der Platte der Fibel Abb. 12.

Format nicht naturalistisch aufeinander abgestimmt ist, wäre kein Hinderungsgrund, jedenfalls gehören Kriegsschiffe und Krieger dem kriegerischen Bereich an.

Ein Novum in der Bildkunst der Frühzeit bilden die Themen der Heldensagen. Sie kommen in der zweiten Hälfte des 8. Jhs. auf, zumal auf böotischen Fibeln. Unter diesen mythischen Themen waren bisher bekannt: dreimal des Herakles Kampf gegen die Hydra, einmal die

Abb. 14 Andere Seite der Platte der Fibel Abb. 11. Zwei Männer streiten um ein Schiff.

Erlegung der Hirschkuh durch Herakles, zweimal sein Kampf gegen die Molione, sowie ein Thema der Trojasage: das hölzerne Pferd. Darüber hinaus einige Szenen, die mythisch sein können, sich aber nicht sicher deuten lassen. Dazu kommen nun durch Neuerwerbungen in Heidelberg drei weitere Sagenbilder: zweimal des Herakles Kampf gegen die Molione (die eine Fibel, Nr. 124: Abb. 12 und 13, dazu Nr. 128), ein weiteres Mal derselbe Kampf oder – weniger wahrscheinlich – der Kampf des Nestor gegen die Aktorione (Nr. 123).

Dazu das wohl mythisch zu deutende, aber nicht sicher zu benennende Bild mit dem Streit der Männer um das Schiff (Nr. 126: Abb. 14).

Der Stolz der Böoter auf ihren thebanischen Heros Herakles mag zur Bildwerdung gerade der Heraklestaten beigetragen haben; die panhellenische Berühmtheit des trojanischen Krieges – in welcher epischen Fassung auch immer – und die Geschichte vom trojanischen Pferd mögen dazu geführt haben, daß man statt des üblichen Themas »Pferd mit Halfter« unter Durchbrechung der herkömmlichen Typik ein künstliches Pferd auf Rädern, mit Luken am Bauch, zum ersten Mal formulierte. Wir stellen uns die Böoter im allgemeinen als Bewohner des Binnenlandes vor. Daher verwundern zunächst die vielen Schiffsbilder. Aber die Bucht von Aulis, wo sich die griechische Flotte zum Zug gegen Troja sammelte, liegt an der Küste Böotiens und der Schiffskatalog der Ilias, der seit alters »Boiotia« heißt, beginnt mit dem böotischen Schiffskontingent.

Gegenüber der böotischen Vasenmalerei der spätgeometrischen Zeit geht die Gravierkunst der böotischen Fibeln in Themenwahl und Komposition eigene Wege. In der Metallgravierung der geometrischen Epoche war, wie K. Kübler erkannt hat, die Tradition figürlicher Darstellungen seit der mykenischen Zeit offenbar nie ganz abgerissen. Fast alle Werke aus Edelmetall sind freilich verloren. Um so wichtiger sind die erhaltenen figürlichen Darstellungen auf den böotischen Fibeln. Auch wo sie keine mythischen Themen zeigen, sind sie bedeutsam genug. Die mythischen Themen indessen, die zu den ältesten Bildformulierungen der griechischen Heldensage zählen, können in ihrer Bedeutung für die damalige Entwicklung der griechischen Bildkunst sowie für die heutige mythologische Forschung nicht überschätzt werden.

Sagenbilder auf Fibeln: Hampe, Sagenbilder 39ff.; ders., Gleichnisse 30; zu Herakles – Hirschkuh vgl. K. Meuli, Scythica Vergiliana, Beiträge zur Volkskunde (1960) 126ff. mit Abb. 5. – Zu Molione-Aktorione: B. Schweitzer, Herakles (1922) 17ff.; Hampe, Sagenbilder 45 ff., sowie (zu skeptisch): J. Boardman, JHS 86, 1966, 1ff.; K. Fittschen, Untersuchungen zum Beginn der Sagendarstellungen bei den Griechen (1969) 68ff. – Kanne von der Agora mit Nestor und den Aktorione: Hampe, Sagenbilder 87f. (Anhang IV); ders., Gleichnisse 44f. Anm. 17; Athenian Agora VIII Taf. 17, 304 und 65f. mit weiterer Lit. – Frühattischer Ständer in München, Mus. Ant. Kleinkunst Inv. 8936. [K. Vierneisel, MJb 18, 1967, 241ff.; vgl. R. Hampe in LIMC I (1981) 475 Nr. 13 s.v. Aktorione].

»Frühgriechische Bildniskunst«.
Einleitung zu einer Vorlesung
1949

Wir wollen uns rund zweieinhalb Jahrtausende zurückversetzen oder genauer gesprochen ins 6. Jahrhundert v. Chr. Da standen sich eines Tages in Sardes, der Hauptstadt des Lyderreiches, wie Herodot im ersten Buch berichtet, zwei Männer gegenüber, die zwei verschiedene Welten verkörperten. Zwei Männer, wie sie gegensätzlicher nicht gedacht werden können. Der eine, der seine Zeitgenossen an Weisheit überragte, und den die antike Nachwelt unter die Sieben Weisen einreihte. Der andere, der alle Zeitgenossen an Reichtum übertraf, derart, daß sein sagenhafter Reichtum sich bis in unsere Tage sprichwörtlich erhalten hat. Der eine stammte aus dem kargen, kleinräumigen, engumgrenzten Griechenland, war in Athen oder auf Salamis geboren, aus einem uralten, edlen, aber verarmten Geschlecht – ein Mann, dessen gerechten Sinn seine Landsleute so hoch einzuschätzen wußten, daß sie ihn zum Mittler und Schlichter in ihren öffentlichen Angelegenheiten bestimmten, daß sie ihm die verantwortliche Aufgabe übertrugen, bei den schweren sozialen Gegensätzen, die damals seine Heimat zerrissen, einen Ausgleich zu versuchen. Solon war es, der, wie Sie alle wissen, die verschuldete Bauernschaft Attikas durch seine Maßnahmen aus der Schuldknechtschaft befreite.

Liebenswert in seiner Entschlossenheit und Uneigennützigkeit, in seiner Einfachheit und natürlichen Lebensfreude, hat dieser Mann in dreierlei Hinsicht bedeutsam gewirkt:

1. Als junger Mann hat er – gegen den Willen der Athener – den Anstoß gegeben, die Insel Salamis zurückzugewinnen und damit den ersten Schritt zur späteren Seegeltung Athens getan.

2. Als Staatsleiter hat er das Homerische Epos in Athen eingeführt, war selbst der erste attische Dichter, und hat damit seiner Stadt den Weg nach Ionien, zur großen, gesamtgriechischen Überlieferung erschlossen.

3. Als Gesetzgeber hat er das Recht aufzeichnen lassen und damit feste Grundlagen geschaffen oder doch zu schaffen versucht.

Fast noch nachhaltiger als durch seine Gesetzgebung hat er durch seine Gestalt gewirkt. Daß seine Gesetze im einzelnen bald wieder geändert werden würden, hat er vorausgeahnt. So berichtet wenigstens Herodot, daß er den Athenern einen feierlichen Eid abnahm, seine Gesetze zehn Jahre lang nicht zu ändern. Da er aber fürchtete, sie würden ihn andauernd dazu nötigen, sie selbst zu ändern, ging er zehn Jahre lang außer Landes, begab sich außer Reichweite. In Ägypten war er schon gewesen, nun kam er zu Kroisos nach Sardes.

KAPITEL 2

Antikes und neuzeitliches Kreta

Der Sarkophag von Hagia Triada
1980

Es bedarf der Begründung, warum das folgende Denkmal, der Sarkophag von Hagia Triada, in die Betrachtung einbezogen wird. Er ist ein spätminoisches Zeugnis der Kunst, aber doch zu einer Zeit entstanden, als die minoische Kultur und Kunst schon unter mykenischem Einfluß stand. Und er ist ein Beispiel fast vollständig erhaltener Freskomalerei, wie sie auf die mykenische Malerei stark eingewirkt hat. Der Sarkophag ist aus Porosstein, 137 cm lang, und stammt aus einem Kammergrab nahe dem Palast von Hagia Triada im mittleren Südkreta (Farbtafel II).

Die Deutung dieser Fresken hat große Schwierigkeiten unter den Forschern hervorgerufen, weil man sie auf den Totenkult bezog und einen durchgehenden Sinnzusammenhang suchte. In neuerer Zeit ist man geneigt, Szenen aus dem Kult des Zeus darin zu sehen, und zwar des Zeus Velchanos, der in Hagia Triada, Phaistos und Gortyn verehrt wurde. Klassische Münzen von Phaistos zeigen ihn als jugendlichen Gott in den Zweigen der ihm heiligen Weide sitzend. Zur Deutung herangezogen wird ein Hymnos auf Zeus, der in Ostkreta, in Palaikastro, erst im 3. Jahrhundert n. Chr. auf Stein gemeißelt wurde, der aber schon in hellenistischer Zeit verfaßt worden war und auf ältere Vorstellungen und Riten zurückgeht. In ihm wird Zeus als der ›größte Kouros‹ (Knabe) angerufen – er wurde als Unbärtiger verehrt –, der fürs Jahr nach Dikte kommen solle, um sich an Gesang und Musik zu freuen, und der in die Betten und Vorratsgefäße, die Herden, die Saaten, in die Städte, die Schiffe, die jungen Bürger, in Themis, die Göttin der Satzungen und des Rechtes, fahren (wörtlich springen) solle. Ein analoger Kult ist für den jugendlichen Zeus Velchanos anzunehmen.

Auf dem Sarkophag steht eine kleinere jugendliche Gestalt hinter einem Stufenaltar und vor einem heiligen Gebäude neben einem aufragenden Baum. Seine Arme sind vom Gewand verhüllt, dessen unterer Teil ergänzt ist. Das Gewand ist weiß und hat dieselbe Art der Musterung wie die Gewänder der drei Gabenbringer vor ihm. Es ist aus Fell und endete vermutlich unten mit einem Zipfel und ließ die Füße sehen. Die Vorstellung von einem – gar als Mumie – aus dem Boden aufsteigenden Toten war zum großen Teil durch die falsche Ergänzung hervorgerufen. So steht der Gott – oder allenfalls sein junger Priester – neben dem ihm heiligen, streng stilisierten Baum, um die Gaben zu empfangen.

Die Gabenbringer schreiten vor graublauem Grund, der sie als Dreiergruppe zusammenfaßt. Sie ragen nach vorne in den weißen Hintergrund des Gottes, nach hinten in den der Kulthandlung bei den Doppeläxten hinein. Sie bringen zunächst das Modell eines Schiffes, sodann ein graugeflecktes und ein braungeflecktes Kalb. Elfenbeinpyxiden in Schiffsform sind aus kretisch-mykenischer Zeit erhalten. Sie dienten als Behälter für das unblutige Voropfer. Bei den beiden Kälbern, die in der Bildformel des fliegenden Galopp wiedergegeben sind, darf man sich fragen, ob hier Rhyta in Stierform gemeint sind – unter den erhaltenen Rhyta finden sich jedoch nur solche von ruhig stehenden Stieren – oder lebendige Tiere. Wenn es sich um letztere handelt, dann ist zu fragen, warum hier der Maler die Formel vom fliegenden Galopp angewendet hat. Die Frage ist einstweilen nicht lösbar. Links stehen zwei goldene Doppeläxte auf pfeilerartigen Säulen. Auf den Äxten sitzt je ein goldener Vogel. Sie können als typische Kultmale des Zeus gelten.

Zwischen den Pfeilern steht auf einem Schemel ein großes graues (silbernes) Gefäß. Eine im unteren Teil mit Tierfellgewand bekleidete Frau gießt darin einen grau und gelben (silbernen und vergoldeten) Eimer aus. Eine weitere, in kretischer Weise vornehm gekleidete Frau bringt an einem Tragholz, das sie über der Schulter trägt, zwei weitere solcher Eimer heran. Ihr folgt ein langgewandeter Musiker, der auf der Kithara spielt. Diese Szene ist vom Gott und von den Gabenbringern abgewandt.

Auf der Gegenseite schreiten zunächst, vor gelbem Grund, Frauen in Prozession nach rechts. Vier Frauen – nur die unteren Teile sind erhalten – werden von einer Frau geführt, die ihre Hände in einem kultischen Gestus vorstreckt – der Oberkörper fehlt bis auf die Hände. Dann folgt vor weißem Grund eine andere Szene. Da liegt auf einem gelben Opfertisch – er ist vielleicht aus Bronze zu denken – der geschlachtete Stier mit gekreuzten Beinen und kreuzweise mit roten Seilen am Opfertisch festgebunden. Er hat ein graugeflecktes Fell, an Kopf und Schwanzpartie ist auch Gelb angewendet. Das Tier liegt auf dem Opfertisch, wie wir dies auf einer Anzahl von Gemmen dargestellt finden. Es wurde geschächtet. Das Blut rinnt in einen unter dem Kopf stehenden Eimer. Zwei Ziegen, eine gelb und eine grau, liegen unter dem Opfertisch. Dahinter aber schreitet, sich weit zurücklehnend, ein Mann, der mit einer geraden und einer gekrümmten Flöte bläst. Diese Art des Blasens, als der sogenannte ›phrygische Aulos‹, war noch in römischer Zeit in Gebrauch.

Schließlich steht rechts, vor grauem Grund, eine Priesterin, die, im Fellkostüm, die Hände über einen Altar hält. Die im Kretisch-Mykenischen typische Libationskanne und ein Opferkorb mit Früchten zeigen an, welcher Art ihre Opfer sind. Eine goldene Doppelaxt, diesmal mit blauem Vogel darauf, und ein heiliger Bezirk bilden den Abschluß. Der Bezirk, mit vier heiligen Hörnern bekrönt, umschließt einen heiligen Baum.

Auf der einen Nebenseite fährt ein Paar von Göttinnen auf einem Wagen, der von geflügelten Greifen gezogen wird. Im Zwickel links oben sitzt ein Vogel.

Auf der anderen Seite fahren zwei Göttinnen auf einem Wagen, den Bezuarziegen (neugriechisch agrimia) ziehen, wie sie heute noch in letzten Exemplaren in den Weißen Bergen Kretas leben. Darüber sind Reste einer Männerprozession erhalten. Die rahmenden Rosettenleisten sind ein Muster, wie es in senkrechter und waagrechter Richtung in der mykenischen Ornamentik vielfach verwendet wird.

Da Flöten- und Saitenmusik beim Opfer zusammen zu erklingen pflegten, schließen sich die Szenen mit den Musikanten eng zusammen. Die Frage heißt, was die Frauen aus den Eimern in das kraterartige Gefäß zwischen den Säulen schütten. Man nimmt im allgemeinen an, es sei das Blut des geschächteten Tieres. Doch wurde schon darauf hingewiesen, daß das Gefäß am Opfertisch, welches das Blut aufnimmt, anders aussieht als die Eimer, aus denen die Flüssigkeit gegossen wird, und es wurde vorgeschlagen, daß von den Frauen Wein mit Wasser gemischt werde. Eher möchte man annehmen, daß hier der Wein ungemischt für die Libation und die Teilnehmer an der Zeremonie bereitgestellt wird, zumal über dem einen Altar eine Spendekanne für Wein hängt. Hinzu kommt, daß aus dem Palast von Hagia Triada Fragmente von Wandgemälden stammen, die in einzelnen Zügen mit den Darstellungen des Sarkophags von Hagia Triada übereinstimmen. Gerade das Tragholz mit den Eimern, dort von einem Mann getragen, begegnet dort wieder, und die Eimer dürften schwerlich mit Schächtungsblut gefüllt sein. Blut ist im Krater nicht anzunehmen, denn von dem geschächteten Tier durfte nach späterem Ritus nichts verzehrt werden, es war tabu, und das Blut wurde in eine Erdgrube gegossen. Den späteren unsterblichen olympischen Göttern wurden Tiere nicht geschächtet. Aber der kretische Zeus, ein Vegetationsgott, war sterblich. In Kreta wurde sogar sein Grab gezeigt.

Kretische Löwenschale des 7. Jahrhunderts v. Chr.
1969

Welche Verwendung hatten die orientalischen Löwenschalen (Abb. 15) und wozu diente, fragen wir weiter, die kretische Löwenschale in Heidelberg (Abb. 16)? Für die orientalischen Schalen darf die frühere Deutung auf Räuchergefäße heute als überholt gelten.[1] Die erhaltenen Beispiele zeigen keinerlei Brandspuren. Auch wäre das Material derer, die aus Elfenbein sind oder aus blauem Glas mit Goldfolie ausgelegt, für Räucherschalen denkbar ungeeignet. Eine andere Deutung sieht in ihnen zur Libation bestimmte Mündungsstücke von Salbenbehältern.[2] Ein solcher Behälter, etwa ein im Innern ausgebohrter Holztubus, der an einem Ende ein verschließbares Einflußloch, am anderen die Schale als Aufguß aufwies, ist freilich noch an keinem Fundplatz zutage gekommen. Ein anderer Ergänzungsvorschlag sieht in diesen Schalen die Ausgüsse von Ölhörnern, wie sie im

Abb. 15 Heidelberg, Universität. Zwei syrische Salbschalen aus Serpentin, die eine mit Löwenkopf, die andere mit Hand. Länge 9,8 und 10,5 cm. Kat.-Nr. 29 und 30.

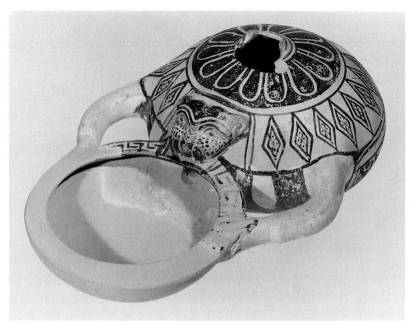

Abb. 16 Heidelberg, Universität. Kretische Löwenschale aus Ton. Höhe 4,5 cm; Durchmesser des Behälters 13,1 cm; der (zum Teil ergänzten) Schale 11 cm. Kat.-Nr. 31. Um 650 v. Chr.

zweiten Jahrtausend unter den Funden im Vorderen Orient und in Ägypten begegnen, auf ägyptischen Wandgemälden auch dargestellt wurden. Als oberer Abschluß dieser Hörner sollen nach schriftlicher Überlieferung in den Amarnabriefen Stöpsel aus Ebenholz, Knochen oder Edelstein verwendet worden sein. Mit den »Stöpseln«, so wird angenommen, seien die Ausgußschalen gemeint. »Das sich anschließende Horn mag häufig aus Holz gefertigt worden sein, so daß nichts mehr erhalten ist.«[3] In entsprechender Weise, nur nicht im profanen Bereich, sondern in kultischer Verwendung, habe man sich die reicher ausgestatteten Hand- und Löwenschalen des 1. Jahrtausends zu denken.

Ein dritter Deutungsvorschlag wird durch die Beschaffenheit der durchbohrten Tüllen nahegelegt. Heutzutage würde man sie als Anschlußstücke für einen Schlauch bezeichnen. In der Tat ist die Tülle bei einigen Exemplaren aufgerauht, bei anderen – so auch bei unserem Beispiel (Abb. 15) – mit einem Wulst versehen, so daß ein angeschlossener Schlauch gut haften würde oder festgeschnürt werden könnte. Nun, im Altertum bestanden Schläuche aus Tierbälgen. Athenaeus berichtet (XV 692c), daß am syrischen Hofe die Kränze der Gäste vor den Trinkgelagen aus kleinen Schläuchen (ἀσκίδια) mit babylonischem Salböl benetzt wurden. Wir entnehmen daraus, daß es am syrischen Hof in hellenistischer Zeit üblich war, kostbare Salböle in kleinen Tierbälgen zu bewahren. Warum sollte dies nicht schon früher an den Höfen der nordsyrisch-späthethitischen Fürstentümer sowie in anderen Höfen des Vorderen Orients üblich gewesen sein?

Auf der 1960 in Olympia gefundenen kretischen Bronze-Mitra B 4900[4] aus dem dritten Viertel des 7. Jahrhunderts hängt an der Wand vor der thronenden Frau ein kleiner Tierbalg (Abb. 44). Ist er etwa mit Duftöl gefüllt zu denken und soll er andeuten, daß die Szene sich in einem ›wohlduftenden Gemach‹ abspielt?

Die orientalischen Hand- und Löwenschalen stammen überwiegend aus Palästen. Man könnte sich daher denken, daß beim Gebrauch kleine Tierschläuche an sie angeschlossen wurden.[5] Diese Schläuche wären mit Salböl gefüllt gewesen. Durch leichten Druck auf den Schlauch hätte man dann bewirken können, daß jeweils ein kleines Quantum der kostbaren Flüssigkeit in die Schale fließt, sei es in profanem Gebrauch, sei es bei einer kultischen Zeremonie. Tierschläuche bestehen aus noch vergänglicherem Material, als Holz und Bein es sind, und es würde so verständlich, daß von diesen Utensilien jeweils nur das Mündungsstück, nicht aber der Schlauchbehälter gefunden wurde.

Läßt sich der kretischen Löwenschale in Heidelberg ihre einstige Verwendung ablesen und lassen sich daraus etwa Rückschlüsse auf den Gebrauch der orientalischen Vorbilder ziehen? Unsere Schale hat, wie wir sagten, einen nach innen vorspringenden Rand (Abb. 18). Es ist der gleiche Rand, wie ihn die Schale des Löwen von Arkades aufweist, der im Kuppelgrab R gefunden wurde (Abb, 17). Im selben Grabe fanden sich zwei weitere kleine Schalen von der gleichen Art, mit einwärts springendem Rand[6]. Diese Form des Randes macht es ausgeschlossen, daß diese Schalen zum Trinken oder für Libationen verwendet wurden. Sie weist die Schalen vielmehr in den Bereich der

Abb. 17 Iraklion, Museum. Tönernes Löwengefäß aus Arkades. Um 640 v. Chr.

Balsamarien oder Exaleiptra[7], also der Gefäße für Salben oder Duftöl, das so kostbar war, daß es nur in kleinen Mengen verwendet wurde und nicht verschüttet werden durfte.

Wie funktionierte der kretische Salbölbehälter in Heidelberg? Im Falle des Löwen von Arkades (Abb. 17) nahm Doro Levi an: »The water spouted from the lion's mouth into a basin held between his paws.«[8] Ob im Maul des Löwen eine Öffnung war, läßt sich am Original im Museum in Iraklion nicht mehr feststellen; der Rachen ist durch moderne Restaurierung mit Gips gefüllt. Daß im Maul einst eine Öffnung war, ist nach der Aussage von D. Levi anzunehmen, dann freilich nicht, um Wasser daraus zu speien. Wie sollte der Löwe das auch tun? Hat er doch vorne eine Öffnung, die mit der Schale kommuniziert. Das Loch im Maul – ein kleines Loch genügte – diente dann vielmehr dazu, Luft einzulassen, damit die Flüssigkeit aus dem Löwenbehälter durch das Loch unter dem Rand der Schale leichter hervorquellen konnte; dies zumal, wenn es sich nicht um Wasser, sondern um Salböl handelte.

Abb. 18 Detail aus Abb. 16.

Im Falle der Heidelberger Löwenschale drängt sich die folgende Vermutung auf: Der Aufsatz über dem Behälter war, wie schon gesagt, kein massiver Knauf, sondern hohl; das heißt, er hatte oben eine Öffnung und war also eine Tülle. Ein kleines Loch genügte auch hier. Vergleichbar nach Form und Zweckbestimmung wäre ein jonisches Salbgefäß des 6. Jahrhunderts v. Chr. in Gestalt einer ›Kröte‹, das sich im Museum von Charlottenburg befindet.[9] Die obere Tülle dort diente wohl zum Einfüllen, zugleich aber hatte sie den Zweck, den Ausfluß des Salböls aus der kleinen Röhre am Hinterteil der ›Kröte‹ zu regulieren. Schließt man die obere Tülle, so wird der Ausfluß der Salbe gestoppt, öffnet man sie, so kann das Salböl fließen.

Wir haben die Heidelberger Löwenschale in unserer Werkstatt nachgebildet und an diesem Modell Versuche angestellt. Der bauchige Behälter faßt rund 45 ccm Flüssigkeit, die Schale dagegen nur etwa 15. Die Flüssigkeit in der Schale kann jedoch nicht überlaufen, da die kommunizierende Öffnung zwischen Schale und Behälter 2 cm höher als die Sohle des Gefäßes liegt. Wir haben den Behälter versuchsweise mit Öl gefüllt und festgestellt, daß sich das Ausfließen aus dem Behälter folgendermaßen regulieren läßt: Hält man das obere Luftloch (die Tülle) zu, so dringt keine Flüssigkeit aus dem Behälter. Hebt man aber den Finger ein wenig, so daß etwas Luft eindringt, so rinnt unten ein entsprechendes kleines Quantum in die Schale. Es tritt also der gleiche Effekt ein, wie wir ihn bei der Verwendung der orientalischen Hand- oder Löwenschalen in der Verbindung mit kleinen Tierschläuchen vermutet haben. Ja, man darf sich fragen, ob der seltsame, bauchige, aus der keramischen Tradition herausfallende Behälter des Heidelberger Löwengefäßes etwa einen kleinen gefüllten Tierbalg (ἀσκίδιον) nachahmen soll.

Wie dem auch sei, und welchem Zweck die orientalischen Hand- und Löwenschalen auch gedient haben – ihr Rand ist zwar breit, aber nicht nach innen kragend –, die kretische Löwenschale in Heidelberg und der Löwe von Arkades waren jedenfalls keine Gefäße für Gußspenden, sondern für den – sei es kultischen sei es profanen – Gebrauch von Salböl.

1 B. Freyer-Schauenburg, Elfenbeine aus dem samischen Heraion (1966) 101.
2 R. Amiran, JNES 21 (1962) 161 ff.; Freyer-Schauenburg a.O. 101.
3 Freyer-Schauenburg a.O. 102 f.
4 H. Bartels, Mitren, VIII. Olympia-Bericht (1967) 196 ff. 204 Taf. 102–105. Ich spreche hier absichtlich nicht von Klytaimestra, da mich die vorgeschlagene Deutung nicht überzeugt. [Vgl. die neue Deutung von R. Hampe hier S. 137].
5 Ich freue mich zu hören, daß die Verbindung dieser Kultschalen mit Tierschläuchen, unabhängig von meiner Deutung, auch von einem anderen Gelehrten vorgeschlagen wurde, so nach Mitteilung von H. Cahn, der sich auf einen Brief von H. Seyrig beruft. Es gelang mir indessen nicht, diesen Interpretationsvorschlag in gedruckter Form ausfindig zu machen.
6 Arkades, R 65 Abb. 273 und R 73 Abb. 278.
7 Vgl. I. Scheibler, Exaleiptra, JdI. 79 (1964) 72 ff.
8 Hesperia 14 (1945) 28 zu Taf. 25. Daß der Löwe als Wasserspeier dieser Frühzeit nicht unbekannt war, zeigt der Kalkstein-Löwe von Olympia. G. Treu Ol. III 26 Abb. 23 Taf. 5,1–2. F. Crome, Mnemosynon Wiegand 47 ff. Taf. 7. 9. 10; Gabelmann, Löwenbild, passim, Taf. 1,2 und 3. 32,1.
9 F 4051, aus Tarquinia. Dm 18 cm K. A. Neugebauer, Führer II Vasen S. 71; A. Greifenhagen, Berliner Museen, Berichte, Neue Folge 13 (1963) 11 Abb. 9–10.

ΠΑΡΑΜΥΘΙ

Μιὰ φορὰ κι' ἕναν καιρὸ ζοῦσε ἕνας ἄρχοντας. Μακρυά, στὰ πιὸ μακρυνὰ σύνορα τῆς χώρας κυβερνοῦσε ἕνα μοναχικὸ νησί. Αὐτὸς ὁ ἴδιος εἶχε βοηθήσει μὲ τόλμη γιὰ νὰ τὸ πάρουν ἀπὸ τὸν ἐχθρό. Καὶ τώρα σὰν δοκιμασμένο παλληκάρι, εἶχε ἀναλάβει τὴ φρούρησι κατὰ διαταγὴ τοῦ βασιληᾶ του καὶ τοῦ κράτους του. Γιατὶ ἀκόμη βαρβαρικὲς ὀρδὲς ἀπειλοῦσαν νὰ σπάσουν τὰ σύνορα τοῦ κράτους καὶ στόλοι πειρατῶν περιπολοῦσαν στὶς θάλασσες. Γιὰ νὰ τὸ προφυλάξῃ ἀπὸ τοὺς πειρατές, τὸ ἔκλεισε τὸ νησὶ μὲ ὀχυρὰ καὶ μὲ χαντάκια, μὲ πύργους καὶ μὲ κάστρα καὶ ἀνάμεσα στὶς πόλεις καὶ τὰ χωριὰ ἄνοιξε δρόμους καὶ γεφύρια. Καὶ κάλεσε τὸν πληθυσμὸ τοῦ νησιοῦ, ἕνα μικρό, μὰ γενναῖο καὶ ὑπερήφανο λαουτζίκο καὶ τοῦπε:

«Ἔχετε χάσει μιὰ φορὰ τὰ σπίτια καὶ τὴ περιουσία σας. Στὸ χέρι σας εἶναι νὰ ἐμποδίσετε καὶ πάλι νὰ ξανάρθῃ ὁ πόλεμος καὶ ὁ θάνατος, ἡ φωτιὰ κι' ἡ λεηλασία καὶ ν' ἀπειλήσουν τὶς γυναῖκες καὶ τὰ παιδιά σας, τὰ σπιτικὰ καὶ τὸ βιό σας — βοηθῆστε καὶ σεῖς στὴν ἀνέγερση τοῦ μεγάλου προμαχῶνα».

Ἀλλὰ οἱ κάτοικοι δὲν ἦσαν μόνο ὑπερήφανοι καὶ γενναῖοι ἀλλὰ καὶ πεισματάρηδες καὶ ἐγωϊστές. Κι' ὄχι μόνο αὐτό, ἦταν καὶ τρεῖς φορὲς πανοῦργοι καὶ πονηροί. Χιλιάδες χρόνια εἶχαν νὰ κάνουν μὲ ξένους κυριάρχους καὶ εἶχαν μάθει νὰ τὰ βγάζουν πέρα μὲ τοὺς ξένους ἄρχοντες. Ὁ πρῶτος κανόνας τῆς τέχνης τους αὐτῆς ἦταν νὰ μὴ λένε ποτὲ «ὄχι». Ἔτσι καὶ τώρα δὲν εἶπαν ὄχι, ἄν καὶ ἡ πρότασή τους ἦταν πολὺ δυσάρεστη καὶ ἐνοχλητικὴ — γιατὶ ὁ κάθε ἕνας σκεπτόταν μόνο τὸν ἑαυτό του καὶ κανεὶς τὸ σύνολο — ἀλλὰ ἀπάντησαν:

«Μεγάλε μας ἄρχοντα ! Κανεὶς λαὸς στὴ γῆ δὲν σοῦ εἶναι τόσο ἀφωσιωμένος, κανένας ἄλλος δὲν εἶναι τόσο πρόθυμος νὰ ὑπακούσῃ στὶς διαταγές σου, κανένας ἄλλος δὲν εἶναι τόσο ἐργατικὸς ὅσο ἐμεῖς. Μονάχα μιὰ χάρι σὲ παρακαλοῦμε νὰ μᾶς κάνῃς πιὸ πρῶτα: Δῶσε μας δυὸ μῆνες ἀναβολή. Βλέπεις. Εἶναι τώρα ὁ καιρὸς ποὺ πρέπει νὰ μαζέψουμε τὶς ἐλιές μας καὶ νὰ τὶς πᾶμε στὸ λῃοτριβεῖό, κι' ὕστερα ἔρχεται ὁ καιρὸς νὰ ὀργώσουμε καὶ νὰ σπείρουμε τὰ χωράφια μας. Λάδι καὶ ψωμὶ αὐτὰ τὰ ἔχει ὁ ἄνθρωπος ἀπαραίτητα γιὰ νὰ ζήσῃ. Ἄφησέ μας ἐλεύθερους μονάχα αὐτοὺς τοὺς δυὸ μῆνες. Κι' ὕστερα θὰ ἔλθουμε μόνοι μας καὶ μάλιστα πολὺ περισσότεροι ἀπὸ ὅσους χρειάζεσαι».

Ὁ ἄρχοντας συμφώνησε μαζύ τους. Δυὸ μῆνες πέρασαν κι' ὅμως κανεὶς δὲν ἦρθε. Ἀνυπόμονος ὁ ἄρχοντας τοὺς ξαναθύμησε τὴν ὑπόσχεσίν τους. Καὶ κεῖνοι ἀπάντησαν:

«Μεγάλε μας ἄρχοντα, ἡ καλωσύνη σου καὶ ἡ εὐγένειά σου ἄς μᾶς συγχωρήσουν. Ἀγράμματοι ἄνθρωποι ἤμαστε καὶ ἀσυνήθιστοι νὰ σκεφτόμαστε πιὸ μακρυά. Βέβαια ἔπρεπε καὶ τότε νὰ τὸ σκεφθοῦμε. Ὕστερα ἀπὸ τὸ ὄργωμα καὶ τὴ σπορά, ἔρχετ' ὁ καιρὸς ποὺ πρέπει νὰ κλαδέψουμε τὶς ἐλιές μας, ἄν θέλουμε νὰ μᾶς δώσουν πάλι πλουσία σοδειὰ καὶ νὰ σκάψουμε τ' ἀμπέλια μας. Καὶ Σὺ καὶ οἱ πολεμιστές σου ξέρετε καὶ ἐκτιμᾶτε καλὰ αὐτὸ τὸ δῶρο τοῦ Θεοῦ. Δῶσε μας ἀκόμη μιὰ ἄδεια, μόνο δυὸ μῆνες καὶ δὲν θὰ ζημιωθῇς».

Όποιος λέει άλφα πρέπει νὰ πῆ καὶ βῆτα καὶ ὁ ἄρχοντας συμφώνησε μαζύ τους. Μὰ τὸ κακὸ δὲν σταμάτησε ἐδῶ. Ὁ ἄρχοντας ἔφθασε νὰ πῆ καὶ γάμα καὶ δέλτα καὶ ἔψιλον καὶ ζῆτα. Γιατ᾽ ὕστερα ἀπὸ τ᾽ ἀμπέλια ἦλθαν οἱ κῆποι ποὺ πρεπε νὰ σκαλιστοῦν καὶ τὰ χωράφια ποῦ πρεπε νὰ ποτιστοῦν. Κι᾽ ὕστερα ἦρθαν οἱ μελισσουργοί, ποὺ θελαν νὰ περιποιηθοῦν τὰ μελίσσια τους κι᾽ ὕστερα τὸ καλοκαῖρι καὶ τὸ θέρισμα τῶν ἀγρῶν. Ἀφοῦ βέβαια ὁ ἄρχοντας εἶχε ἐγκρίνει νὰ σπαροῦν τὰ χωράφια, δὲν μποροῦσε φυσικὰ ν᾽ ἀρνηθῆ στὸ θέρισμα κι᾽ ὕστερα στ᾽ ἁλώνισμα, καὶ στὸ ζύμωμα τοῦ ἀλευριοῦ. Ἀφοῦ τ᾽ ἀμπέλια σκάφτηκαν καὶ κλαδεύτηκαν, θὰ ἦταν ἁμαρτία νὰ μὴ μαζευτοῦν καὶ πατηθοῦν τὰ σταφύλια καὶ νὰ μὴ γεμίσουν τὰ πυθάρια μὲ κρασί. Ὅλο καὶ καινούργιες ἀντιπροσωπεῖες κατάφθαναν. Οἱ γεωργοὶ κι᾽ οἱ ἔμποροι, οἱ καρροτσιέρηδες κι᾽ οἱ γαϊδουρολάτες, οἱ μυλωνάδες κι᾽ οἱ φουρνάρηδες, οἱ τσαγκάρηδες κι᾽ οἱ ραφτάδες, οἱ πολύτεκνοι κι᾽ οἱ ἄτεκνοι, οἱ βοσκοὶ κι᾽ οἱ κατσικοκλέφτες — καὶ κανεὶς δὲν ἦταν ποὺ νὰ μὴν εἶχε βρῆ μιὰ καλὴ δικαιολογία, γιὰ νὰ ζητήση ἄδεια. «Μόνο δυὸ μῆνες», καὶ πάντα μὲ φιλικὸ γελαστὸ πρόσωπο καὶ μὲ ἱεροὺς ὅρκους, ὅτι τούτη θᾶταν ἡ τελευταία φορὰ κι᾽ ὅτι στὸ κόσμο δὲν ὑπάρχει λαὸς πιὸ δουλευτὴς καὶ τίμιος.

Ἔτσι πέρασ᾽ ἕνας χρόνος κι᾽ ἦρθε πάλι ὁ καιρὸς ποὺ πρεπε νὰ μαζευτοῦν ἡ ἐληὲς καὶ νὰ ὀργωθοῦν καὶ νὰ σπαροῦν τὰ χωράφια. Πάλι ξανάρθαν οἱ πρόκριτοι τῶν χωριῶν, πῆγαν στὸν ἄρχοντα καὶ παρακάλεσαν γιὰ δυὸ μῆνες, μόνο γιὰ δυὸ μῆνες ἀναβολή. Μὰ ἡ ὑπομονὴ τοῦ βασιλειᾶ εἶχε πιὰ τελειώσει. «Φύγετε ἀπ᾽ ἐμπρός μου, τοὺς φώναξε, γιατὶ θὰ σᾶς ρίξω στὴ φυλακή» καὶ διάταξε νὰ πέρνουν ἀπ᾽ ἐδῶ καὶ ὕστερα, ὅλους τοὺς ἄνδρες χωρὶς ἐπιείκεια στὴ δουλειά. Μὲ χαμηλὰ τὰ κεφάλια, ἀλλὰ πάντοτε γελῶντας φιλικὰ οἱ ἄνθρωποι ἀπάντησαν.

«Σοφώτερε, ἀπ᾽ ὅλους τοὺς ἄρχοντες. Μονάχα ἡ ὀργή, ποὺ σὰν τὸν χείμαρρο παρασύρει τὴ καθαρὴ σκέψη ἀπὸ τοὺς ἀνθρώπους, μόνο αὐτὴ σὲ ἔκαμε νὰ πῆς αὐτὰ τὰ λόγια. Δὲν σοῦ ζητήσαμε τίποτε περισσότερο, ἀπ᾽ ὅ,τι σὺ ὁ ἴδιος μᾶς ἔδωσες τὸν περασμένο χρόνο. Μπορεῖ λοιπὸν ἐκεῖνο ποὺ νόμιζες πέρυσι γιὰ σωστὸ καὶ δίκαιο, νὰ εἶναι σήμερα ἄδικο; Ὁ χρόνος μὲ τὶς ἐποχές του, μὲ τὰ ὀργώματα καὶ τὶς σπορὲς καὶ μὲ τοὺς θερισμοὺς δὲν εἶναι πάντα, σύμφωνα μὲ χαλύβδινους νόμους, δὲν εἶναι πάντα ὁ ἴδιος; Ὁ Θεὸς νὰ δώση τὸ λαμπερὸ φῶς τῆς φρονιμάδας καὶ τῆς δικαιοσύνης σου, νὰ μὴν τὸ σκοτεινιάση ἡ σκιὰ τῆς ὀργῆς σου».

Καὶ τότε ὁ ἄρχοντας δὲν μπόρεσε νὰ μὴ γελάση γιὰ τὸ πεῖσμα καὶ τὴ πονηρία τους καὶ μαλακωμένος διάταξε: Ἀπ᾽ ἐδῶ καὶ πέρα οἱ μισοὶ ἀπὸ τοὺς ἄνδρες θὰ ἐργάζωνται στὰ ὀχυρὰ κι᾽ οἱ ἄλλοι μισοὶ στὰ χωράφια τους καὶ κάθε τόσο θὰ ἐναλάσσωνται. Ὅλοι συμφώνησαν κι᾽ οἱ νεόπιοι κατάλαβαν, ὅτι ὁ ἄρχοντας τοὺς εἶχε μυριστῆ καὶ δὲν ἀστειευόταν πιὰ κι᾽ αὐτοὶ ἐρχόταν καὶ δούλευαν, ὅπως εἶχε διατάξει. Ἔπερναν ψωμὶ κι᾽ ὅ,τι ἄλλο εἶχαν ἀνάγκη, γιὰ νὰ ζήσουν. Ὁ ἄρχοντας πήγαινε κάθε τόσο στοὺς τόπους τῆς δουλειᾶς, τιμωροῦσε τοὺς τεμπέληδες καὶ ἐβράβευε τοὺς ἐργατικούς, κι᾽ οἱ δυὸ ἦσαν εὐχαριστημένοι.

Κι᾽ ὅσοι δὲν πέθαναν, ζοῦν ἀκόμη.

Märchen

Es war einmal ein Edelmann, der herrschte über eine einsame Insel im Meer, ganz am Rande der Welt. Einst hatte er mutig bei der Befreiung des Landes von den Feinden mitgekämpft, nun verwaltete er die Insel als angesehener Mann im Auftrag des Königs. Doch schon wieder bedrohten fremde Mächte die Grenzen des Reiches und Seeräuberschiffe kreuzten auf dem Meer. Um die Insel vor ihnen zu schützen, umschloß er sie mit Wällen und Gräben, mit Mauern und Türmen, und legte im Innern Straßen und Brücken an. Und er rief die Inselbewohner, ein kleines, edles und stolzes Volk, zusammen und sprach:

»Ihr habt schon einmal Hab und Gut verloren. In eurer Hand liegt es nun, Krieg und Tod, Feuer und Plünderung zu meiden, die Bedrohung von euren Frauen und Kindern abzuwehren, die Heimat und das Leben zu schützen. Helft auch ihr beim Bau der großen Burg mit!«

Aber die Inselbewohner waren nicht nur stolz und edel, sondern auch trotzig und eigensinnig. Und nicht nur das, sie waren auch dreifache Schlaumeier und Schelme. Zahllose Jahre hatten sie unter fremder Herrschaft gelebt und den Umgang mit ihr zu einer wirklichen Kunst entwickelt. Die wichtigste Regel dieser Kunst lautete: Sage niemals nein. So sagten sie auch jetzt nicht nein, obwohl ihnen die Rede des Edelmannes lästig war und mißfiel. Jeder von ihnen kümmerte sich nämlich nur um sich selbst und nicht um das Ganze. Ihre Antwort war:

»Großer Herr! Wir wären die ruchlosesten Menschen auf Erden, würden wir deinem Aufruf nicht mit Eifer folgen. Auch arbeitet kein anderes Volk so gern und so willig wie wir. Gewähre uns nur vorher, so bitten wir dich, eine einzige Gunst: Gib uns zwei Monate Aufschub. Denn, wie du siehst, ist jetzt die Zeit, in der die Oliven gesammelt und gepreßt werden müssen, und dann kommt die Zeit des Pflügens und Säens. Ohne Öl und Brot kann der Mensch nicht leben. Drum gib uns diese beiden Monate frei. Dann stehen wir dir zur Verfügung, so viele von uns du haben willst.«

Der Edelmann stimmte ihnen zu. Nach zwei Monaten aber erschien keiner von ihnen. Da wurde er ungeduldig und erinnerte sie an ihr Versprechen. Jene entgegneten:

»Großer Herr! In deiner Güte und deinem Edelmut mögest du uns verzeihen. Wir sind ungebildete Menschen und nicht gewohnt, so weit in die Zukunft zu schauen. Gewiß, wir hätten damals voraussehen sollen, daß die Zeit kommt, in der wir unsere Ölbäume schneiden müssen, sonst tragen sie nicht genug, und unsere Reben hacken müssen, sonst gibt es keinen Wein. Ist nicht auch dir und deinen Kriegern diese Gottesgabe lieb und vertraut? Gib uns nur noch zwei weitere Monate, es wird dich nicht reuen.«

Wer Alpha sagt, muß auch Beta sagen, und der Edelmann stimmte ihnen zu. Doch das Übel hatte damit kein Ende. Der Edelmann mußte auch noch Gamma und Delta, Epsilon und Zeta sagen. Denn nach den Weinbergen kamen die Gärten, die mußten gejätet, und die Felder, die mußten bewässert werden. Dann kamen die Imker, die für ihre Bienenstöcke zu sorgen hatten, und dann die Sommer- und Herbstarbeiten auf den Äckern. Nachdem der Edelmann ihnen Zeit zum Säen gewährt hatte, konnte er ihnen die Zeit zum Ernten, Dreschen und Mahlen des Kornes nicht abschlagen. Und nachdem sie die Reben gehackt und ausgeschnitten hatten, wäre es ein Fehler gewesen, ihnen die Lese, das Keltern und das Füllen der Pithoi zu verbieten. Sie fanden immer neue Ausflüchte. Die Bauern und die Händler, die Fuhrleute und die Eseltreiber, die Müller und die Bäcker, die Schuster und die Schneider, die Kinderreichen und die Kinderlosen, die Hirten und die Ziegendiebe – keiner war um eine gut klingende Rechtfertigung verlegen, um sich frei zu machen. »Nur zwei Monate« – und alles mit strahlendem Gesicht und mit heiligen Eiden, daß es zum allerletzten Mal sei, und daß es auf der ganzen Welt kein Volk mit mehr Arbeitseifer und Ehrgefühl gebe.

So ging ein Jahr vorüber, und wieder kam die Zeit der Olivenernte, des Pflügens und Säens. Da kamen auch die Abgesandten aus den Dörfern wieder, gingen zum Edelmann und baten um zwei Monate, nur um zwei Monate Aufschub. Doch des Königs Geduld war zu Ende. »Fort mit euch«, sagte er, »sonst werfe ich euch ins Gefängnis.« Und er verordnete, daß von nun an alle Männer ohne Nachsicht Frondienst zu leisten hätten. Gesenkten Hauptes, doch mit freundlichem Lächeln entgegneten sie: »O weisester unter allen Herren! Nur der Zorn hat, einem Wildbach gleich, deine klare Einsicht getrübt, nur er hat gemacht, daß du diese Worte sagtest. Wir haben von dir ja nicht mehr erbeten als das, was du uns im vorigen Jahr gewährt hast. Kann denn das, was du damals für gut und gerecht hieltest, heute ungerecht sein? Das Jahr mit seinen Zeiten, mit dem Pflügen, Säen und Ernten, läuft es nicht immer gleich nach ehernen Gesetzen ab? Gott gebe dir hellere Erleuchtung, damit der Zorn dir nicht länger Einsicht und Rechtsgefühl überschatte.«

Da konnte der Edelmann nicht anders als über ihre Zielstrebigkeit und Schlauheit lachen, und mild geworden befahl er, von nun an solle die eine Hälfte der Männer an der Festung und die andere auf den Feldern arbeiten, und so immer im Wechsel. Alle stimmten zu, und die Einheimischen verstanden, daß der Edelmann sie durchschaut hatte. Und sie scherzten nicht länger, sondern gingen zur Arbeit, jeder wohin er befohlen war. So verdienten sie ihr Brot und was sonst noch zum Leben nötig war. Der Edelmann besuchte sie am Arbeitsplatz, bestrafte die Faulen und lobte die Fleißigen, und beide waren zufrieden.

Und wenn sie nicht gestorben sind, leben sie noch heute.

Hochzeit auf Kreta
1955

Es war noch früh am Morgen. Vor uns dehnte sich das Meer unendlich weit nach Süden aus. Hinter uns stieg das Gebirge fast senkrecht aus dem Meere auf. Am Abend vorher waren wir hier angekommen, gerade als die Sonne unterging. Da hatte wir die Gipfel dieser Berge in warmem Rosenrot aufleuchten sehn, traumschön und wie zum Greifen nah. Nun schienen sie, im hellen Tageslicht fast farblos, unnahbar und entrückt. Nach dumpfer Nacht blies nun ein kühler Wind. Er regte kurze Wellen auf, die an die Mole schlugen. Das kleine Boot, das uns aufnehmen sollte, hüpfte ungeduldig auf den Wellen. Der Bootsführer, ein stoppelbärtiger Alter mit nacktem Oberkörper, die Hände und die einstmals helle Hose über und über mit Öl und Ruß beschmiert, ein leibhaftiger Hephaistos, bemühte sich, den Motor in Betrieb zu setzen. Dreimal, viermal. Es wollte nicht gelingen. Meine Begleiter, mit griechischen Verhältnissen noch nicht vertraut, wurden bedenklich. »Er wird's schon schaffen«, äußerte ich zuversichtlich. Kaum war dies ausgesprochen, sahen wir Hephaistos emsig hin und her hantieren. Er übergoß das Motorgehäuse mit einer Flüssigkeit. Benzingeruch wehte zu uns herüber. Blitzschnell zündete er ein Streichholz an. Das Ganze stand in Flammen. Unwillkürlich traten wir ein paar Schritte rückwärts. Aber es ereignete sich nichts. Das Feuer brannte, flackerte und verlosch. Noch zwei-, dreimal wiederholte sich dies Schauspiel. Die Esse des Hephaistos brannte lichterloh. Dann sprang der Motor an.

Welch seltsame Künstler sind diese heutigen Griechen! Wenn es ihnen auch nicht mehr gelingt, schlechthin vollkommene Gebilde zu erschaffen wie ihre Vorfahren im Altertum, so ist ihnen doch die Gabe verliehen, das schlechthin Unvollkommene, das sonst in aller Welt unbrauchbar wäre, so zu handhaben, daß es für sie verwendbar wird. Jeder Motor, jede Maschine wird von diesen modernen Nachfahren des Hephaistos, die zum guten Teil kaum lesen oder schreiben können, mit unglaublicher Einfühlungsgabe wie ein Lebewesen genommen, individuell behandelt. Unmöglich Scheinendes wird dadurch möglich.

Wir fuhren der steilen eintönigen Küste entlang, nur hin und wieder eine Bucht abschneidend. Welch blühender Reichtum drüben auf der anderen Seite der Insel. Doch hier im Süden wie rauh und unwirtlich. Über steilen Felsen, die ins Meer abstürzen, hie und da ein Ziegenpfad. Sonst unwegsame Wildnis. Im blendend hellen Licht, das durch die Wellen tausendfach zurückgeworfen wurde, schloß ich die Augen und ließ die Sonne durch die Lider scheinen. Das eintönige Tuckern des Motors, das unentwegte Schaukeln auf den Wellen schläferten mich ein, zumal ich nachts in Paläochóra, in der dumpfen Luft und von unzähligen Mücken heimgesucht, nicht viel geschlafen hatte. Ich erwachte erst, als wir dem Ziel schon nahe waren. Am Fuß der Weißen Berge, am Ende jener stundenlangen Schlucht, die im Volksmund Pharángi von Samariá genannt wird, dort wo sich die Felsen nach dem Meer zu öffnen und ein kleines Delta, das der Gießbach angeschüttet hat, umspannen, liegt ein Dorf. In diesem Dorf, in Aja Ruméli, am südlichsten Rande von Europa, in einer Welt des Friedens, waren wir – mitten im Kriege – zu einer Hochzeit eingeladen.

Das Gastrecht ist in Griechenland uralt und heilig, die Rolle des Gastfreundes nach strengen Regeln festgelegt und unentrinnbar. Vor dem Hause des Bräutigams wurden wir auf die Stühle genötigt, als Ankömmlinge mit Tresterschnaps, Rosinen und Mandeln bewirtet. Der Bräutigam ließ es sich nicht nehmen, uns selber zu bedienen. Er trug schon Festtracht, obwohl im Haus noch manches zu verrichten war. Immer wieder kam er, um etwa Neues anzubieten, mit weiten weißen Ärmeln, um die schmale Hüfte die breite Binde mehrfach herumgeschlungen, um den Kopf das schwarze Tuch, als Wulst gewunden, so daß die Fransen in die Stirne hingen. Darunter blickten uns seine schwarzen Augen bescheiden und beinahe verlegen an, als bange er, es seinen Gästen doch nicht gut genug zu machen. Auf den Schnaps folgte weißer Käse, den man mit der Gabel in duftendem goldgelbem Honig wälzte. Gebackene Kleinigkeiten von Herz und Leber schlossen sich an. Dazu roter ungeharzter Wein.

Neben uns im Schatten der Platane hingen fünf abgehäutete Ziegen. Die blutigen Köpfe baumelten nach unten und glotzten uns mit glasigen Augen an. Man wolle sich die Hochzeit etwas kosten lassen, meinten wir naiv. Aber ich wurde, da der griechischen Sprache mächtig und somit vertrauenswürdig, mit einem Augenzwinkern aufgeklärt, sie seien nicht aus eigenem Bestand. Ehrenhaft und als Zeichen der Mannhaftigkeit gilt es vielmehr, sich den Hochzeitsschmaus – unter Einsatz seines Lebens – aus fremder Herde zu besorgen.

Der Gießbach rauschte nah beim Haus vorüber, tief in die Felsen eingeschnitten. Er schied das Dorf in zwei getrennte Hälften. Weiter unten führten zwei gemauerte gewölbte Brücken hinüber, hier nur ein schmaler hölzerner Steg. Am anderen Ufer lag das Haus des Schwiegervaters. Nach griechischem Brauch dürfen sich Braut und Bräutigam am Tage vor der Hochzeit nicht begegnen. So blieb die Braut im Hause, von ihren Freundinnen besucht. Ab und zu sah man ein weibliches Gesicht für Augenblicke aus dem Fenster lugen, das sich sofort zurückzog, wenn man selbst aufblickte. Scheu und Neugier hielten sich etwa die Waage.

Um der erdrückenden Gastfreundschaft für eine Weile zu entgehen, schlugen wir vor, wir wollten uns die Schlucht von Samariá ansehen. Das Gastrecht forderte, daß wir begleitet wurden. Die Schlucht war eher eine Klamm, in hohe Felswände senkrecht eingefressen, oft nur wenige Meter breit, weglos, vom Gießbach wild durchbraust. Nach den großen Regengüssen ist sie nicht begehbar. Dann ist das Dorf für Wochen von der Umwelt abgeschnitten. Eine Stunde lang ging Siphis, unser Führer, auf weichen Sohlen vor uns her, bald von Fels zu Fels, bald über Wasserstrudel springend. Obwohl er gut in den Fünfzigern sein mochte, hatten wir unsere Mühe mitzukommen. Man hat so viel von dorischem Erbe auf Kreta gesprochen. Bei dem tierhaft weichen Gang, den überschlanken Hüften dieser Männer erinnerte ich mich eher an Gestalten der vordorischen Epoche, wie wir sie von den Wandgemälden der minoischen Paläste kennen. Wo die Schlucht sich so viel weitete, daß in der Höhe über unserer schattigen Felskluft hellbeschienene Gipfel sichtbar wurden, zeigte uns Siphis – voll Stolz und voller Mißtrauen – ein kleines altmodisches Sägewerk, das ihm gehörte. Und woher kam das Holz? Es wurde aus schwindelnden Höhen auf einer ureinfachen Seilbahn abgeseilt. Wir blickten aufwärts. Unerfindlich, wie Menschen überhaupt dorthin gelangen konnten.

Als wir uns zum Heimwege wandten, gesellte sich ein Schafhirt zu uns, ein struppiger Rotbart mit wässerig blauen Augen. Auch er ein Angehöriger der Familie Wiglis wie Siphis, unser Führer, wie der Bräutigam in Aja Ruméli und wie der große Wiglis, Theódoros oder vertraulicher Theodorís genannt. Ich war erst wenige Tage auf Kreta. Aber ich hatte schon von ihm gehört. Herdenbesitzer und Jäger, Viehdieb und Brauträuber, geachtet und gefürchtet, lebte er, von mythischem Nimbus umwittert, als ungekrönter König irgendwo auf den Weißen Bergen. Aber auch seine Freiheit reichte nur so weit als seine Berge. Drunten konnte er sich in Sicherheit nicht blicken lassen. Denn von der Welt des Bürgerlichen Gesetzbuches war er einst zu insgesamt zweiundzwanzig Jahren verurteilt worden, von denen er nur eine kleine Spanne abgesessen hatte. Niemand wußte daher, oder niemand traute sich zu sagen, wo er sich gerade aufhielt.

Ich fragte den Hirten, ob er wohl zu diesem Festtag der Familie Wiglis kommen werde. Der meinte: »Wo man ihn erwartet, läßt er sich nicht blicken. Aber wo niemand mit ihm gerechnet hätte, ist er plötzlich da.«

Als wir in das Dorf heimkehrten, fanden wir dort alles auf den Beinen. Die Mitgift wurde in feierlichem Schaugepränge vom Haus der Braut ins Haus des Bräutigams gebracht. Schon hatte der Zug, vom jenseitigen Ufer kommend, die untere gewölbte Brücke überquert und bewegte sich bachaufwärts. Voraus schritten zwei Musikanten mit Klarinette und dem kretischen Fiedelinstrument, der sogenannten Lyra. Ihnen folgte ein Knabe, der ein Körbchen in den Händen trug. In ihm waren die kleineren und kostbareren Gaben vereint. Ich konnte ein Riechfläschchen und einen seidenen Schlüpfer erspähen. Dann kamen in langem Zug Maultiere und Esel, von Treibern geführt, heran. Es war offenbar alles aufgeboten worden, was an solchen Vierbeinern im Dorf zu finden war. Mit bunten Wolldecken beladen – am schönsten waren die schwarzroten –, mit Linnentüchern behängt, mit Kissen und Beuteln bepackt, kam die Karawane daher, gefolgt von der gesamten Dorfbevölkerung.

Vorm Haus des Bräutigams wurde abgeladen. Decken und Kissen, Beutel und Linnen wurden die steile Treppe hinaufgebracht zum Raume, den der Bräutigam dort für sich und seine künftige Frau errichtet hatte. Die Eltern ziehen sich auf den Altenteil zurück. Sterben sie, so läßt man ihr Gemach verfallen. So kommt es, daß in jenen Dörfern neue und bewohnte Häuser so seltsam mit Ruinen wechseln.

Der Raum des jungen Paares wird Ondá genannt. Ich kannte dieses

Wort nur aus der Sprache der Volksmärchen, wo etwa das Schlafgemach der Prinzessin so bezeichnet wird. Hier im kretischen »Ondá« war in einer Ecke auf hohem kistenförmigen Holzaufbau breit und eindrucksvoll das Hochzeitsbett gerichtet. Oben an den vier Wänden umlaufend waren Holzstangen, unten schlichte Bänke aus Brettern hergerichtet. Die Wolldecken wurden auf die Stangen gehängt, Linnen und Beutel auf die Bänke gebreitet. Dann flutete das ganze Dorf herein, in dichtem Schwarme nacheinander die Männer, die Frauen und die Kinder. Es war, als ob das Haus zusammenbrechen müßte. Die dicken Wolldecken wurden mit den Fingern geprüft, die Kissen befühlt, die Linnen betastet. Der Wert der Mitgift und das heißt der Wert der Braut wurde damit abgeschätzt.

Als nach kurzer Dämmerung die Dunkelheit einbrach und sich der Strom verlaufen hatte, traten neue Gäste auf den Plan. Es waren die Traugevatter, Kumbári, nach dem französischen compère benannt. Zehn, zwölf, vierzehn Stunden weit waren sie über das Gebirge durch die Schlucht von Samariá gekommen, zwölf an der Zahl, ganz unwahrscheinliche Gestalten. Was die Weißen Berge an Wildheit, Männlichkeit, Verwegenheit, aufzuweisen hatten, das hatte sich, in allen Spielarten, in dieser Nacht zum Hochzeitsschmaus in Aja Ruméli eingefunden. Nur Theodorís, das Haupt der Sippschaft Wiglis, blieb unsichtbar.

Von den wilden bärtigen Gevattern hoben sich zwei Gestalten ab. Der eine, jung und schön, war Mitsos, »der beste Tänzer«, wie man mir zuraunte. Er trug das schwarze Kopftuch mit den Fransen, die Leibbinde, die weißen weiten Ärmel wie die anderen, aber nicht die Pluderhose, sondern enge Breeches. Es kann auch auf der ganzen Welt nichts Eleganteres geben, als seine engangliegenden Schaftstiefel aus weichem Schafleder es waren. Die andere war eine Frau in europäischer Kleidung bis auf die hohen kretischen Stiefel, die sie zum Marsch über das Gebirge angezogen hatte. Sie durfte, als Gevatterin, als einzige an der Männertafel sitzen.

Gevatter, Verwandte, Gäste saßen sich an langem Tisch auf den Holzbänken gegenüber. Hinter ihnen an den Wänden hingen noch die bunten Mitgiftdecken. Die Frauen standen abseits, in unscheinbarer Alltagskleidung. Der Winke der Männer harrend, glichen sie verschüchterten Vögeln, die immer wieder durch ein Händeklatschen, einen derben Ruf, ein kräftiges Pochen mit dem Glase aufgescheucht losflatterten, um das Gewünschte rasch herbeizubringen. Ich weiß nicht, ob es eine andere Gegend in Europa gibt, wo der Unterschied von Mann und Frau so ausgeprägt und so durchgehend anzutreffen ist wie dort auf Kreta: die Frauen so friedfertig, so gut, so sanft-ergeben, die Männer so kräftig-rauh, so trotzig-stolz, so ungestüm und so verwegen.

Das kretische Gastmahl war kein Festessen nach europäischer Art, keine Mahlzeit mit festen Gängen. Es gab da keine Tischreden mit geistreichen Redewendungen oder abgetrabten Phrasen. Die Speisen wurden vielmehr in langer Abfolge und in losen Abständen einzeln aufgetragen. Dazu wurde der Hochzeitsgesang angestimmt. Es war ein Wechselgesang, der wie das Gastmahl selber mehrere Stunden dauerte. Er hatte zweiundvierzig Strophen. Es sang jeweils die eine Tischseite, dann erwiderte nach einer Zeit die Gegenseite. In den Zwischenpausen wurde gelärmt, gelacht, gegessen und getrunken. Aber es war nicht jene formlose Weinseligkeit, die bei uns so häufig einreißt und sich in banal-sentimentalen Liedern kundtut. Alles spielte sich in festen, durch den herkömmlichen Brauch geprägten Formen ab. Über allem Lärmen, aller Festesfreude lag etwas wie feierlicher Ernst gebreitet. Wenn die Männer den Gesang anhuben, lehnten sie den Kopf zurück, zuweilen die eine Hand hinter die Ohrmuschel haltend, als wollten sie dem eigenen Gesange lauschen. Die Mienen waren dabei gespannt und ernst, die Augen in ekstatischer Entrückung fast geschlossen. Die Töne wurden aus den Kehlen eher herausgepreßt als eigentlich gesungen. Es war eine seltsam fremde, für uns wehmütig klingende Weise, die von den rauhen Männerkehlen hervorgestoßen wurde und sich immer wiederholte.

In der westlichen neuerungssüchtigen Welt sucht man die Abwechslung, wird man selbst einmaliger Wiederholung oft schon überdrüssig. Dort aber in den kretischen Bergen liebt man gerade das Überkommene, das immer schon Gesehene und Gehörte, die Wiederholung. So waren auch die Scherze, die in den Pausen vorgebracht wurden, typischer Art. Ein individueller Witz, aus dem Augenblick geboren, würde dort gar nicht verstanden werden. Hebt man aber das leere Glas, betrachtet es kopfschüttelnd von der Unterseite und sagt dazu: »Habt Ihr denn löcherige Gläser hier?«, so wird dieser alte, tausendmal gehörte Scherz ganz sicher seine Lacher finden. Es ist das Altbekannte, das Typische, das Immerwiederkehrende, das dort gefällt und dessen man nicht müde wird. Vielleicht ist das Bedeutendste, was der fremde Reisende aus Griechenland mitnehmen kann – oder doch mitnehmen könnte –, die Einsicht, daß in diesem Lande Stufen, welche die Menschheit in ihrer Entwicklung durchlaufen hat, etwa die vorgeschichtliche, die archaische neben der modernen auf engstem Raume beieinander wohnen und als heute noch lebendige Daseinsformen erfahren werden können.

Hier am Fuß der Weißen Berge Kretas war die Lebenshaltung durch und durch archaisch.

Auf den Fremden, zumal den Neuling in Griechenland, wirken diese Formen, wirken zumal die Gesänge mit ihren stetigen Wiederholungen eintönig und ermüdend. So waren denn nach einer Weile meine beiden Begleiter auf der Bank neben mir fest eingeschlafen. Niemand nahm das übel, wie man überhaupt in Griechenland, nicht nur gegenüber dem Gastfreund, ungemein duldsam ist. Nur der Hausherr lächelte mir voll Verständnis zu. Es hatte nämlich beim Betreten des Hauses eine kleine Schwierigkeit gegeben. Meine Begleiter weigerten sich, Koppel und Pistolen abzulegen. Ich erklärte ihnen, dies werde wie eine tödliche Beleidigung wirken; aber sie beriefen sich auf die Dienstvorschrift. Ich suchte ihnen klarzumachen, daß es in Griechenland nichts Heiligeres und Unverbrüchlicheres gebe als die Gastfreundschaft. Sie sei ein sehr viel besserer Schutz als ihre Pistolen. »Selbst wenn die Engländer heut nacht hier landen sollten«, sagte ich, »so würde man uns mit sicherem Geleit von hier wegbringen, weil das Gastrecht es so fordert. Auch ist es durchaus möglich, daß ein Engländer ebenso wie wir in diesem Hause heute oder morgen als Gastfreund aufgenommen und bewirtet wird.« Da hatten sie sich bereden lassen. Pistolen und Koppel wanderten in eine große Truhe, die unter Scherzen ostentativ verschlossen wurde. Der Bräutigamsvater hatte unseren Disput mit angehört. Wenn er auch kein Deutsch konnte, so hatte er doch den Sinn unserer Worte offenbar genau verstanden. Nun lächelte er mir bedeutsam zu. Die beiden Begleiter saßen neben mir auf der Bank und schliefen – die Pistolen schliefen ebenfalls in ihrer Truhe.

Von nun ab konzentrierte sich die Gastlichkeit auf mich, nicht nur durch Zutrinken mit dem roten ungeharzten Wein, der etwas Raubtierhaftes an sich hatte: erst schlich er an auf leisen Sohlen, dann packte er plötzlich wie mit starken Pranken zu... nein, auch mit Essen wurde ich verwöhnt. Immer wieder kam ein neuer Gönner, spießte einen Leckerbissen auf die Gabel und schob ihn mir zum Zeichen seiner besonderen Gunst über den Tisch weg in den Mund. Ab und zu stieg ich im Dunkeln draußen vor dem Haus hinab zum Gießbach, hielt meinen Kopf ins kalte Wasser, um mich zu ernüchtern, und trank in großen Zügen, um mir wieder Luft zu schaffen.

Meine Begleiter auf der Bank neben mir waren aufgewacht und wünschten schlafen zu gehen. Auch das war ein Gegenstand ihrer Sorge gewesen, wo sie zum Übernachten unterkommen würden. »Darüber spricht man hierzulande nicht«, hatte ich ihnen gesagt. »Wenn Sie schlafen wollen, wird alles vorbereitet sein.« So war es auch. Sie wünschten zu schlafen, alles war bereit. Siphis erhob sich und führte sie durch die Dunkelheit zu seinem Haus.

In dieser vorgerückten Stunde trafen zwei weitere Gäste ein, die weder zu den Gevattern gehörten noch zu den Verwandten zählten. Es war nicht durchsichtig, woher sie kamen. Aber sie wurden wie alte Vertraute empfangen und in den Kreis der Schmausenden und Zechenden aufgenommen. Ich war erst kurz auf Kreta, sonst hätte es mich stutzig machen müssen, daß der mit dem schwarzen Schnauzbart, den sie Alékos nannten, zwar kretische Volkstracht, aber nicht die Tracht von Sphakiá, sondern die des Nachbargaues Sélinos trug. Zwischen Sphakiá und Sélinos aber bestanden uralte unversöhnliche Blutrachefehden. Aber auch der andere, Jannis, einen Kopf größer als ich selber, mit abgetragenem Zivil, rötlichem Haar und leichten Sommersprossen, hätte mir auffallen sollen. Erst Wochen später erfuhr ich, wer sie wirklich waren: beide waren englische Offiziere, Leiter von britischen Funkstützpunkten auf der Insel. Was ich meinen Begleitern über hellenische Gastfreundschaft orakelt hatte, war rascher, als ich selber ahnte, in Erfüllung gegangen. Wir hatten gemeinsam an dem kretischen Hochzeitsschmause getafelt, gezecht, gescherzt, geplaudert – mitten im Kriege, unter dem Mantel griechischer Gastfreundschaft.

Mitternacht war längst vorüber, als der Tanz begann, unten zu ebener Erde in einem dumpfen Raume auf gestampftem Estrich bei spärlicher Beleuchtung: Syrtós, der Reigen, der in ganz Griechenland verbreitet ist, an dem auch die Frauen teilnehmen, dann der eigentlich kretische, Pentosáli, und andere Männertänze. Immer, wenn die Musik aussetzte, flogen die Geldscheine auf den Teller der zwei Musikanten, Fünftausender, denn es war Inflation. Höhere Werte als Fünftausender durften nicht gedruckt werden, und da diese von der Geldentwertung längst überholt waren und ständig weiter überholt wurden, hatte es keinen Sinn mehr, diese Scheine noch zu zählen. Man maß die aufgeschichteten Geldscheinbündel vielmehr mit dem Zollstock, so hoch die gebrauchten, so hoch die ungebrauchten, und schätzte die Hunderttausender auf diese Weise ab. Daher saßen die Fünftausender nur lose in der Tasche.

Wenn der Teller sich genug gefüllt hatte, hob die Musik von neuem an. Der Reigenführer faßte die Reigenkette, zog sie im Kreise hinter sich her, selbst kunstvollere Figuren machend, bis ihn ein anderer ablöste. Dann reihte er sich hinten an die Kette an. Die Drehungen, Windungen, kreiselnden Bewegungen, Kniebeugen, Sprünge der Vortänzer, Paartänzer oder Einzeltänzer wurden gelegentlich von kurzen schrillen Ausrufen begleitet, die der Tanzende selbst ausstieß, während die Umstehenden den Rhythmus mit den Händen klatschten. Schließlich trat Mitsos auf. Er hatte bis dahin wie teilnahmslos in einer Ecke auf dem Stuhl gesessen. Nun plötzlich packte es ihn; die Musik spielte in immer schnellerem Rhythmus auf, alle beteiligten sich am Händeklatschen, während er mit ernst-entrücktem Antlitz sich im Tanze schwang und seine Sprünge machte. Das Kunstvollste gelang ihm mühelos. Hätte er im achten vorchristlichen Jahrhundert, der Zeit Homers, gelebt, so hätte man ihm als Preis die Kanne zuerkannt, die bei den Ausgrabungen gefunden wurde, eine tönerne Kanne, auf der die Inschrift eingeritzt ist: *Wer aber von allen Reigentänzern am hübschesten tanzt, soll dies empfangen.*

Auch ich wurde schläfrig, wurde von Siphis in sein Haus geleitet. Auf schmalen Bänken, die nach alter Türkenbauart an den Wänden umliefen, wurden wir gebettet, hart aber blitzsauber mit frischem ungebrauchtem Linnen und Wolldecken aus der Mitgifttruhe. Schon unwahrscheinlich früh wurden wir durch das Treppauf-Treppab im Hause aus dem Schlaf gescheucht. Als ich vor die Haustür trat, stand Frau Maria neben mir. Sie goß mir aus einer Kupferkanne Wasser über die Hände, reichte mir Handtuch und Seife. Waschung des Gastes ist Frauenvorrecht seit homerischer Zeit.

Ein Gang durchs Dorf führte zu unentwegten Aufenthalten. An jedem Hoftor mußten wir stehenbleiben, bis uns auf dem üblichen Tablett Schnaps, Mandeln und Rosinen angeboten waren. Dem Ortsvorsteher gelang es, uns in seinen Hof zu locken. Ehe wir es uns versahen, hatte er zwei Hühner gepackt und ihnen die Hälse abgedreht. Die Hühner wurden gerupft, Reisig wurde gesammelt, Feuer angeschürt... wir hatten reichlich Muße, uns die beiden jungen Wildzicklein zu betrachten, die in einem käfigartigen Stall im Hofe ängstlich hin und her huschten. Erst vor wenigen Tagen waren sie gefangen worden und zuckten noch bei jeder plötzlichen Bewegung scheu zusammen. Diese Bezuarziegen, von den Einheimischen Agrímia genannt, leben noch in einer kleinen Zahl hoch droben auf den Weißen Bergen. Einem deutschen Förster gelang es nur nach wochenlangen Mühen, einige von ihnen aus der Ferne mit dem Teleobjektiv photographisch festzuhalten, denn sie sind scheuer und behender als die Gemsen. Aber die Kretenser, selbst behende wie die Wildziegen, hatten diese Jungen aufgestöbert und gefangen. Sie sollten beim Kommandanten abgegeben werden. Er hatte dafür Seife, Bohnen und Getreide für das Dorf versprochen.

Vom Hühnerschmause wurden wir abgerufen. Alles sei zur Hochzeit bereit. Man warte nur auf uns. Wir mußten den Gießbach auf dem schmalen Holzsteg überqueren. Auf jeder Felsstufe hinunter und hinauf wurde uns ein Schnapsglas eingeschenkt, das wir in einem Zug bis auf den Grund leeren mußten.

Auf der Schwelle seines Hofes wartete der Schwiegervater. Wir durften nicht passieren, ohne drei gefüllte Gläser bis zum Grund zu leeren.

Der Pope war ärmlich gekleidet. Er hatte schlechte Zeiten durchzumachen. Denn diese Popen haben keine staatlich beigetriebenen Einkünfte. Sie leben von freiwilligen Spenden, die etwa bei Kindstaufen oder Hochzeiten eingehen. In jenen Kriegszeiten fanden Hochzeiten auf Kreta aber nur selten statt, nicht zuletzt darum, weil die herkömmlichen Gebräuche nicht voll erfüllt werden konnten. Darum war für den Popen heute ein besonderer Festtag. Das Haus hatte die vielen Menschen nicht fassen können. So war im Freien ein kleiner wackeliger Holztisch als Altar hingestellt worden. Eine weiße Decke mit Fransen lag darüber. Unter dem Tische lag ein Topfscherben für den

Weihrauch. Ab und zu bückte sich der Pope und holte dieses simple Utensil aus der Versenkung herauf, um damit zu räuchern. Man gab mir durch Zeichen zu verstehen, es werde nicht lange dauern. Der Pope sei mehr fürs lange Trinken als fürs lange Beten. So war es auch. Bald war der eigentliche Trauakt an der Reihe. Braut und Bräutigam trugen nach griechischem Hochzeitsritus einen Kranz von Zitronenblüten. Beider Kränze waren durch ein Band verbunden. Dreimal wurden sie durch den Priester auf den Köpfen der beiden vertauscht. Dreimal wurden auch die Ringe von Braut und Bräutigam gewechselt, während alle Gebete dreimal dreimal, also neunmal dazu gesprochen wurden. Dann führte der Priester das Brautpaar, das die Hände verschränkt hielt, dreimal um den Altar herum. Während dieses Umgangs prasselte auf die beiden ein wahrer Regen von Feigen, Nüssen, Mandeln, Reiskörnern und Rosinen nieder – antiker Fruchtbarkeitszauber.

Auf diesem Höhepunkt des Festes ereignete sich etwas Unerwartetes. Plötzlich kam Unruhe in die Versammlung. Alle Umstehenden wandten sich um und blickten nach außen. Auch ich blickte dorthin. Ohne daß wir es gemerkt hatten, waren wir von einem Aufgebot griechischer Landgendarmerie umstellt worden: vierzig Gendarmen und zwei Gendarmerieoffiziere. Aller Blicke waren zunächst dorthin gerichtet. Es herrschte Totenstille. Dann wandten sich die Blicke um und blieben auf mir haften. Es fiel kein Wort, aber ich verstand. Langsam löste ich mich aus dem Kreis und schritt auf den Gendarmerieführer zu. Wir begrüßten uns höflich. Ich fragte nach seinem Begehr. Er erwiderte, dies Dorf beherberge die berüchtigtsten Viehdiebe von ganz Kreta. Man habe auf der griechischen Präfektur in Chaniá von dieser Hochzeit gehört, ihn mit seinen Leuten herbefohlen, um das Dorf an diesem Festtag zu umstellen, in der Erwartung, dabei alle die zu finden, nach denen man schon so lange vergeblich gefahndet habe.

Es war nicht zu leugnen, daß den Gendarmen ihre Aufgabe gelungen war. Ich sah mich um: Das ganze Dorf war in der Falle. Nur die beiden Fremden – ich hatte sie doch vorhin noch gesehen – waren spurlos verschwunden. Und Theodorís der Große fehlte. Welch richtige Witterung hatte er besessen.

Ich entgegnete: »Gewiß, Sie haben Ihre Befehle. Aber denken Sie daran, daß eine Hochzeit auf Kreta in Friedenszeiten eine Woche dauert. Vierundzwanzig Stunden sollten Sie diesen Leuten mindestens zubilligen. Dann müssen Sie natürlich Ihre Pflicht tun. Bedenken Sie ferner, daß wir hier als Gastfreunde eingeladen sind.« Das Wort Xénos, Gastfreund, wirkt in Griechenland wie eine Zauberformel. Der Offizier lächelte, zog etwas die Schulter hoch und sagte mit einem kleinen Seufzer: »eh kalá« (»nun gut«).

Das Fest nahm seinen Fortgang. Vierundzwanzig Stunden wurden die Gendarmen, wie wir später hörten, vom Dorf bewirtet. Sie haben, als sie abzogen, niemanden mitgenommen. Aber eines Tages war Chaniá, die Hauptstadt, angefüllt mit Rumelioten. Sie hatten dem Gendarmeriehauptmann ihr Ehrenwort gegeben, zu kommen, und sie kamen. Alle versicherten, sie seien aus freien Stücken da. Die Vernehmungen durch die griechischen Gerichtsbehörden verliefen ganz ergebnislos. Lieber das Schlimmste, ja selbst einen Mord beschweigen, als die Behörde in die inneren Angelegenheiten Einblick nehmen zu lassen.

Noch etwas anderes ereignete sich eine ganze Weile später. Eines Tages erschien der Ortsvorsteher – ein frühgriechischer Bronze-Zeus – in der Hauptstadt, in Chaniá. Zwei junge Kretenser folgten ihm. Sie trugen die kleinen scheuen Bezuarziegen, die Agrímia, um die Schultern, die Füße vorn zusammengebunden, und kamen daher wie antike Opfertierträger. Sie lieferten die Wildziegen beim Kommandanten ab und erhielten die versprochene Belohnung für das Dorf: Seife, Bohnen und Getreide. Der Ortsvorsteher nahm das in Empfang. Aber die Deutschen in ihrer penetranten Gründlichkeit ließen es dabei nicht bewenden. Sie forschten eines Tages nach und hörten, der Ortsvorsteher habe das meiste schon in Chaniá in Drachmen umgesetzt – wozu auch über das Gebirge schleppen –, den Rest in Aja Ruméli an seine Familie und die Verwandten verteilt. Niemand im Dorf hatte daran Anstoß genommen, denn jeder hätte ebenso gehandelt. Die Deutschen aber erbosten sich und enthoben ihn seines Amtes. Aber das war sehr viel später.

Heute mußten wir an den Abschied denken. »Sprechen Sie doch noch ein paar Abschiedsworte. Sagen Sie unseren herzlichsten Dank, und vergessen Sie nicht, auch den ›Führer‹ zu erwähnen«, sagte einer meiner Begleiter. Ich nickte lächelnd zu und begann meine Dankesrede in jener etwas pathetischen Form, wie sie von den Einheimischen bei solchen Anlässen erwartet wird: »Ihr, die Ihr hier unter den Weißen Bergen wohnt, am südlichsten Rande von Europa, auf einem Fleck Erde, den noch nie der Fuß eines fremden Eroberers bestapft hat, weder eines Türken noch sonst eines anderen – Ihr, die Ihr vor kurzem die Welt in Staunen und Bewunderung versetzt habt durch Eure Heldentaten in den Bergen Albaniens – zu Euch sind wir gekommen, nicht als Eroberer, sondern als Gastfreunde zu freien Menschen...« Ich wurde mehrfach durch Händeklatschen unterbrochen. »Ich hätte gar nicht geglaubt«, sagte mein Begleiter, der kein Wort hatte verstehen können, »daß der ›Führer‹ selbst in diesem abgelegenen Winkel so beliebt ist.«

Wir nahmen Abschied, schieden unter vielen Segenswünschen. Wir überquerten unten die gewölbte Brücke. Hitze des frühen Nachmittags lag auf der Landschaft. Die Luft war angefüllt vom süßen Duft der Oleander, die zu Hunderten im Bachbett blühten. Und der Bach, der von den Weißen Bergen kam, der die Schlucht von Samariá durchtobt, das hochzeitliche Dorf durchrauscht hatte, er schüttete nun sein Geröll am Strande aus, um darüber zu verrieseln. Das Meer dehnte sich unendlich weit nach Süden aus. Ein milder Himmel war darüber ausgebreitet. Vom Tresterschnaps, der Festesfreude, dem Duft der Oleanderblüten trunken, schwammen wir hinaus und ließen uns von den Wellen schaukeln. Dann bestiegen wir das Boot. Der Wind blies uns entgegen. In Súja, einem kleinen Küstenort, wurde Holzkohle aufgenommen. Sie wurde lose auf das Vorderdeck verladen. Bei jedem Windstoß flog der Staub nach hinten. Unsere helle Sommerkleidung wurde schwarz und schwärzer. Als wir schließlich an der Mole von Paläochóra anlegten, hatten wir Hephaistos unseren Tribut gezahlt.

Die Pithostöpfer von Kreta*
1963

Was ich hier berichte und zeige, ist nur ein kleiner Ausschnitt aus einem größeren Forschungsgebiet. Mit der Oberfläche der antiken Keramik, das heißt mit ihrer Verzierung, ihrer figürlichen Bemalung, hat man sich schon viel beschäftigt. Weniger mit ihren Formen und sehr wenig mit ihrer Technik. Darum bin ich seit einigen Jahren eine Arbeitsgemeinschaft eingegangen mit einem Spezialisten für Keramik, Herrn Adam Winter aus Mainz-Kastel. Unser Ziel ist, über die Technik der antiken Keramik gründlichere Kenntnisse zu gewinnen als man sie bisher hat. Wir beschränken uns dabei nicht auf theoretische Betrachtungen, sondern haben den Weg praktischer Versuche beschritten – natürlich nicht mit der Absicht, Nachahmungen antiker Vasen herzustellen oder gar Fälschungen auf den Markt zu bringen –, sondern um technisch das zu erreichen, was die Alten konnten, indem wir dasselbe Material verwenden, das sie benutzten, nämlich Erde – nichts als Erde, ohne jeden Farbzusatz. Wir beschäftigen uns mit den verschiedenen Erden, haben auch aus Griechenland zahlreiche Erdproben mitgenommen, mit denen wir unsere Versuche anstellen. Wir werden bei diesen Versuchen durch das Chemische Institut der Universität Heidelberg unterstützt. Unsere gebrannten Proben vergleichen wir mit antiken Erzeugnissen, nicht durch das bloße Auge, sondern durch das Elektronenmikroskop. Wenn sich bei 15tausendfacher Vergrößerung unser Produkt von den antiken nicht mehr unterscheiden läßt, dann sind wir zufrieden und glauben, auf dem richtigen Weg zu sein. Aber dieser Weg ist ein weiter Weg, und wir sind mit unseren Untersuchungen noch lange nicht am Ende.

Andere Forschungen gelten den noch lebenden Töpfereien in Ländern des Mittelmeergebietes – solchen Werkstätten natürlich, die noch nicht modernisiert sind, sondern mit ursprünglichen Mitteln arbeiten. Die Beobachtung ihrer Arbeitsweise ist wichtig. Denn es gibt im Arbeitsprozeß Dinge, die sich am fertigen Produkt nicht ablesen lassen, die während des Arbeitsvorgangs verschwinden. Gerade sie können aber für die Herstellung entscheidend wichtig sein, können den Schlüssel für das Verständnis bieten und uns Dinge erklären, die sonst unverständlich blieben. Darum haben wir Reisen unternommen, teils allein, teils zusammen, in Mittel- und Süditalien, auf dem griechischen Festland und auf den Inseln, bis hinüber nach Kleinasien und bis Cypern, um Töpfereien aufzusuchen. Wir haben dort Arbeitsweisen beobachtet, die in alter Tradition stehen, die in die Antike, ja zum Teil noch in die Vorgeschichte zurückreicht.

Es ist der letzte Augenblick, wo dies noch erfaßt werden kann. Denn das alte Töpfer-Handwerk ist am Aussterben. Die Gründe dafür sind verschiedene: Nicht allein die Konkurrenz der Industrie – sondern etwa auch der Mangel an Brennstoffmaterial, die geringen Preise, die für diese echten keramischen Erzeugnisse gezahlt werden (im Gegensatz zum Fremdenkitsch) – die Leute, welche die Gebrauchs-Tongefäße kaufen, sind meist selber arm. Vor allem ist es aber der Einfluß der modernen, von der Industrie bestimmten Welt: Die jungen Leute wollen keine so anstrengende und so schmutzige Arbeit mehr verrichten.

Ich will heute berichten über eine Exkursion, die wir im Sommer 1960, das heißt von Ende Mai bis Ende Juni, auf Kreta unternommen haben. Ein Pitharás ist ein Meister, der Pitharia, also große Vorratsgefäße anfertigt. Nur er beherrscht diese Kunst, gibt sie seinem Sohn oder seinem Enkel weiter. Fremde Lehrlinge werden nicht angelernt. Die Pitharades aber sind eine Gruppe von Leuten, in der Regel fünf, die ihm bei seiner Arbeit helfen. Außer dem Meister (μάστορας), dem Pithostöpfer, ist es ein Untermeister (σοτομάστορας); ein Scheibendreher (τροχάρης), der auch der Heizer (καμινάρης) ist; ein Erdbereiter (χωματᾶς); ein Holzhauer (ξυλᾶς oder κλαδᾶς) und, als Benjamin der Gruppe, der Träger (κουβαλητής).

Diese Gruppen wandern im Sommer über die Insel und errichten an verschiedenen Stellen provisorische Werkstätten, wo sie Pitharia für die umliegenden Dörfer bauen. Sie sind etwa zwei Monate von zu Hause fort und nehmen sich auf ihren Eseln, außer ihren Werkzeugen, die Verpflegung mit: Hartbrot, Kartoffeln, weiße Bohnen, auch Salz, Zwiebeln, Knoblauch und natürlich, das wichtigste von allem, Olivenöl. Wein trinken sie während der Arbeitsperiode nur sehr wenig. Sie haben ihn in einer runden Feldflasche (φλασκί), die selbst getöpfert ist. Es ist eine Form, die wir aus der griechischen Frühzeit bis in die römische Epoche verfolgen können. Sie ist heute noch im Gebrauch – freilich nicht im Handel. Aus ihr schenkt der Meister sich und seinen

Gefährten nur selten und sparsam aus. Auch dem Fremden, der sich, wie wir, zu Pithostöpfern in die Einsamkeit verirrt, wird aus ihm ein Gläschen mit dem Willkommensgruß (καλώς ωρίσατε) eingeschenkt.

Diese Wandertöpfer stammmen alle aus demselben Dorf, Thrapsano (im Kreise Kastelli Pediados), das nur 32 km von Iraklion entfernt liegt. Schon 1642 wird es von einem kretischen Mönche erwähnt als ein Ort, wo alle Einwohner Töpfer sind (εἶναι ὅλοι τσουκαλάδες). Dies Dorf unterscheidet sich nicht von andern Töpferdörfern, außer etwa durch seine Schule. Diese Schule hatte nämlich bis vor kurzem einen Lehrer, der Phantasie besaß und der es verstand, auch die Phantasie der Kinder anzuregen. Er gab außer dem Unterricht auch Plastik-Stunden. Er erzählte aus dem Mythos oder aus der Geschichte. Die Kinder durften das Erzählte nachher modellieren. Das Material war Töpferton, den die Kinder von zu Hause mitbrachten. Da sieht man etwa den Auszug der Griechen aus Messolonghi – die Türken lauern mit ihren Krummsäbeln vor dem Tor. – Oder die Entführung des deutschen Generals Kreipe, eine kretische Episode aus dem Zweiten Weltkrieg, die schon zum Mythos geworden ist. Daneben Bilder aus dem täglichen Leben, etwa »die Schuhe der Mutter«, schief und abgetragen, so lebenswahr, als seien sie eben ausgezogen worden. Am besten aber sind die Plastiken, welche die Töpfer bei der Arbeit schildern. Die kleinen Drehscheiben, die gerade vom Esel abgeladen werden; der Meister und die Scheibendreher (τροχάρης) beim Pithosbau; der runde Brennofen, oben nur lose abgedeckt; der Heizer (καμινάρης) in der Schürgrube; der Esel mit zwei fertigen, zum Verkauf bestimmten Pithoi beladen. Die kleinen Kunstwerke, die so entstanden, füllen einen großen Saal im Keller des Schulgebäudes; leider sind sie ungebrannt und daher sehr zerbrechlich.

Als wir einige der Modelle photographieren wollten, war gerade Schulpause. Zwei Klassen waren auf dem Hof: der treffliche Lehrer mit den Jungens, und eine Mädchenklasse. Ich sagte zu den Kindern: »Wessen Vater Töpfer ist, der soll die Hand erheben.« 24 Hände gingen in die Höhe.

In den Häusern von Thrapsano standen die Pithoi in der Reihe wie in den minoischen Palästen. Von den 5 Pithoi in einem Hause waren die größten 1,20 m hoch. Sie enthielten: der erste Hülsenfrüchte, der zweite Getreide, der dritte Tücher und Decken; sie lagen darin in einem großen weißen Sack aus Nesselstoff. Im vierten war Öl; im fünften Wein. Dieser Pithos war außen gekalkt. In seiner Wandung war ein Zapfhahn angebracht. Als Deckel für die Pithoi werden Scheiben aus Ton oder Zement verwendet oder auch der kleine Tisch, auf dem der Brotteig geknetet wird.

Immer wieder erkundigten wir uns nach den Pithostöpfern: Wann würden sie das Dorf verlassen, wohin würden sie ziehen? Aber wir erhielten darüber keine genaue Auskunft. Erst später erkannten wir, warum: Es wird im Dorfe keine Absprache getroffen. Die Pithostöpfer stehen zueinander in Konkurrenz. Der eine sucht dem anderen an den besseren Platz vorauszukommen.

Der griechische Forscher Xanthudidis hat die Pithostöpfer einmal für Stunden besucht und darüber einen nützlichen Aufsatz geschrieben (1927).[1] Wir wollten ihre Arbeit noch gründlicher kennenlernen, nicht nur Stunden, sondern Tage, ja Wochen mit den Pithostöpfern verbringen. Von den etwa 12 Gruppen, die im Sommer 1960 unterwegs waren, haben wir 6 gefunden. 5 Wochen haben wir uns bei ihnen aufgehalten, haben während dieser Zeit nur selten unter einem Dach geschlafen, meist im Freien, in der Nähe der Werkplätze, um nichts zu versäumen.

Eine Woche lang hatten wir vergeblich gesucht; da fanden wir die erste Gruppe am 2. Juni im Gebiet des Psiloritis, beim Kloster Asomaton, das jetzt als Landwirtschaftsschule dient. Wegen des Regenwetters waren sie mit der Arbeit noch zurück. Wir fanden sie beim Einrichten ihrer Werkstatt und beim Bau des Töpferofens.

Der Werkplatz lag auf einem Acker. In den Ackerboden eingetieft der lange Graben (ὁ λάκκος) mit den seitlichen Nischen (τροχόλακκοι), wo die kleinen Drehscheiben (τὰ τροχιὰ) auf sehr einfache Weise befestigt sind, 10 in einer Reihe. Im Hintergrund der Brennofen (τὸ καμίνι) am abfallenden Hang (στὸ κατηφορικό). Er stammte schon aus dem Vorjahr, war aber vom Regen im Winter zur Hälfte zerstört. Nur in der Mitte stand noch der Pfeiler (ἡ κολόνα), aber der Boden (ὁ πάτος) war eingefallen, die Außenwand, nur aus Feldsteinen (ξηρολιθιὰ) aufgeschichtet, halb eingestürzt.

Ackererde wurde mit Stroh vermengt. Große Barren (πλίνθοι) wurden daraus geformt, ein großer Deckel (τὸ καπάκι) mit einem Kreuz und den Zeichen ΑΣ (= Σχολὴ Ἀσωμάτων) und der Jahreszahl ge-

Abb. 19 Asomatos. Herstellung der Lochtenne des Pithos-Ofens.

schmückt. Mit diesem Deckel wird die Feuerungstür des Ofens verschlossen, wenn der Brand (τὸ ψήσιμο) zu Ende ist. Barren und Deckel mußten etwa eine Woche in der Sonne trocknen. Dann kam der Tag, wo der Ofen gerichtet wurde. Alle Mann mußten dabei helfen. Die schweren Barren wurden in den Ofen herabgereicht und als Träger für den Boden eingesetzt. In die Außenwand des Ofens wurden mit dem Axthammer (τὸ σκεπάρνι) Höhlungen geschlagen; zwei kürzere Barren wurden dort eingesetzt. Ein dritter längerer Barren wurde dagegen gestemmt. Dem anderen Ende diente der Pfeiler (ἡ κολόνα) als Auflager. Die äußeren Enden der Barren wurden mit kleinen Steinen verkeilt, die Fuge innen mit Lehm verschmiert. Wo die Länge der Barren nicht reichte, wurde in die Fuge ein Zwischenstück eingeschoben. Die gegeneinander gestellten Barren bildeten Bögen (καμάρες). So entstand, im Laufe eines Vormittags, das Skelett.

Bereits am Nachmittag konnten die Pithostöpfer darauf steigen. Sie setzten viele Querrippen ein (Taf. IIIb). So entstand ein Gebilde, das wie ein monumentales Spinnennetz wirkte. Am nächsten Tag machten sie die Zwischenräume immer enger, indem sie gebrannte Tonbrocken vom vorigen Ofen einsetzten und mit Lehm umschmierten. Sie ließen nur wenige Löcher über, wie es gerade kam.

Einen ganzen Tag mußte das Gerippe trocknen. Dann wurde die endgültige Oberfläche über die Tenne (πάτος) gelegt – mit Lehm vom Acker, der mit den Händen verstrichen wurde (Abb. 19). Außen an der Ofenwand ließ man größere Löcher für die Flammen. Die kleineren Löcher innen (οἱ ἀφανοί) wurden so hergestellt: Aus Platanen-Ästen wurden ein paar Pflöcke zurechtgezimmert. Der Pflock wird kurz in einen Eimer voll Wasser getunkt, dann in eines der freigelassenen Löcher gesteckt. Mit der Hand wird Lehm darum herumgestrichen. Schon nach wenigen Minuten ist der Lehm hart, der Pflock wird herausgezogen und in ein anderes Loch gesteckt.

Der Ofen war noch nicht hoch genug. Der obere Rand wurde noch mit Feldsteinen erhöht. Die Wandung wurde mit Lehm beworfen.

Von nun ab hat jeder seine bestimmte Tätigkeit, die sich täglich wiederholt. Der Holzhauer zieht früh morgens, mit einer Kanne Wasser und einem Stück Brot, an den Berghang und hackt dort Gestrüpp, meist Thymianbündel.

Der Träger (κουβαλητής) hat allerhand kleinere Arbeiten zu verrichten (wie Feuermachen, Kartoffelschälen usw.). Dann zieht er mit den Eseln zum Arbeitsplatz des Holzhauers. Mit Gestrüpp beladen kommen die Esel nach einer Weile wieder, je 4 Bündel auf einem Esel. Ein Zug am Spezialknoten des Seiles und die Bündel liegen am Boden. Acht- bis neunmal machen die Tiere täglich diesen Weg. Etwa 350 Bündel werden beim ersten Brand gebraucht, der 5–6 Stunden dauert; denn da muß der Ofen selbst noch trocknen. Bei den späteren Bränden weniger; das ist das Wichtigste für die Wahl des Werkplatzes: die Nähe des Brennmaterials. Erde ist transportabel. Das Brennmaterial dieser Art nicht. Der Transport würde zu teuer.

Der Erdbereiter geht ebenfalls frühmorgens an seinen einsamen Arbeitsplatz, wo die Pithoserde (τὸ πιθαρόχωμα) sich findet. Er hackt sie los, und schlägt sie (κοπανίζει) klein mit einen Flegel (κόπανος) aus frischem Olivenholz; an der Unterseite des Flegels sind kantige Nägel befestigt. Dann siebt er (κοσκινίζει) die Erde. Er füllt den feinen Erdstaub in Säcke, 10 Sack Erde für die 10 Pithoi, die am nächsten Tag – und so jeden Tag – getöpfert werden sollen, bis etwa 400 Pithoi fertig sind. Abends kommt der Träger mit den Eseln. Die

Säcke werden aufgeladen und zum Arbeitsplatz gebracht. Sie werden dort in einem großen Laubzelt, auf geebnetem Lehmboden (στὴν ἀπλοταρέα) abgeladen. Die Arbeit des Erdbereitens ist damit noch nicht zu Ende. Am Werkplatz liegt noch eine blaugraue Erde bereit. Auch sie wird klein geschlagen, gesiebt, ins Laubzelt gebracht. Sie wird der Pithoserde beigemengt, die sonst zu fett (παχὺ) ist und beim Trocknen reißt. Um die große Laubhütte herum liegen kleinere Hütten, in denen die Töpfer schlafen, jeder in seiner eigenen kleinen Hütte.

Beim ersten Morgengrauen sind die Pithostöpfer auf den Beinen. Meister, Scheibendreher und Erdbereiter begeben sich in das große Laubzelt. Der große Haufen mit Erde wird mit den Händen in der Mitte aufgebrochen und mit Wasser vermengt. Dann mit den Füßen flach getreten, mit den Händen wieder geteilt, aufgerollt und wieder zu einem großen Haufen aufgetürmt. So noch zwei Mal. Das Magermehl (ἡ λεπίδα) wird dabei leicht eingestreut. Zum Schluß bleibt ein großer Tonkegel stehen, der mit den Händen sorgfältig abgeglättet wird. Er trocknet in der schattigen Laubhütte nicht aus; den ganzen Tag über wird der Ton für das Töpfern hiervon genommen.

Dann wird das Frühstück eingenommen (Kartoffeln oder Bohnen), das bis zum Abend sättigen muß, und etwa um 6 Uhr beginnt die Arbeit auf der Scheibe. Diese Scheibe wird nicht mit dem Fuß angetrieben, sondern mit den Händen an den zwei Handhaben (περόνες) gedreht. Die hölzerne Spindel (ἀδράκτι) hat unten einen Dorn (μοχλός), der in einem einfachen Stück Blech mit einer Dalle (στὸ πλιθὶ) läuft. Anstatt des Bleches wird auch ein einfacher Feldstein als Spurstein (δρακονόπετρα) verwendet. Die Spindel dreht sich oben in einem rechteckigen Ausschnitt aus dem Querbrett (σταυροσάνιδο). Sie ist an dieser Stelle von einem Stück Sackleinen oder mit Filz umwickelt, das mit Öl getränkt ist; sie wird durch Schnüre kreuzweise an das Querbrett gebunden. Auf dem hölzernen Scheibenkopf (κεφαλαρὰ) wird nicht getöpfert. Auf ihn werden vielmehr vier frische Tonklumpen gelegt; darauf wird eine sorgfältig gebrannte Scheibe (ἡ πλάκα) gelegt. Diese Scheiben tragen zum Teil die Anfangsbuchstaben vom Namen des Meisters und die Jahreszahl.

Ähnliche Scheiben hat man bei den Ausgrabungen minoischer Paläste gefunden – zuletzt etwa in dem kleinen Palast von Vathypetro –

Abb. 20   Asomatos. Der Meister beginnt einen Pithos.

und schon Xanthudidis hat erkannt, daß sie dem gleichen Zweck wie heute gedient haben müssen: Sie bewirken, daß die Scheibe horizontal läuft. Außerdem wird kleineres Geschirr mit diesen Diskoi von der Drehscheibe abgehoben und zum Trocknen abgesetzt.

Das Töpfern selbst ist mit Worten schwer zu schildern. Ich versuche Ihnen daher einen Teil des Films zu zeigen, den wir gedreht haben. Es ist nur ein Schmalfilm (8 mm); er macht keinen Anspruch auf technische Vollkommenheit. Er sollte nur zu Forschungszwecken dienen: Die Drehscheiben werden gerichtet und justiert. Oben darauf liegt der Diskos, mit Tonklumpen angeklebt. Die Scheibe wird gedreht, der Meister hält den Finger an, um zu prüfen, ob sie horizontal läuft.

Magererde (λεπίδα) wird auf den Diskos verstrichen, damit der Boden des Pithos nicht anklebt. Der erste runde Tonlaib wird aufgelegt (Abb. 20). Er wird mit dem Handrücken geschlagen, bis er flach ist wie eine Pizza, dann glatt gestrichen. Die linke Hand dreht dabei. Der Meister läßt mit dem Zeigefinger um den Rand eine Rille einlaufen. Ein länglicher Tonwulst wird in der Luft gehalten und gewiegelt,

Abb. 21 Asomatos. Meister und Scheibendreher beim Pithosbau.

dann aufgesetzt und angedrückt. Der linke Fuß des Meisters dreht langsam die Scheibe. Dabei drückt sich der Absatz in den Ton. Die Spuren werden abgeglättet. Der Meister träufelt mit dem Schwamm Wasser auf.

Jetzt erst tritt der Scheibendreher in Funktion (Abb. 21). Während er dreht, erfolgt das normale Hochziehen der Wandung mit Druck und Gegendruck. Boden (πάτος) und Grundstock (φύτεμα) wird zuerst getöpfert, beim ersten, beim zweiten und so fort bis zum zehnten Pithos. Ab und zu werden die Scheiben der getöpferten Stücke etwas gedreht, damit die Pithoi gleichmäßig in der Sonne trocknen.

Der Scheibendreher nimmt die Tonlaibe vom Kegel aus dem Laubzelt ab, legt sie draußen auf ein Sacktuch, schlägt das Sacktuch zu, damit sie nicht zu rasch trocknen. Der Rand des Grundstockes (φύτεμα) wird mit dem Schwamm angefeuchtet. Der Tonwulst für den ersten Stock (στομωσιά) wird aufgedrückt, dann beigestrichen, außen und innen. Sein rechter Fuß dreht dabei die Scheibe. Dann streicht er wieder von außen bei, seine Linke preßt den Wulst enger.

Abb. 22   Asomatos. Verwendung einer Schnur beim Pithosbau.

Und nun kommt das Wunder, das man gesehen haben muß, um es zu glauben (Abb. 22): Der Meister läßt eine Schnur mehrmals unter dem Wulst auf die Wand des Pithos auflaufen. Dies Wunder erklärt, wie es möglich ist, zehn Pithoi dieser Größe an einem Tage zu töpfern, ohne daß der Ton reißt. Dann wird mit Schwamm und Formholz (ξυλάκι) getöpfert, bis die Wandung steil ist. Danach wird die Schnur wieder abgezogen.

Die Fuge zwischen den Stockwerken wird mit dem Schwamm geglättet. Ein Ring aus Ton wird über die Fuge geklebt, während die Scheibe sich langsam dreht, dann mit dem Schwamm geglättet, dann mit einem und danach mit zwei Fingern gerillt. So entsteht eine Doppelrille. Diese Ringe heißen Gürtel (ζωνάρια).

Dann folgt von Stock zu Stock der gleiche Vorgang (Abb. 23), von ersten zum runden (στρογγυλή), zum steilen (ντρέτη), zum großen (μεγάλη) Stock (στομωσιά), bis gegen Abend die Mündung (τὸ χείλωμα) getöpfert wird. Der Pithos reicht nun dem Meister bis fast an

Abb. 23   Asomatos. Auflegen eines Wulstes beim Pithosbau.

die Achsel. Nun drückt der Scheibendreher mit dem Formholz (ξυλάκι) die Muster ein (πλουμιά oder ξόμπλια). Währenddessen ist der Meister beim Henkeln (αὐτώνει). Die Henkel nennt man wie im Altertum Ohren (αὐτιά). Ein langer Tonstrang wird gewiegelt, dann mit den Fingern geschnitten und so dreimal für jeden Pithos; das abgeschnittene Stück wird an die Wand des Pithos angesetzt, mit nassen Fingern gelängt, dann hochgehoben und abwärts gebogen und glatt gestrichen. Zum Schluß drückt der Meister zweimal seinen Daumen ein (Abb. 24). Der Scheibendreher drückt unterdessen drei Kreuzchen oben im Zwischenraum zwischen den Henkeln ein. Sonst ist die Form dieser Pithoi wie in minoischer Zeit.

Am nächsten Morgen heben Meister und Scheibendreher die Pithoi vom Tag vorher von der Scheibe ab und setzen sie auf die andere Seite des Grabens, damit sie in der Sonne weiter trocknen. Daß der Meister sich dabei vor dem Filmapparat ungeniert sehr grob die Nase schneuzte, war ein gutes Zeichen. Die Pithostöpfer hatten sich an uns gewöhnt

Abb. 24 Asomatos. Eindrücken des Daumens am Pithoshenkel.

und beachteten uns gar nicht mehr. Das war für die Filmaufnahme das beste (soweit der Film).

So füllte sich der Acker nach und nach mit getöpferten Pithoi (Taf. IV). Eigentlich sollen sie gut 5 Tage in der Sonne trocknen, ehe sie gebrannt werden. Aber der Himmel bezog sich bedrohlich mit Wolken. Da entschloß sich der Meister, die Pithoi in den Ofen einzusetzen. Holzfäller und Erdbereiter wurden durch Pfeifen verständigt und mit dem Ruf: »Komm runter zum Einsetzen« (κατέβα νὰ καμνιάσωμε). Dann ging alles an die Arbeit. Zwei Mann hoben immer einen Pithos. Ihre Arme reichten nicht ganz um das Gefäß herum, sie verlängerten sie durch ein Sacktuch (Abb. 25). Durch die Türe wurden die Pithoi kopfüber in den Ofen abgelassen. Der noch ungebrannte Henkel trug dabei schon das Gewicht. Die untere Lage mit der Mündung nach unten, darauf die obere Lage aufrecht. Zwischen die beiden Pithosböden, die sich so berührten, wurden nur drei Scherben zwischengeschoben, damit die Flamme hindurchkönne. Das

Abb. 25 Asomatos. Einsetzen der Pithoi in den Ofen.

Ofenrund faßte 30 Pithoi. Kleinere Gefäße wurden nicht eingesetzt, es waren noch keine getöpfert. Diese Gruppe hatte keinen Untermeister. Er hatte einen festen Monatslohn verlangt, und das hätte den Bestand der Gruppe gesprengt. Aber der Meister entschloß sich noch nicht zum Brand. Er versicherte, im Monat Juni regnet es nicht (Ἰούνιο μῆνα δὲ βρέχει). Erst als die ersten Regentropfen fielen, entschied er, sofort mit dem Brand zu beginnen. Es stand in der Tat alles auf dem Spiel. Bei einem Regenguß wären nicht nur die getöpferten Pithoi alle zugrunde gegangen, sondern auch der neugebaute Töpferofen, der noch nicht gebrannt war. »Wenn er zwei Stunden gebrannt hat, dann ist keine Gefahr mehr«, meinte der Meister. Nun entwickelte sich eine fieberhafte Tätigkeit. In große Bleche wurden mit dem Pickel Schlitze geschlagen. Sie wurden über den Ofen und die Pithoi gebreitet. Aus den Schlitzen sollten beim Brand die Gase entweichen können. Früher nahm man zum Abdecken Scherben von zerbrochenen Pithoi. Die Einsetztür wurde mit Lehmplinthen verschlossen, nur ein kleines

Guckloch wurde gelassen, das nur provisorisch zugemacht wurde. Im Feuerungsraum wurde ein leichtes Vorfeuer unterhalten, damit der Ofen und die Gefäße gut austrocknen sollten. Die Reisigbündel wurden mit hölzernen Stangen (τσατάλια, ντέμπλα), die sich vorn gabelten, eingeschoben und immer wieder mit Wasser angefeuchtet. Unterdessen wurde die eigentliche Schürstange (φρυγούνι), mit einem zweizinkigen Eisenbeschlag zurechtgemacht. Der Heizer band sich Filzschienen an Arme und Beine, damit er nicht durch die Glut verbrannt würde. Dann ließ man das Vorfeuer ausgehen. Jetzt stieg der Heizer in die Grube (τὸ βορϑί), schob ein Reisigbündel vor die Öffnung, beugte sich darüber und schlug dreimal das Kreuz. Dann griff er in die Hosentasche, holte ein Säckchen heraus und schüttelte ein paar dürre Blätter auf das Bündel.

Er zündete es an und schob es brennend in den Ofen. Die Blätter stammten vom Epithaphios am letzten Karfreitag, sagte er. Kurz darauf gingen die ersten größeren Tropfen nieder, und der Meister sandte einen derben Fluch zum Himmel. Der Heizer schürte nun wohl über zwei Stunden Vollfeuer (κάργα φωτιά). Dies Heizen ist wohl die anstrengendste Tätigkeit im Verlauf der Pithostöpferei. Danach wechselten sich die anderen beim Heizen der Reihe nach ab, noch eine Stunde lang. Mehrmals hörte man es im Ofen krachen wie eine Explosion. Der Meister rief: »Langsamer!«, aber es war dazu schon zu spät. Der drohende Regen war schuld, daß die Leute rascher als sonst feuerten. Es war längst dunkel geworden. Anfangs schlugen kleine Flämmchen aus den Schlitzen der Abdeckbleche. Nun schlug ab und zu eine helle Lohe über den Ofen heraus. Nach vier Stunden machte der Meister das Guckloch auf und hielt eine Gerte in die Glut. Sie flammte auf und zeigte ihm, daß der Brand noch nicht gar war. Dann wurde noch eine gute halbe Stunde ein mäßiges Feuer unterhalten, bis man plötzlich innehielt und den großen Lehmdeckel (τὸ καπάκι) vor das Schürloch setzte und mit Lehm gut verschmierte. Denn der Brand muß möglichst langsam erkalten. Das war gegen 22 Uhr. Der Brand hatte nicht ganz 5 Stunden gedauert. Kurz nach 10 Uhr abends ging der rauschende Regen hernieder. Aber der Ofen und was man in ihn gepackt hatte, war gerettet.

Am nächsten Morgen wurde der noch warme Ofen aufgemacht. Die Pithoi waren noch heiß, sie wurden mit Sacktüchern angefaßt, herausgenommen und auf den Acker abgerollt. 4 von den 30 Pithoi waren am Boden geplatzt und wurden ausgeschieden. Die noch nicht gebrannten Pithoi, die im Freien gestanden hatten, waren verdorben. Von den 50 bisher bearbeiteten Pithoi waren 26 gebrannt und verwendbar, 24 waren abzuschreiben; aber die Töpfer waren mit dem Ergebnis ziemlich zufrieden. Wenn die Pithoi erkaltet sind, werden sie innen und außen gründlich mit Wasser übergossen. Sie fallen sonst nach 4–5 Tagen wieder auseinander. Der Ton enthält kleine Kalkeinsprengsel, die arbeiten und die Wand des Gefäßes sprengen, wenn sie nicht gewaltsam mit Wasser gelöscht werden.

Wir haben bei den anderen Töpfergruppen, die wir aufsuchten, immer die gleiche Arbeits- und Lebensweise beobachtet – so einförmig, wie dies nur bei einer langen, fest eingewurzelten Tradition möglich ist. Den Untermeister erlebten wir bei anderen Gruppen. In Asomatos mußte der Meister selbst 500 große Blumentöpfe fertigen als Miete für den Ackerboden der Landwirtschaftsschule. Zweimal haben wir auch ein besonderes Verfahren erlebt, wenn es zu kühl war und die Sonne die Innenwände der Pithoi nicht rasch genug trocknete. »Die Sonne gibt uns das Kommando (ὁ ἥλιος μᾶς δίνει τὸ κουμάντο)«, sagte der Meister. Dann nahm der Töpfer plötzlich ein Reisigbündel, zündete es an und schwenkte es mit einem Stab im Pithosinnern auf und ab (Taf. III a). Auf diese Weise sollte er innen durch die Wärme des Brandes rascher trocknen. Es ist ein unglaubliches Verfahren, aber offenbar ein bewährtes. Es gab Töpfergruppen, die bis zu 14 Pithoi am Tage herstellten.

Das Besondere dieser kretischen Töpferkunst scheint uns darin zu liegen:

Daß mindestens 10 dieser großen Gefäße an einem Tage getöpfert werden, das ist eine erstaunliche Leistung.

Diese Leistung ist nur dadurch möglich, daß kein Achtstundentag eingehalten wird. Die Arbeit dauert in der Regel 14 Stunden. Denn der Pithos muß an einem Tage fertig werden, darf über Nacht nicht halbfertig trocknen.

Das rasche Trocknen wird durch die pralle Sonne bewirkt. Während unten das Gefäß schon weiß wird, arbeitet der Meister oben mit dem frischen, nassen Ton. Das wäre bei uns in Deutschland unmög-

Abb. 26   Messenien. Transport eines Pithos in den Ofen.

lich, das Gefäß müßte reißen. Aber der griechische Ton ist anders beschaffen.

Auch mit dem griechischen Ton wäre es nicht möglich, ein so großes Gefäß so rasch hochzutreiben, bestünde nicht der Trick mit der Schnur (Abb. 22). Sie hält die Gefäßwand jeweils für kurze Zeit zusammen, lange genug, um das Aufplatzen zu verhindern. Die starke Sonne bewirkt zugleich, daß die Wand rasch wieder ansteift. Die Pithoi werden der Reihe nach gemacht. Bei jedem Stock beginnt es mit Nr. 1 und endet mit Nr. 10. In den Häusern stehen sie nachher wieder in einer Reihe. In Reihen standen sie auch in den großen Magazinen der minoischen Paläste. Bis zu Mannshöhe dürften die minoischen Pithoi in derselben Weise getöpfert worden sein, wie wir es auf Kreta heute noch erleben können. Aber die übermannshohen, die kolossalen Gefäße konnte die kleine Scheibe nicht tragen, sie müssen auf andere Weise hergestellt worden sein.

Diese Herstellungsweise haben wir nicht mehr auf Kreta angetroffen; aber in Messenien (Abb. 26–29) und auf Cypern ist sie gerade

Abb. 27   Messenien. Brennender Pithos-Ofen.

noch in Gebrauch. Die Pithoi aus der Umgebung von Koroni wurden bis vor kurzem selbst in Kreta, der Heimat der ägäischen Pithostöpferei, importiert. Sie werden ohne jede Scheibe angefertigt. Es ist der Meister, der sich unentwegt um das Gefäß herumdreht, indem er täglich einen Wulst auflegt. Diese Arbeit geschieht nicht im Freien, sondern in schattigen Räumen. Diese Pithoi stehen dort nebeneinander in verschiedenen Phasen. Die kleineren brauchen 15, die großen 30 Tage. Die Töpferöfen in Messenien, von der Form, wie wir sie von den korinthischen Pinakes des 6. Jh. kennen, sind archaisch; aber die Technik des Pithosbaues geht in prähistorische Zeit zurück, liegt vor der Erfindung der Töpferscheibe. Damit kommen wir mindestens ins 3. Jahrtausend vor Christus, wenn nicht in noch frühere Zeit. Ähnlich, noch urtümlicher haben wir es auf Cypern erlebt. Diese Technik wird heute noch angewandt, nicht weil die Töpfer moderne Arbeits-

Abb. 28 und 29   Messenien. Pithostöpferei und Ziegelei.   ▷

weisen nicht kennen, sondern weil diese gänzlich handgemachten Gefäße als noch solider und zuverlässiger gelten als die auf der Scheibe gedrehten.

Die Pithoi kommen in den ältesten Mythen vor. Zeus hatte zwei Pithoi, von denen der eine mit Gutem, der andere mit Schlechtem gefüllt war, das über die Menschen kommen konnte. Pandora entstieg einem solchen Pithos. Herakles schwamm auf einem Floß aus Pithoi auf dem Meer. König Eurystheus verkroch sich in einem Pithos, als Herakles den erymanthischen Eber brachte. Glaukos, ein Sohn des Minos, sei in einem Pithos voller Honig ertrunken. Und auch noch Diogenes wohnte nicht in einem Faß, wie man sagt, sondern in einem großen Pithos.

Im Mythos und im Handwerk kommen wir also mit diesen Pithoi in uralte Zeiten zurück, und diese urtümliche Technik ist heute noch – gerade noch – in Gebrauch. Es ist ein seltener Fall, daß man etwas, was so alt ist, nicht als Museumsstück, sondern noch in der lebendigen Herstellung und im täglichen Gebrauch erleben kann. Aber, wie gesagt, diese Kunst ist kurz vor dem Untergang. Um sie zu beobachten und wissenschaftlich aufzunehmen, war es, nach unserer Ansicht, nicht fünf Minuten, sondern schon zwei Minuten vor Zwölf.

* Der Vortrag wurde auf dem Kongreß in griechischer Sprache gehalten.
1 Some Minoan Potter's-wheel Discs, Essays in Aegaean Archaeology, Presented to Sir Arthur Evans, Oxford 1927, 111 ff.

KAPITEL 3

Olympia

Ein bronzenes Beschlagblech aus Olympia
1938

Als das Heraion von Olympia (Abb. 30) im Jahre 1877 ausgegraben wurde, stand von den 44 Säulen, die das Bauwerk einst umgaben, keine einzige mehr heil an ihrem Platz. Einige waren ganz verschwunden, andere standen nur noch in geringer Höhe aufrecht, die Kapitelle waren, soweit sie überhaupt noch aufgefunden wurden, vom zugehörigen Säulenschaft herabgefallen. Die beiden Säulen, die der heutige Besucher als Wahrzeichen des Heraion stehen sieht, wurden erst im Jahre 1905 wieder aufgerichtet. Bei den anderen war es wenigstens noch möglich, eine Reihe von Trommeln und von Kapitellen bestimmten Säulen zuzuweisen, nicht allein auf Grund der Fundlage, sondern vor allem wegen der auffallenden Verschiedenheiten dieser Säulen. Nicht nur in Material und Dicke wichen sie voneinander ab, auch Zahl und Tiefe der Kanneluren, Höhe der Säulentrommeln und Art ihrer Zusammenfügung waren unterschiedlich. Am auffallendsten aber war die verschiedene Form der Kapitelle: »Am Heraion allein könnte man die Entwicklung des dorischen Kapitells verfolgen« (Noack). Die Reihe dieser Kapitelle reicht von archaischer bis in römische Zeit und es kann nach Dörpfelds eindringlichen Untersuchungen (zusammenfassend: Alt-Olympia 164 ff.) kein Zweifel mehr daran bestehen, daß das Heraion ursprünglich hölzerne Säulen hatte, die im Laufe der Jahrhunderte gegen steinerne ausgewechselt wurden, je nach dem Grade der Verwitterung und vielleicht auf Grund privater Stiftungen (diese beiden Erklärungen scheinen mir sehr gut vereinbar). Die letzte dieser Säulen aus Eichenholz hat Pausanias im zweiten nachchristlichen Jahrhundert im Opisthodom noch stehen sehn.

Die ältesten der steinernen Ersatzsäulen haben sich den hölzernen Vorbildern offenbar noch angeschlossen, aber auch sie zeigen die ursprüngliche Form der dorischen Säule bereits ein wenig abgeschliffen; es fehlt ihnen ein Zierglied, das für die frühe dorische Säule so bezeichnend ist: Der in die Hohlkehle zwischen Schaft und Echinus geschmiegte Blattüberfall.[1] Ein Blick auf das Kapitell der für Xenvares errichteten Säule in Korfu (Abb. 31),[2] wo dieses Glied besonders aus-

◁ Abb. 30 Olympia, Heraion. Säulenhöhe 5,21 m.

Abb. 31 Kerkyra, Museum. Xenvares-Kapitell.

geprägt und gut erhalten ist, macht deutlich, daß dieses Zierglied zwar in fast hybrider Weise dem Stein abgewonnen werden konnte, aber eigentlich nicht steingemäß ist. Wenn dieses Zierglied aber aus dem älteren, dem Holzbau übernommen sein soll, so wird man fragen dürfen, ob es dem Holz entspricht?

Auf diese Frage gibt ein neues Fundstück aus Olympia unerwartet Antwort: Ein getriebenes Bronzeblech in Form eines Eierstabes, wie wir zunächst glaubten, richtiger eines Blattüberfalles, von 20 cm Länge (Abb. 32 und 33). Es wurde im April 1937 am Hang des Kronoshügels in jener Füllschicht ausgegraben, die so erstaunlich viele und verschiedenartige, durchweg archaische Fundstücke zutage förderte: Waffen, Geräte, Keramik, Architekturteile und allerhand bronzene Beschlagbleche. (Vgl. Fundbericht JdI. 1937, 45 f.). Die damals gefundenen Beschlagbleche lassen sich in zwei Gruppen scheiden: Solche, die mit ihrer Holzunterlage weggeworfen waren und daher flach und ungeknickt im Boden lagen, so z. T. die Schildbeschläge; bei ihnen wie bei den früher in Olympia schon im Stadion gefundenen Schilden war die unmittelbar darunterliegende Erde wie von Holzkohle geschwärzt, nicht weil sie einst in eine Brandkatastrophe geraten wären, sondern weil durch langes Lagern in der Erde das Holz sich auf natürliche Weise in Kohle umgewandelt hatte. Die anderen Bleche hatte man von ihrem, z. T. gewiß tektonischen, Zusammenhang getrennt, vom Holze

Abb. 32 Olympia, Museum. Bronzener Blattüberfall vom Kapitell einer frühen Holzsäule des Heraion. Außenansicht.

abmontiert, eh man sie wegwarf; sie haben daher größtenteils viel mehr gelitten. Zu diesen letzteren gehört das Bronzeblech in Form des Blattüberfalles Abb. 32 und 33. Seine Bedeutung war uns bei Abfassung des Fundberichtes noch nicht klar, wir verweisen nur auf ähnliche, früher in Olympia schon gefundene Bleche dieser Art: Furtwängler, Olympia IV 939 Taf. 53: »Getriebenes Blech. Kleine Stiftlöcher am hinteren Rande. Das Ganze mit schwacher Rundung, gehörte also zu einem großen Kreise«. Dies gilt alles auch für das neue Fundstück und wir dürfen hinzufügen: In echt archaischer Weise sind die Blätter, bald etwas schmäler bald ein wenig breiter, nicht pedantisch abgemessen, auch die Stiftlöcher, welche die einstige Aufnagelung sichern, sind nicht ganz regelmäßig angeordnet. Aber das neue Fundstück bringt noch eine feine Einzelheit hinzu: Es ist erkennbar, daß sich das Blech

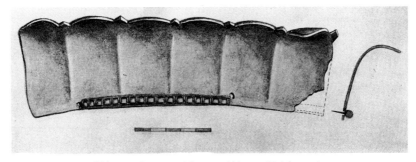

Abb. 33 Innenansicht von Abb. 32 (Zeichnung).

an beiden Schmalseiten nicht weiter fortsetzte, sondern nur aus sechs Blättern mit den zugehörigen Spitzen bestand; auch auf der schlechter erhaltenen Seite war bei der Auffindung ein Stück Rand noch deutlich sichtbar und ist auf der damals gemachten Photographie erkennbar (Abb. 32).[3] Während nun die eine Schmalseite mit einem Blatt ohne Spitze (!) abschließt, ist auf der anderen neben dem letzten Blatt eine vollständige Spitze stehen gelassen. Mit anderen Worten: Das Blech ist deutlich auf Anschluß gearbeitet. Die Teilung der Spitze in zwei Hälften wäre sowohl in technischer Hinsicht als für das Auge ungünstig gewesen, da man die Fuge ja gesehen hätte. So aber ließ sich der Anschluß mühelos und für das Auge unsichtbar bewerkstelligen.

»Diese Fragmente«, sagte Furtwängler, »sind für Gefäßränder wohl zu groß. Sie gehörten wohl zu einem anderen größeren tektonischen Ganzen. Gleichartige große Wülste wendete die altionische Architektur an.« Für das neue Fundstück indessen ist die einstige Aufnagelung auf einen plastischen Holzkern dadurch völlig ausgeschlossen, daß auf seiner Unterseite, von Nagelloch zu Nagelloch erhalten, ein plastischer Perlstab aufgelötet ist (Abb. 33). Auch diese Seite war demnach frei und sichtbar. Da andererseits auch die Oberseite, wenigstens mit ihrem vorderen Teile, den Blättern und den Spitzen, auf Ansicht berechnet ist, kann die Annagelung des Bleches nur von der Unterseite her erfolgt sein, so, daß die Kopfenden der Nägel durch den Perlstab verdeckt wurden. Die Oberseite lag also mit dem rückwärtigen Teil am Holze an und hing nur mit dem vorderen, den Blättern und den Spitzen, sichtbar über.

Die Schwierigkeiten lösen sich bei einer Art der Anbringung ganz zwanglos, dann nämlich, wenn wir in dem neuen Fundstück den bronzenen Blattüberfall eines frühen dorischen Holzkapitells erblicken dürfen. Das Blech war derart in die Hohlkehle zwischen Schaft und Kapitell genagelt, daß die Oberseite sich mit dem rückwärtigen Teil der Kehle anschmiegte und am Holze anlag, während ihr Vorderteil, mit den Blättern und den Spitzen, überhing und sichtbar war. Auch der Perlstab auf der Unterseite, der die Kopfenden der Nägel überdeckte, war dann zu sehen. Und die schwache Rundung, die »für Gefäßränder wohl zu groß« ist, paßt gut zu einem oberen Säulendurchmesser. Das »größere tektonische Ganze« war also nicht ein Teil der altionischen, sondern der altdorischen Architektur. Der Blattüberfall des frühen dorischen Kapitells, der in Stein so unnatürlich wirkt – so dürfen wir jetzt schließen –, war ursprünglich aus Metall, erfunden für den Holzbau, zugleich als Zierglied und als Wassernase, zum Schutz des gegen die Witterung empfindlichen Holzes. Bei der Umwandlung der Holzsäule in Stein ist dieses, nur beim Holzbau zweckmäßige, Zierglied dann auch rasch genug verkümmert und bald ganz verschwunden. Nur an wenigen Orten wird es noch später in Stein beibehalten. So zeigen Kapitellfragmente vom Amyklaion noch den Blattüberfall, dem Stein entsprechend eng der Kehle angeschmiegt, und darunter – wie auf dem neugefundenen Bronzeblech – den Perlstab (vgl. AM. 52, 1927, Taf. 20f.). Der Einfluß des ostjonischen Künstlers Bathykles auf den Baustil des Thrones von Amyklai ist gewiß in manchem durchzuspüren, nur darf er nicht verallgemeinert werden. Hier jedenfalls handelt es sich um ein altes dorisches Element,[4] an dem man in Lakonien und Messenien (Longá) offenbar länger und traditionsgetreuer festgehalten hat als anderswo. Das neugefundene Bronzeblech von Olympia weist in ein sehr viel höheres Alter als die Werkstücke vom Amyklaion. Etwa zur Zeit, als diese hergestellt wurden, gelangte das Bronzeblech von Olympia bereits, von der Holzsäule abmontiert, in den Boden.[5]

Die Rundung des neuen wie des bereits von Furtwängler abgebildeten Blattüberfalles läßt auf einen Durchmesser schließen, der zwischen 80 und 90 cm liegt (eine genauere Angabe empfiehlt sich vorerst nicht, da beide Stücke leichte Verbiegungen aufweisen). Zwischen 78 und 102 cm liegen die oberen Durchmesser der gefundenen steinernen Ersatzsäulen vom Heraion und gerade die älteren von ihnen haben die geringeren. Da in der Frühzeit das Heraion das einzige monumentale Bauwerk in Olympia war, mithin kein anderes Gebäude existierte, dem Säulen von nur annähernd gleichen Ausmaßen zugesprochen werden könnten, drängt sich die Schlußfolgerung auf, daß diese Bronzebeschläge in Form eines Blattüberfalles eben vom Heraion selber stammen. Das älteste Heraion wurde noch in der ersten Hälfte des 7. Jh. errichtet, das zweite Bauprojekt blieb offenbar unvollendet und wurde bald durch den Neubau mit der Ringhalle, Heraion III, abgelöst, eben jenen Bau, dessen Holzsäulen nach und nach durch steinerne ersetzt wurden (vgl. Alt-Olympia 201f.).[6] Zu diesem Bau, Heraion III, wäre auch der bronzene Blattüberfall zu zählen, als von einer Holzsäule stammend, die in spätarchaischer Zeit, wohl etwas mehr als ein Jahrhundert nach ihrer Errichtung, gegen eine steinerne ausgewechselt wurde. Hierzu würde passen, daß dieses und die früher schon gefundenen Bleche dieser Art sich vereinzelt an verschiedenen Stellen fanden, wie ja auch die Säulen einzeln zu verschiedenen Zeiten ausgewechselt wurden.

Das frühe Kultbild des Heraion stammt offenbar aus spartanischer Werkstatt,[7] das Dach war ebenfalls lakonisch eingedeckt,[8] dürfen wir den Sprung vom neugefundenen Bronzeblech zu den Kapitellen von Amyklai wagen und ist es zu kühn, für Heraion III überhaupt lakonische Werkmeister anzunehmen? Solche Vermutungen sind vielleicht verfrüht und weitere Funde mögen auf diese Fragen Antwort geben. Soviel aber darf jetzt schon ausgesprochen werden, daß wir die Hoffnung haben dürfen, über die alte Holzarchitektur von Olympia noch etwas zu erfahren, auch ohne daß vom Holz etwas erhalten ist. Die alte, von Dörpfeld am entschiedensten vertretene These, daß »die einzelnen Formen des dorischen Steinbaues ihre Abstammung aus dem Holz und dem daneben verwendeten Metall nicht verleugnen können«, findet durch das neue, auf den ersten Blick unscheinbar anmutende Fundstück von Olympia ihre erste originale Bestätigung.

1 Letzte Zusammenfassung: H. Sulze, AA. 1936, 14ff.; seitdem: Ἐφημ. 1936 Chronika S. 6 (Sparta); AA. 1938, 177 (Aigina).
2 Abb. 31 nach Athen Inst. Neg. Corfu 79.
3 Die neue Aufnahme Athen Inst. Neg. Olympia 905 zeigt das Blech in gereinigtem Zustand, wobei die Nagellöcher deutlicher sichtbar wurden; ihre Wiedergabe empfiehlt sich indessen nicht, da das Fundstück an beiden Schmalseiten durch die Reinigung offenbar gelitten hat.
4 Hier sei auch auf die lakonischen Reliefgefäße Dawkins, Orthia Taf. 11 f. verwiesen.
5 Die Fundangabe des von Furtwängler abgebildeten bronzenen Blattüberfalles lautet »Fundort Metroon tief«. Maße und Rundung stimmen mit dem neuen Fundstück soweit überein, als dies der handwerklichen Herstellung entspricht.
6 [Die Baugeschichte des Heraion hat sich durch die Forschungen von A. Mallwitz verschoben: JdI 81, 1966, 310ff.; vgl. R. Hampe, in: Tausend Jahre frühgriechische Kunst (1980) 63].
7 Vgl. E. Langlotz, Bildhauerschulen 92 f. V. H. Poulsen, Der strenge Stil 128 unbegründet.
8 Vgl. Dawkins, Orthia 118ff. H. Payne, Necrocorinthia 249, 1. [Dazu N. Yalouris, AM 87, 1972, 85ff. und R. Hampe hier Anm. 6].

Olympia-Funde (eine Auswahl)
1941

Noch keine 50 Jahre sind vergangen, daß die Olympischen Spiele im Jahre 1896 neu gegründet wurden. In dieser kurzen Zeitspanne wurde ihre Abhaltung bereits zweimal durch kriegerische Ereignisse unterbrochen. Länger als ein Jahrtausend haben die alten Olympischen Spiele bestanden, und während dieses langen Zeitraums sind die Heiligen Spiele nicht ein einziges Mal ausgefallen, und nur einmal hat Willkür eines Einzelnen in die ehrwürdige Überlieferung eingegriffen, als Kaiser Nero die Abhaltung der Spiele um zwei Jahre verschieben ließ, weil er in eitler Ruhmsucht selber an dem Wagenrennen teilzunehmen dachte.

Nichts kennzeichnet besser den Unterschied der modernen weltlichsportlichen von den alten heiligen panhellenischen Spielen, welche im Götterkultus ihre Wurzel hatten und diesen ursprünglichen Charakter niemals ganz verloren haben, selbst dann nicht, als in der Spätzeit, weit über den hellenischen Bereich hinaus, Schaulustige aus allen Teilen des Römischen Weltreiches sich dort versammelten.

Der Herr des olympischen Heiligtums war Zeus. Ihm vor allem opferten die Festgesandtschaften, legten die Kampfteilnehmer die olympische Eidesformel ab. Was an Weihgaben, Gebäuden, Geräten, Waffen gestiftet ward, wurde in seinem Namen geweiht, und zahllose Standbilder wurden ihm selbst errichtet: Nicht nur die Kultstatue im Tempel, auch im Freien waren Zeusstandbilder etwa aus dem Erlös der Kriegsbeuten oder der Bußgelder für Übertretung der Kampfgesetze errichtet.

Die neuen Grabungen in Olympia[1] haben die uns durch Überlieferung oder frühere Funde vertraute Vorstellung durch einen kostbaren Fund bereichert: Im Herbst 1938 kam im Stadionwall eine halblebensgroße, rund 1 m hohe, plastische Gruppe aus gebranntem und bemaltem Ton ans Tageslicht, wie wir in solcher Größe, Erhaltung und Farbigkeit vom mutterländisch griechischen Boden kein zweites Beispiel kennen (Abb. 34). Unweit des jetzigen Fundplatzes war vor 50 Jahren, im Herbst 1878, ein bärtiger Kopf gefunden worden (Taf. V), der Bruch auf Bruch auf die jetzt ausgegrabene Gestalt des Mannes paßte, der einen Knaben fest im Arme hält. Der bärtige Kopf

war seinerzeit bereits auf Zeus gedeutet worden, und diese Vermutung fand jetzt ihre glänzende Bestätigung durch die Auffindung der Gruppe, die niemand anderen darstellen kann als Zeus, der sich den schönen Ganymedes raubt.

Wie die erhaltene Basis lehrt, war die Gruppe einst nicht als Einzelbildwerk, sondern als Firstbekrönung auf dem Dache eines Gebäudes, eines Tempels oder Schatzhauses, aufgestellt, an einem Orte also, wo sonst gerne fliegende Wesen abgebildet wurden. Auch Zeus ist fliegend gedacht, denn er bringt ja den geraubten Knaben zum Olymp empor; da ihm aber keine Flügel oder Flügelschuhe zustehen, so hat der Maler am unteren Saum des roten Mantels einen Fries von Flügelpferden angebracht, um das Fliegende der Bewegung zu versinnbildlichen.

Der Hahn, den Ganymedes in der Hand hält, war einst durch bunte Farben noch hervorgehoben. Nicht nur äußerlich, auch inhaltlich ist er der Mittelpunkt der Gruppe. Er will nicht etwa zeigen, daß der Knabe beim Hahnenkampfspiel gerade überrascht wurde; der Hahn war vielmehr eines der typischen Liebesgeschenke, mit denen der Liebhaber um den Geliebten warb. Annahme des Geschenkes bedeutete Einwilligung in die Wünsche des Werbenden – und Ganymed scheint gar nicht ungern mitzukommen; sanft legte sich sein Kinderarm auf den kräftigen Arm des Mannes, während seine Locken auf des Gottes Schultern fallen. Auch das sonst so ernste Antlitz des Göttervaters scheint vergnügt und aufgeheitert die Empfindung auszudrücken: παιδοφιλεῖν δέ τι τερπνόν. Der Gott hätte in seiner Machtfülle der Werbung nicht bedurft. Aber die antiken Betrachter, deren Leben sich in typischen Formen abspielte, wollten auch beim Gotte das Herkömmliche nicht missen und wollten sich erinnern lassen an jenes bittersüße Spiel, das Sappho und Anakreon so leidenschaftlich besungen haben und das ein unbekannter Dichter der Theognissammlung im Sinne hat, wenn er sagt: »...Tausend Leidiges bringt es dir ein zu tausendem Schönen / Aber auch darin liegt, glaube mir, irgendein Reiz.«

◁ Abb. 34 Olympia, Museum. Terrakotta-Gruppe, Zeus raubt Ganymedes. Höhe 1,09 m. Um 470 v. Chr. Kopf des Zeus: Taf. V.

117

Sagengeschichtlich nimmt die Gruppe einen besonderen Platz ein. Während in der Frühzeit die Sage Ganymedes von den Göttern geraubt oder entrückt werden läßt, um deren Mundschenk zu werden, und während später, vom 4. Jahrhundert ab, Zeus seinen Adler schickt oder in Adlergestalt erscheint, zeigt diese Gruppe, welche gegen 470 geschaffen sein muß, den Kroniden, wie er den Knaben selbst entführt. Diese Stufe war uns bisher außer durch eine Andeutung in Pindars erstem olympischen Siegeslied dichterisch nur durch ein Zeugnis faßbar, welches der Plastik inhaltlich genau entspricht und wohl auch zeitlich nahesteht, ein Gedicht der Theognissammlung (1345 ff.), wo es heißt: Auch der König der Götter habe einst, von Liebe übermannt, den schönen Ganymed »geraubt und zum Olymp emporgetragen / der Gottheit Jugendblüte ihm verliehen« und wo der Dichter fortfährt, daß es drum kein Wunder sei, wenn ihm selber Ähnliches widerfahre. Was der antike Betrachter beim Anblick des einzigartigen Bildwerkes von Olympia gedacht und empfunden haben mag, das findet sich in diesen Versen ausgedrückt.

Es gibt Bildwerke, deren Wiedergeburt durch die Ausgrabungen man feiern sollte, wie die Geburtstage bedeutender Menschen. Zu ihnen gehört die neugefundene Gruppe, nicht nur weil sie kunst- und sagengeschichtlich so bedeutsam ist oder weil sie unsere Vorstellung von der Farbigkeit griechischer Plastik bereichert, sondern weil sie jener unklassizistischen Auffassung des Griechentums zum Durchbruch hilft, für welche einstmals Winckelmann, der die Ausgrabung Olympias forderte, aber nicht mehr selbst erleben durfte, als erster die Augen öffnete. Es war daher ein schöner Gedanke, gerade dieses Fundstück im 100. Winckelmannprogramm der Archäologischen Gesellschaft, in reich ausgestatteter und würdiger Veröffentlichung, gewissermaßen als Opfer für die Manen Winckelmanns darzubringen.

Nicht so bedeutend, aber merkwürdig genug ist der kleine, nur 9 cm hohe Mädchenkopf aus gebranntem und bemaltem Ton (Taf. VI), der im Frühjahr 1937 am nördlichen Stadionrand gefunden wurde – ein Kopf, der gewiß ebenfalls vom plastischen Schmuck eines kleineren Gebäudes, wohl eines Schatzhauses, stammt. Es war ein seltsamer Anblick, als die Lehmscholle aufbrach, das Köpfchen vor uns lag und uns anschaute, als sei es ein lebendiges Wesen. Als wir dann die

Oberfläche mit einem Holzstäbchen vorsichtig reinigten, wobei die feinen Wimpern noch zum Vorschein kamen, das Trockenloch an der Unterseite vom Lehm befreiten, den Finger hineinsteckten, dann das Köpfchen drehten und wendeten und über das unklassische Profil und das scheinbar Ungriechische des Ausdrucks fast erschraken, da wußten wir, daß die neue Grabung noch Überraschungen versprach.

Der unsymmetrische Aufbau des Gesichtes und die Halsdrehung ließen uns zuerst an eine hockende Sphinx denken, deren Körper im Profil gegeben, deren Kopf aber dem Beschauer zugewendet war. Doch sind auch andere Erklärungen möglich, etwa wie E. Langlotz vorschlägt, ihn einer Gruppe von Silen und Mänade zuzusprechen, wofür es auch in Olympia Entsprechungen gäbe.

Die kunstgeschichtliche Einordnung der Zeusgruppe und des Köpfchens steht noch nicht fest. Es bedarf erst einer Weile, ehe das Auge mit dem Neuartigen vertraut wird, das solche Funde überraschend bringen. Das Köpfchen hat gewisse Entsprechungen in der chalkidischen und klazomenischen Keramik; noch näher aber steht es den Erzeugnissen von Werkstätten, die, aus Ostjonien ausgewandert, sich in manchen Gegenden des hellenisierten Mittelmeergebietes niederließen. Für die Zeusgruppe scheinen aber die weiteren Grabungen gewisse Aufschlüsse gebracht zu haben, deren Veröffentlichung erst abzuwarten ist.

Die Unsicherheit der Zuweisung ließe sich vielleicht durch ein genaues Studium der Beschaffenheit des Tones klären, wenn wir nur wüßten, wie jene Keramiker arbeiteten: ob in der Heimat in festen Werkstätten, oder ob sie herumzogen (unter Mitnahme heimischer Tonerde oder Gebrauch der jeweils vorkommenden?) und fahrende Werkleute waren, wie wir es etwa von den Baumeistern, den Steinmetzen und den Erzgießern wissen.

Wie bei den früheren Grabungen in Olympia waren auch jetzt wieder die Bronzefunde am zahlreichsten vertreten. Statuetten und figürliche Attaschen, Waffen, Geräte und Gefäße und eine ganze Anzahl großer bronzener Beschlagbleche von getriebener Arbeit und mit Gravierungen reich verziert. Dünnwandig, durch langes Lagern in der Erde empfindlich geworden und z. T. von außerordentlicher Größe, stellten sie die Grabung vor besondere Aufgaben: solang das Blech noch in der

Abb. 35   Olympia, Museum. Bronzenes Beschlagblech, Schlange überfällt Steinbock.

Erde lag, die Oberfläche sorgfältig reinigen, mit der Lötlampe vorwärmen, mit flüssigem Bienenwachs fingerdick zuschmelzen, nach dem Erkalten dann das Fundstück heben, mit der Rückseite auf Gips legen, von der Ansichtsseite wieder das Wachs abschmelzen – das war, kurz umrissen, das Verfahren, welches in der Frühjahrsgrabung 1937 zum ersten Male ausgebildet und seitdem erfolgreich angewendet wurde. Die Bleche waren einst mit Bronzestiften auf Holz genagelt, wie Holzfasern an der Rückseite noch erkennen ließen. Die Beschaffenheit und Größe mancher Stücke läßt daran denken, daß es sich dabei um Metallbeschläge der frühen Holzarchitektur Olympias handeln könne.

Das große, 35 cm breite Blech (Abb. 35) zeigt ein eigenartiges Motiv, wie wir es aus den Tierkampfdarstellungen bisher nicht kannten: eine riesenhafte Schlange, die über einen Steinbock herfällt, um ihn mitten durchzubeißen. Der angstvolle Blick des Steinbocks und die blutgierigen Augen des Untiers waren einst durch eingelegte Füllungen hervorgehoben und wohl noch deutlicher unterschieden, wie ja auch die Sprache der Frühzeit für die verschiedenen Arten des Blickens so mannigfaltige Abwandlungen kennt. Ursprünglich glaubten wir, daß nach unten hin noch mehrere Schlangenwindungen anzunehmen seien, der Steinbock also im Schlangenrachen schwebte, doch hat die Reinigung des Bleches unter der Brust des Steinbocks offenbar das sich hochbäumende Ende des Schlangenschwanzes sichtbar werden lassen. Damit könnte man auf ein annähernd quadratisches Bildfeld kommen – ob nach unten weitere Bildfelder anschlossen, muß offen bleiben. Die Wiedergabe des Steinbocks und die drei Rosetten über den Figuren erinnern an die archaisch-rhodischen Vasenbilder, die sich freilich an Feinheit und Reichtum mit solchen edleren Metallarbeiten nicht immer messen können.

Wie staunten wir, als wir das große Reliefblech (Abb. 37. 36) von der schützenden Wachsschicht wieder befreiten und nun das kleine Lebewesen unter dem Leib des großen Greifen immer deutlicher zum Vorschein kam. Wir hatten zunächst dort eher ein erlegtes Wild, etwa einen Hasen, vermutet. Nun entpuppte sich aber nach und nach ein richtiges kleines Greifenjunges. Vergeblich sahen wir uns nach irgendwelchen Parallelen um. Erst später wurden wir auf eine verwandte Darstellung des Mittelalters hingewiesen, ein Drachenpaar mit seinen Jungen, welches den Fußboden des Florentiner Baptisteriums schmückt (Abb. 38). Dort ist die Gruppe musterartig starr verwendet und wappenmäßig aufgebaut. Die Greifenmutter dagegen ist voll unerhörtem, urempfundenem Leben. Wie der kleine Greifenschnabel an der großen Löwenzitze saugt, sich das auszumalen, war allein der griechischen Phantasie vergönnt. Diese Gruppe ist mehr als ein Idyll des säugenden Muttertieres, wie es die Kunst der ägäischen Frühzeit bereits kannte; nicht nur als Fabelwesen weist die Greifin über die Darstellung selbst hinaus: drohend hat sie die Tatze erhoben und den scharfen Schnabel aufgesperrt, liegt auf der Lauer, um ihren Greifensäugling vor drohender Gefahr zu schützen. Es ist die Welt der home-

Abb. 36   Olympia, Museum. Bronzenes Beschlagblech, Greifin mit Jungem.

Abb. 37　Beschlagblech Abb. 36. Zeichnung von R. Hampe.

Abb. 38 Florenz, Baptisterium. Fußboden.

rischen Gleichnisse, in der die Vorstellung der Handwerksmeister wurzelt, die solch ein Bild erschaffen konnten. Ob nun das Blech, welches in ein quadratisches Feld von 80 cm Seitenlänge paßt, einst der Beschlag einer hölzernen Türfüllung oder einer Metope oder wessen auch immer war, jedenfalls darf man wohl der Greifin gegenüber, auf dem nächsten Feld, den Greifenvater mit ähnlicher Abwehrgebärde vermuten.

Das Greifenblech wird etwa um 600 vor Christi entstanden sein. Rund 50 Jahre älter ist der große, fast 28 cm hohe, plastische Greifen-

Abb. 39 Olympia, Museum. Großer, gegossener Greifenkopf von einem Kessel.
Um 650 v. Chr.

kopf (Abb. 39), der einstmals einem Bronzekessel als Verzierung diente. Nach orientalischen, abgeleiteten und routinierten Vorbildern hergestellt, wurde unter der Hand des griechischen Meisters ein ganz eigenes, scharf umrissenes, von Leben und von Spannungen erfülltes, urgriechisches Gebilde. Greifenkopf (Abb. 39) und Greifin (Abb. 37) bezeichnen zwei Entwicklungsstufen in der bildenden Kunst, die in der Dichtung durch Namen wie Archilochos und Sappho umschrieben werden können. Sie sind somit bedeutende Denkmäler einer Zeit, in welcher eine der tiefsten Wandlungen des menschlichen Denkens und Empfindens sich vollzogen hat.

1 Die neuen Grabungen in Olympia haben im Herbst 1936 wieder eingesetzt. An Grabungsberichten wurde bisher im Jahrbuch des Deutschen Archäolog. Institutes veröffentlicht:
I. Bericht: A. v. Gerkan, Die vorbereitende Grabung im Herbst 1936. R. Hampe u. U. Jantzen, Die Grabung im Frühjahr 1937.
II. Bericht: E. Kunze und H. Schleif, Die Ausgrabungen im Winter 1937/38.
Vgl. ferner: Antike XIV, 243 ff.; XV, 19 ff. (R. Hampe). 100. Berliner Winckelmannsprogramm (E. Kunze). [Da der Kopf des Ganymedes inzwischen gefunden wurde, ist die Gruppe hier nach den Aufnahmen von M. Hirmer abgebildet.]

OLYMPIA-FUNDE
1942

Mit dem Wettlauf begannen alle vier Jahre die Heiligen Spiele, nach den Siegern im Wettlauf wurden die Olympiaden benannt, denn der Wettlauf war die älteste Kampfart in Olympia. Als die Spiele 776 v. Chr. offiziell gegründet wurden, gab es nur den einfachen Stadionlauf. Allmählich traten weitere Laufarten hinzu, der Doppelstrecken- und der Langstreckenlauf, dann auch andere Kampfarten, der Fünfkampf und der Ringkampf, der Faustkampf, und erst rund 100 Jahre nach der Gründung, 680 v. Chr., wurde zum erstenmal das Wettrennen mit dem Viergespanne ausgewachsener Pferde ausgetragen, welches von da an den glanzvollen Höhepunkt der Spiele bildete.

Wer in Olympia siegte, hat in der Regel dem Olympischen Zeus zum Danke ein Geschenk geweiht: die Sportgeräte selber, etwa die Wurfscheibe oder die Sprunggewichte, oder plastische Wiedergaben von Wettkämpfern, die je nach ihrer Größe in Schatzhäusern aufbewahrt oder im Freien als Standbilder errichtet wurden. Die Größe aber richtete sich nach Vermögen und Umständen, je nach dem Werte, den der Einzelne oder die Sippe, Fürstengeschlecht oder Staatswesen dem Siege beimaß, oder nach der Gelegenheit, die etwa einer der Tyrannen nutzte, um durch verschwenderischen Aufwand sein Ansehen zu festigen oder noch zu steigern.

Von den zahlreichen Bildwerken dieser Art war uns bisher fast nichts bekannt; wir waren angewiesen auf die Beschreibung des Pausanias und auf geringe Bruchstücke, die in den früheren Grabungen gefunden waren. Drum ist es ein besonderer Glücksfall, wenn nun die neuen Grabungen zwei Bildwerke zutage förderten, die uns eine lebendige Vorstellung von dem Verlorenen vermitteln können. Es sind zwei Bronzestatuetten, die schon frühzeitig bei Umgestaltungen des Heiligtumes unter den Boden gekommen und so dem Schicksal der anderen Bildwerke, Kunstraub, Zerstörung, Wiedereinschmelzung, entgangen waren: Ein startender Wettläufer[1] (Abb. 40) und ein Pferd von einem Viergespann[2] (Abb. 41 und 42).

Die Höhe des Wettläufers beträgt mit der Basis rund 10 cm; das Pferd steht mit fast 30 cm Höhe von der Standfläche bis zum Kamm

Abb. 40 Olympia, Museum. Bronzestatuette, startender Wettläufer. Höhe 10,2 cm.
500/490 v. Chr.

der Mähne an der Schwelle zur großen Plastik. Der Technik nach gehören beide der Kleinplastik an, denn beide sind massiv gegossen.

Die Stellung des Startenden ist uns von anderen Darstellungen, vor allem von den Vasenbildern bekannt. Man startete damals nicht wie

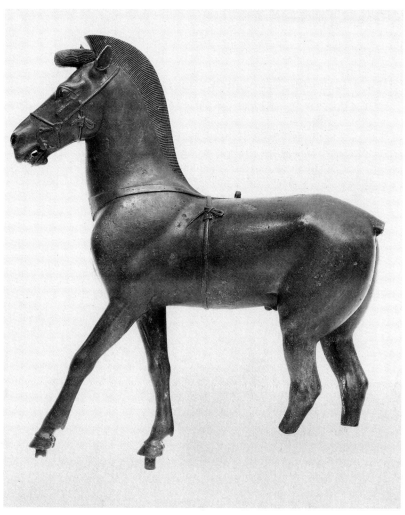

Abb. 41   Athen, Nationalmuseum, aus Olympia. Bronzestatuette, Pferd von einem Viergespann. Höhe 28 cm. Um 470 v. Chr.

heute, tief in die Knie gehend, sondern aufrecht stehend, mit den Zehen in die Rillen der Ablaufschwellen eingekrallt, während die vorgestreckten Arme das Gewicht schon möglichst weit nach vorn verlagerten. Als Weihgabe gibt sich die Statuette zu erkennen, indem

sie durch die Inschrift auf dem Schenkel »des Zeus bin ich« von sich selber sagt. Aber auch der Stifter mußte mit Namen und Heimat und Anlaß der Weihung genannt sein, und dies stand wohl auf der (nicht erhaltenen) steinernen Basis, in die das Bronzebildwerk eingeschlossen war.

Daß das Pferd kein Reitpferd ist, ergibt sich aus dem Zaumzeug, das wir hier in sorgfältiger und genauer Wiedergabe kennen lernen; Bauchgurt mit Knoten und Sitz der Ringöse zum Durchziehen der Zügel lassen das vom Lenker aus linke Leinenpferd eines Viergespannes einwandfrei erschließen. Damit stimmt auch das leichte Auswärtsdrehen des Kopfes überein; denn Jahrhunderte hindurch hat die Bildkunst zäh dies gleiche Schema festgehalten: Die Jochpferde mit den Köpfen leicht nach innen, die Leinenpferde entsprechend nach außen gewandt. Die Künstler haben diese Abwechslung für sich verwertet, die Vasenmaler häufig übertrieben, die Wurzel dafür aber ist im Praktischen, in der Fahrtechnik zu suchen: Von den vier Pferden sollten zwei im Rechts- und zwei im Linksgalopp anspringen, ein Schleudern des Wagens so vermieden werden. Zugleich wurden so die Jochpferde mit der Hinterhand leicht nach außen, von der Deichsel weg, getrieben, um dort nicht zu scheuern, die Leinenpferde umgekehrt mit der Hinterhand nach innen gedrängt, um nicht Travers zu laufen. Nach diesem Schema müssen wir uns auch das neugefundene Pferd zu einem Viergespann ergänzen, das seiner Kleinheit wegen wohl am ehesten von einem Pfeilerdenkmal stammt, wie sie Pausanias mehrfach überliefert. Die Zeichnung (Abb. 43), die F. Krischen in liebenswürdiger Weise angefertigt hat, versucht eine ungefähre Vorstellung davon zu geben, wie dieses kleine Denkmal einst auf seinem Pfeiler stand.

Ist bei dem Viergespann, ähnlich wie bei dem Startenden, ein bestimmter Augenblick des Kampfes festgehalten? Man hat dies angenommen und den ruhigen Paßgang des Pferdes nicht als Bewegung, sondern »als Ausdruck höchster, erregter Bewegungsbereitschaft«, als »Moment unmittelbar vor dem Start« aufgefaßt. Schwerlich wird man einer so gezwungenen Deutung zustimmen wollen, zumal sie mit dem,

◁ Abb. 42 Detail des Bronzepferdes Abb. 41.

Abb. 43 Versuch einer Wiederherstellung des Viergespanns, zu dem Abb. 41 gehörte.
Zeichnung von F. Krischen.

was wir über den Start der Viergespanne in Olympia wissen, nicht in Einklang steht. Pausanias beschreibt die Startvorrichtung, die zu seiner Zeit bestand. Wenn es auch nicht leicht ist, aus seinen Worten eine eindeutige Vorstellung zu gewinnen, so ist doch so viel deutlich: die Anordnung der Boxen in Form eines Schiffsbugs hatte den Zweck, einen möglichst ruhigen und gleichmäßigen Aufmarsch der Gespanne zu ermöglichen. Zu beiden Seiten fuhren die hintersten Gespanne zuerst an, bis sie auf die Höhe der nächstvorderen Boxen kamen, nun fuhren auch diese an, nachdem das Absperrseil gefallen war,[3] und so ging es weiter, bis alle Gespanne sich vorne an der Spitze des Dreiecks in einer Linie bewegten; »erst von da ab zeigte sich die Geschicklichkeit der Fahrer und die Schnelligkeit der Pferde«, d.h. in diesem Augenblick gingen die Pferde aus dem Schritt in den Galopp über. Die kunstvolle Einrichtung, auf deren Erfindung ein Kleoitas stolz war, mag in der Frühzeit noch nicht bestanden haben; dann aber stellte sie die Verbesserung einer älteren, zwar einfacheren, aber im Prinzip gleichen Ablaufweise dar. Nicht ein Augenblick gespannten und erregten Wartens war demnach der Start beim Wagenrennen, sondern eine ganze Weile in versammelter Bewegung, wo der Lenker seine Pferde fest in der Hand behalten mußte, um nicht vorzuprellen – diese versammelte Bewegung scheint uns in dem Pferde aus Olympia festgehalten.

Die zeitliche und kunstgeschichtliche Einordnung beider Werke ist nicht einfach. Beim Läufer kann man zwischen 490 und 470, beim Pferde etwa 480 und 460 schwanken, denn beide verbinden Altertümliches, wie die Haarstilisierung, mit Fortschrittlichem, wie dem entwickelten Körpergefühl. Für beide Plastiken wurde unabhängig voneinander argivischer Ursprung angenommen, was bei dem Läufer durch den Schriftcharakter noch bekräftigt wird. Die kurzen Beine, die gedrungenen, etwas völligen Körper, der starke Hals sind Züge, die als Eigentümlichkeiten beider Werke in die Augen fallen. Was zu dem Pferd gesagt wurde, »feste Körperlichkeit, klarer tektonischer Aufbau, strenge Führung der Konturen, herber sachlicher Vortrag der Formen«, gilt ebenso für den Startenden; beide Werke unterscheiden sich hierin von der »sehnig straffen, spannkräftigen Bildung« äginetischer Plastik, wie wir sie von den Giebeln des Aphaiatempels kennen.

Durch einen glücklichen Papyrusfund sind wir über die olympischen Siegerlisten dieses Zeitraums unterrichtet. Dort erfahren wir von einem siegreichen argivischen Wettläufer und von einem Wagensieg der Stadtgemeinde Argos. Ist das zufälliges Zusammentreffen? Oder hat etwa der Läufer Dandis, der 476 im Doppellauf, 472 im einfachen Lauf der Männer siegte, für seinen ersten Sieg dies kleine Bronzebild gestiftet? Hat die Stadt Argos etwa für ihren Sieg im Jahre 472 das bronzene Viergespann aufstellen lassen? Wir kommen vorerst über Vermutungen nicht hinaus.

Gern wüßten wir, wie kostbar eine solche Gabe war. Pausanias berichtet von einem kleinen bronzenen Gespann, das eine Königin von Sparta für einen Sieg im Wagenrennen weihte. War demnach ein derartiges Gespann ein königliches Geschenk, so brauchte sich eine Stadt wie Argos nicht zu schämen, mithin auch ein Wettläufer nicht, wenn er eine kleine Bronzestatuette weihte. Anders war es bei den neu emporgekommenen Tyrannen; sie suchten durch prächtigen Aufwand zu ersetzen, was ihnen an Gesetzlichkeit und Überlieferung fehlte. Angestammte Fürstenhäuser oder Stadtgemeinden brauchten nicht so aufzutrumpfen. Niemand bezweifelte ihr Alter und ihr Ansehen. In ihrer langen Geschichte war ein olympischer Sieg nur eines unter vielen Ruhmesblättern. Für eine neu gegründete Tyrannis aber waren Siege in den panhellenischen Spielen erst die Begründung ihres Ruhmes, mithin alles. Verschwenderischer Reichtum wurde aufgeboten, um den eigenen Ruhm im Denkmal zu verherrlichen. Gewöhnliche Sterbliche und staatliche Körperschaften werden in der Regel sparsamer verfahren sein, werden oft bescheidenere Denkmäler gestiftet haben von der Art, wie sie die beiden neugefundenen Bronzewerke uns vor Augen führen.

1 Der Wettläufer wurde im Herbst 1936 unter der Aufsicht von H. Riemann ausgegraben, im Olympiabericht I, 22 f. (A. v. Gerkan) erstmalig veröffentlicht, nach der Reinigung im Bericht II, 77 ff. Taf. 23 f., ferner Antike 1939, 46 f. (R. Hampe) erneut abgebildet und eingehend besprochen.
2 Das Pferd, im Winter 1938/39 gefunden, wurde von E. Kunze, Bericht III, 133 f. Taf. 59–64 veröffentlicht.
3 Dies Seil, das vor den Pferden auf den Boden fiel, hat neueren Erklärern Schwierigkeiten bereitet. War es denn nicht hinderlich, mußte es nicht fortgezogen werden? Wer einmal das Pallio in Siena miterlebt hat, wo solch ein Seil geradeso zu Boden fällt, weiß, daß es für die Pferde nicht das mindeste Hindernis bedeutet.

KAPITEL 4

Interpretationen antiker Bildwerke

Kretische Mitra in Olympia[1] – Fundlücken in der Darstellung des Alexandros[2]
1981

I.

Rechts sitzt auf reichverziertem Lehnstuhl, über dessen Sitz und Lehne eine kostbare Decke gebreitet ist, eine Frau, deren reiches Haar lang im Rücken herabfällt (Abb. 44). Sie zieht einen mit laufenden Tieren (Hunden, die Hasen jagen) geschmückten Schleier mit der Geste der Aidos vor sich. Vor ihr hängt ein kleiner Tierbalg (Bartels), der mit Duftöl gefüllt zu denken ist und andeuten soll, daß die Szene sich in einem »wohlduftenden Gemach« abspielt (Hampe). Auf die Thronende schreitet ein unbärtiger Mann mit langen Haaren zu, der eine eigentümliche Kopfbedeckung trägt, die oben in einem Löwenkopf endet. Der Jüngling faßt mit der Linken an einen Gegenstand, wohl die Schwertscheide, deren Schmalheit auch auf anderen kretischen Darstellungen bezeugt ist (Fittschen, 187 Anm. 886); die andere Hand faßte wohl an den Schwertknauf. – Die linke Hälfte der Mitra ist nicht erhalten.

Bartels und Fittschen deuteten die Szene auf Orestes, der seine Mutter Klytaimestra mit dem Tod bedroht. Aber warum sollte gerade sie und warum thronend bedroht werden und nicht der Mörder seines Vaters, Aigisthos, dessen Schandtat vom frühen Epos immer wieder hervorgehoben wird? Warum ist das Schwert nicht wie sonst bei Bedrohungen dieser Art blank gezogen? Die Ermordung der thronenden Klytaimestra hat in der frühen Bildkunst keine Parallele. – Schefold und Walter-Karydi dachten an Menelaos, der nach der Einnahme von Ilion seine untreue Gemahlin wiederfindet, sie töten will, aber angesichts ihrer Schönheit seine Waffe sinken läßt. Doch wäre in der Ikonographie dieser Szene eine thronende Helena ungewöhnlich, ein unbärtiger Menelaos aber unmöglich. – Richtig aber ist die Deutung auf Helena. Der Duftbeutel vor ihr erinnert an Hom. Od. 4, 121. Unrichtig aber ist der Hinweis auf Od. 15, 99 (Walter-Karydi), denn dort, wie an zwei fast gleichlautenden Stellen (Od. 2, 337–340 und Il. 6, 288–291), handelt es sich jeweils um eine Schatz- und Vorratskammer, die von Aroma des wohlriechenden Öles oder der Holztruhen erfüllt ist. Man steigt in diese Kammern hinab (jeweils κατεβήσατο).

Wohl aber fordert die Mitra zum Vergleich heraus mit Od. 4, 123, wo eine Dienerin κλισίην εὔτυκτον hinstellt, eine andere eine Decke aus weicher Wolle bringt (124), um sie über den Lehnstuhl zu breiten, auf den »Helena sich setzt, einen Schemel für die Füße darunter« (136). So sitzt Helena »mit den schönen Haaren« (Od. 15, 58) hier im wohl-

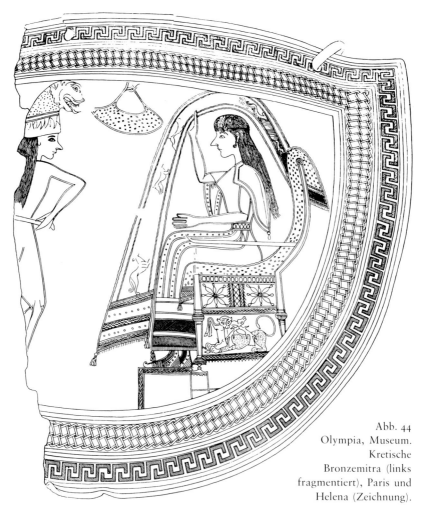

Abb. 44
Olympia, Museum.
Kretische
Bronzemitra (links
fragmentiert), Paris und
Helena (Zeichnung).

duftenden Gemach. Ihr gegenüber ist nicht eine stehende (Walter-Karydi) Aphrodite anzunehmen, sondern eine sitzende; denn kretische Mitren sind axialsymmetrisch komponiert. Platzmangel ist nur vorhanden, wenn man die linke Hälfte der Mitra zu kurz ergänzt, wie dies bei der Ergänzung Fittschen, Abb. 17 der Fall ist.

Der ungewöhnliche Löwenkopfhelm, der wohl der Phantasie des kretischen Künstlers entsprungen ist, soll vielleicht den fremdländischen Prinzen kennzeichnen, eben Alexandros-Paris, wie er mit Aphrodites Hilfe die Gunst der Helena gewinnt. Der Heros auf der Bronzemitra von Olympia ist so bewegt, daß er mit den Zehen des vorderen Fußes den Boden eben berührte. Das andere (nicht erhaltene) Bein war vermutlich nach hinten oben abgewinkelt, wie bei den Tänzern auf der kretischen Mitra von Rethymnon (Hoffmann, a. O., 37 Taf. 46, 1). Homer schildert Il. 3, 393, daß Alexandros so aussehe, wie einer, der zum Tanze geht, und Polygnot hat ihn in der Unterwelt als Tänzer dargestellt (Paus. 10, 31, 8), dazu B. Schweitzer, »Der Paris des Polygnot«.[3] Alexandros führt auf der Mitra, so darf vermutet werden, vor den beiden sitzenden Frauen einen Waffentanz auf.

II.

Unter den erhaltenen Denkmälern mit Darstellung des Alexandros gibt es einige Einzelstücke, die nicht in einer festen Bildtradition stehen und auch keine solche begründet haben, sondern individuell erfunden wurden. Daneben gibt es Themen, bei denen schon sehr früh eine Bildtradition geschaffen wurde – etwa beim Parisurteil – die dann für lange Zeit kontinuierlich durchläuft. Schließlich gibt es solche Motive – etwa bei der Entführung der Helena zu Schiff – die in der Frühzeit vereinzelt begegnen und dann erst nach vielen Jahrhunderten mit den gleichen ikonographischen Grundzügen wieder auftauchen. Bei diesen letzten muß mit Fundlücken gerechnet werden.

Der erhaltene Bestand unserer Alexandros-Denkmäler setzt sich zumeist aus keramischen Zeugnissen zusammen, die praktisch unverwüstlich waren. Die Fundlücken dürften von solchen Gattungen herrühren, die aus vergänglichem Material bestanden. Da ist etwa zu denken an:

a) Toreutische Werke aus Gold und vor allem Silber sowie aus Bronze.[4] An keinem Ort läßt sich eine lückenlose Reihe toreutischer

Werke durch die Jahrhunderte aufstellen, wie dies bei der Keramik möglich ist. Metallgegenstände fielen in Tempeln und Gräbern Metallräubern zum Opfer und wurden in Krisenzeiten vielfach eingeschmolzen. Antike Nachrichten über toreutische Arbeiten sind spärlich[5] oder einseitig.

b) Noch vergänglicher als die getriebenen und ziselierten Metallbleche waren die gewebten und bestickten Tücher und Gewänder. Eine zusammenfassende neuere Arbeit fehlt.[6] Homer läßt Helena »die Kämpfe der rossezähmenden Troer und erzgewappneten Achäer« in ein großes Gewand einweben (Ilias 3, 125–127). Bei dieser Kunst werden die sidonischen Weberinnen mitgewirkt haben, die Alexandros aus Sidon mitgebracht hatte (Ilias 6, 289–292). Solche orientalischen Gewebe, βαρβάρων ὑφάσματα, beschreibt der Diener in Euripides, Ion 1141–1162. Das eine zeigte den gestirnten Himmel mit Helios und Nyx, Sternbildern, Hesperos und Eos; das andere Kriegsschiffe, Mischwesen und berittene, wilde Jagden auf Hirsche und Löwen.

Solche Gewebe waren keine dichterischen Erfindungen. Die echten orientalischen Gewebe sowie die von den ionischen Griechen – vor allem in Milet – in der gleichen Technik hergestellten, wurden in den Westen exportiert und waren dort sehr geschätzt. Ein berühmt gewordenes Beispiel ist der »Mantel des Alkisthenes«, der im Tempel der Hera Lakinia in Sybaris ausgestellt war.[7] Er war ca. 6,60 m lang und zeigte außer den Städten Susa und Persepolis, sowie am Rande Sybaris, in der Mitte sechs Götter: Zeus, Hera, Themis, Athena, Apollon, Aphrodite. Aus dem Beisein der Themis schloß man, daß hier der Anfang der Kyprien dargestellt war.

Es muß viele Gewebe dieser Art mit figürlichen Verzierungen gegeben haben. So wurde alle vier Jahre der Peplos der Athena auf der Akropolis von Athen mit Darstellungen des Kampfes der Götter gegen die Giganten neu gewoben.[8] Aus dem 4. Jahrhundert v. Chr. stammen die kostbaren Reste eines Parapetasma aus dem Kubangebiet, das mit mythischen Szenen geschmückt war: Iolaos, Athenaie, Eris, Nike, Iokaste, Aktaie, Hippomedon, Mopsos und andere, alle inschriftlich benannt. Die Figuren waren auf den Stoff aufgemalt, der über den Sarkophag eines Kriegers gebreitet war.[9]

Für die hellenistische Epoche stehe hier der Mantel der Despoina von Lykosura, von dem mehrere Bruchstücke gefunden wurden.[10] Der

Künstler, Damophon von Messene, hat in flachem Marmorrelief eine Reihe von Figuren darauf angebracht, Niken mit Thymiaterien, Seegottheiten, Tiere in menschlichen Gewändern, die einen Tanz aufführen. Es ist anzunehmen, daß hier ein tatsächlicher Schleier in Stein umgesetzt wurde. Noch auf dem spätantiken Wandbehang mit Darstellung von Meleager und Atalante in der Abegg-Stiftung finden sich frühbyzantinische Elemente mit solchen der zweiten Hälfte des 5. Jahrhunderts v. Chr., etwa dem Hermeskopf, vereinigt.[11]

Widerspiegelungen figürlich verzierter Gewebe finden sich mehrfach in der Bildkunst. So etwa aus dem 7. Jahrhundert v. Chr. auf dem Schleier der Helena auf der kretischen Mitra in Olympia (Abb. 44); oder auf dem Gewand der Göttin auf dem Tonrelief Neapel-Francavilla.[12] Aus dem 6. Jahrhundert sind allbekannt die figürlichen Gewänder auf Gefäßen des Sophilos und des Klitias.[13] Aus dem Reichen Stil seien genannt: Kelchkrater des Kekropsmalers in Adolphseck (Gewand des Kekrops); Volutenkratere des Pronomos- und des Talosmalers.[14] Aus dem 4. und 3. Jahrhundert v. Chr. stehe hier die Cista Barberini (Gewand der Aphrodite) und eine Porträtfigur der Tomba François aus Vulci.[15]

c) Gegenstände aus Elfenbein, Bein und Holz sind nur ausnahmsweise bei besonders günstigen Fundlagen zutage gekommen, oder, soweit es die Spätantike angeht, durch Aufbewahrung in Kirchenschätzen.

d) Seit dem Hellenismus ist auch mit Textillustrationen zu rechnen.[16]

1 Fragmentiert, Bronze. Olympia B 4900, aus dem Stadion. 3. Viertel des 7. Jahrhunderts v.Chr. – H. Bartels, Olympiabericht VIII (1967) 198–205 Nr. 5 Abb. 74 Taf. 102–105; K. Schefold, Frühgriechische Sagenbilder (1964) 45; R. Hampe, Kretische Löwenschale des 7. Jh. v.Chr.(1969) 24 [hier S. 63]; K. Fittschen, Untersuchungen zum Beginn der Sagendarstellungen bei den Griechen (1969) 187. 191 SB 107 Abb. 17 (zeichnerische Ergänzung); H. Hoffmann, Early Cretan Armorers (1972) 26 Taf. 46, 2. 47, 2; vgl. H. Brandenburg, Studien zur Mitra (1966) 25 Anm. 41–42; E. Walter-Karydi, KretChron 22, 1970, 316–321 Taf. 80.
2 [Dieser Abschnitt fiel bei der Drucklegung des Artikels weg und wird hier nach dem Manuskript wiedergegeben.]
3 Hermes 71, 1936, 288–294 = Ausgewählte Schriften II 58–65, bes. 61.
4 EAA VII (1966) 919–948 s.v. Toreutica (E. Simon).

5 Zusammenstellung bei J. Overbeck, Die antiken Schriftquellen zur Geschichte der bildenden Künste bei den Griechen (1868) Nr. 263–305; 2167–2205.
6 Vgl. A. Alföldi, Gewaltherrscher und Theaterkönig. Studies in Honor of A. M. Friend (1955) 15–55; R. D. Barnett, Studies presented to H. Goldman (1956) 212–238, bes. 234; J. Heurgon, Gnomon 37, 1965, 838; ders., Sur le manteau d'Alkisthène. Mélanges à K. Michałowski (1966) 445–450; L. Heuzey, Histoire du costume antique (1922); P. Jacobsthal, A Sybarite Himation, JHS 58, 1938, 205–216; F. v. Lorentz, Βαρβάρων ὑφάσματα, RM 52, 1937, 165–222, bes. 199. 204–212; G. Vallet, Rhegion et Zancle, histoire, commerce et civilisation (1958) 177–179.
7 Dazu Jacobsthal und Heurgon (vorige Anmerkung).
8 Älteste Erwähnungen: Aristophanes, Ritter 565–566 (aufgeführt 424 v. Chr.); Euripides, Hekabe 466–474 (aufgeführt 423 v. Chr.).
9 L. Stephani, CRPétersb 1878/79, 120–130 Taf. 4; D. Gerziger, Eine Decke aus dem sechsten Grab der »Sieben Brüder«, AntK 19, 1975, 51–55 Taf. 21–24.
10 EAA II (1959) 999–1000 s. v. Damophon Abb. 1255; A. J. B. Wace, AJA 38, 1934, 107–111 Taf. 10; vgl. Nilsson, GrRel I² (1955) Taf. 31, 2.
11 E. Simon, Meleager und Atalante (1970).
12 Rekonstruktion bei P. Zancani-Montuoro, AttiMGrecia N. S. 11/12, 1970/71, 68 Abb. 1.
13 P. Colafranceschi Cecchetti, Decorazione dei costumi nei vasi attici a figure nere. StudMisc 19, 1971/73 passim; G. Bakir, Sophilos. Heidelberger Akademie der Wissenschaften, Keramikforschungen IV (1981) Taf. 1–3. 35, 3.
14 E. Simon/M. u. A. Hirmer, Die griechischen Vasen (1976) Taf. 227. 229. 230.
15 T. Dohrn, RM 80, 1973, 25–26 Taf. 1, 3; L. Bonfante, Etruscan Dress (1975) Abb. 135; Jacobsthal a. O. (Anm. 6) 207 Abb. 1.
16 K. Weitzmann, Ancient Book Illustration (1959); S. Charitonides/L. Kahil/R. Ginouvès, Les Mosaïques de la Maison du Ménandre à Mytilène. AntK Beiheft 6 (1970) 102–105.

Bruchstück eines attischen Grabpfeilers
1978

Erhalten ist von dem Grabpfeiler, der 1873 beim Friedhof am Töpferviertel (Kerameikos) gefunden wurde (Abb. 45), nur ein Ausschnitt: Die linke Hand eines Athleten hält einen Diskos so, daß er hinter dem im Profil gezeigten Kopf steht. Dem Jüngling fällt das Haar, das in waagrechten Zonen gegliedert und vor dem Ende zusammengeschnürt ist, in den Nacken. Vom Ohr ist nur das langgestreckte Ohrläppchen erhalten. Die mandelförmigen Augen blickten einstmals noch lebendiger; denn mindestens die Augen und die Haare waren bunt bemalt sowie die Lippen. Der Mund scheint zu lächeln. Aber

Abb. 45 Athen, Nationalmuseum. Grabpfeiler eines Diskosträgers. Marmor. Höhe des Erhaltenen 34 cm. Um 560 v. Chr.

damit ist kein momentanes Lächeln gemeint, sondern eine merkwürdige Verbindung von Daseinsfreude des Lebenden und Verklärtheit des Verstorbenen. So ist auch mit dem Diskostragen kein bestimmter Augenblick festgehalten, etwa das Antreten zum Wettkampf. Es deutet an, daß der Verstorbene der vornehmen Jugend angehörte, die Mühen und Aufwand nicht scheute, um athletische Siege zu erringen. Der Diskoswurf wurde im Rahmen des Fünfkampfes durchgeführt.

Der Grabpfeiler endete oben in einem Kapitell, das von einer Sphinx (oder einer Palmette) bekrönt war. Unten war er in eine Basis eingelassen, die mindestens den Namen des Verstorbenen trug, vielleicht auch den Namen seines Vaters. Möglicherweise hatte auch der Künstler dieses erlesene Werk signiert.

Zu den Panathenäischen Amphoren

Mainz, 6. VI. 1957.

Lieber Herr Davison!

Ich habe Ihren Aufsatz inzwischen durchgelesen und möchte Ihnen heute kurz mitteilen, was mir dabei – prima vista – auffiel, obwohl mir klar ist, daß ich zu manchen Punkten noch einiges nachlesen müßte, wozu ich aber jetzt während des Semesters kaum kommen werde. Ganz allgemein möchte ich sagen, daß es mir sehr fruchtbar erscheint, daß Sie das Problem noch einmal aufgegriffen haben, gerade mit Einbeziehung der außerphilologischen Argumente und auch gerade mit der Kritik, die Sie an einigen epigraphischen und archäologischen Ansichten üben. Vielleicht darf ich voranstellen, das es mir nach der Lektüre Ihres Manuskriptes noch zweifelhafter erscheint, als vorher, daß Peisistratos selber mit den Neuerungen etwas zu tun hat, die ihm zugeschrieben werden. Es scheint mir vielmehr evident, daß diese Neuerungen nur etwa in seine Zeit fallen – möglicherweise aber auch (wie Sie andeuten), noch in die Zeit Solons, sodaß die beiden bisher widersprüchlich scheinenden Überlieferungen – hie Solon, hie Peisistratos – unter Umständen gar nicht so unvereinbar sind.

Im Einzelnen: Sie scheinen den Preis eines Goldkranzes von 1000 dr. sehr viel höher einzuschätzen als die mit Öl gefüllten Amphoren (Abb. 46 und 47), welche die Teilnehmer an den Sportwettkämpfen erhielten. Hier würde ich etwas zur Vorsicht mahnen. Nach der berühmten Inschrift des 4. Jahrhunderts (IG II² 2311; Ditt. Syll.³ 1055) erhielt ein Knabensieger im Stadionlauf 50 Amphoren, ein Halbwüchsiger 60 als Preis. Ich habe nun keine Nachrichten über die Ölpreise in Attika im 4. Jahrhundert gefunden, wohl aber (RE s. v. Oleum) die Stelle des Aristoteles Oec. II 2 p. 1347 A 33, der angibt, daß der normale Preis eines Chous Öl in Lampsakos 3 dr. betrug. Wir haben daraufhin die Panathenäische Preisamphora unserer Mainzer Universitätssammlung (früher Sammlung Preyss, Beazley, ABV 671 und 716)

Abb. 46 und 47 Heidelberg, Universität. Panathenäische Preisamphora. Dahineilendes Viergespann und Pallas Athena mit Käuzchen, das sich auf ihrem mit einem Wirbel geschmückten Schild niedergelassen hat. Höhe 44 cm; größter Durchmesser 30,5 cm. Mittleres 6. Jahrhundert v. Chr.

146

147

auf ihr Volumen geprüft. Das Fassungsvermögen beträgt bis zum Halsansatz gut 22 Liter. Selbst wenn wir annehmen, daß die Amphora nicht bis zum Rande gefüllt war, also nur 21 Liter enthielt, so wären dies nach Hultsch, Metrologie 108 (1 Chous = 3 Liter) reichlich 7 Chous. Der Preis des Öls in dieser Amphora hätte also in Lampsakos 21 dr. betragen, das macht bei 50 Amphoren 1050 dr., bei 60 Amphoren 1260 dr.

Es ist aber anzunehmen, daß der Preis des Qualitätsöls wesentlich höher lag als der des normalen Gebrauchsöls. Da das Panathenäenöl feinstes Eliteöl war, könnte der Preis um gut dreimal höher gelegen haben als der des normalen Speiseöles. Ferner kommt hinzu, daß nach v. Brauchitsch die meisten Panathenäischen Amphoren einen Metretes faßten, das wären nach Hultsch etwa 39 Liter. Damit käme man wiederum auf sehr viel höhere Ziffern.

Schließlich ist daran zu erinnern, daß nach Schol. Pind. Nem. 1, 1 nur das Panathenäische Preisöl zollfrei aus Attika ausgeführt werden durfte, ganz abgesehen von dem ideellen Wert, den gerade dieses Öl hatte, und der gewiß auch noch eine Preissteigerung hervorrief. Hinzu kommt, daß 50–60 Amphoren, zumal wenn mit dem Signum der Panathenäen bemalt, als solche schon einen gewissen Wert darstellten. Ich möchte also mit Petersen glauben, daß diese Amphoren »einen nicht unbeträchtlichen materiellen Wert« hatten, und daß es da keiner Gefäße aus kostbarerem Material bedurfte.

Ihr Einwand gegen Raubitschek Nr. 326/28 erscheint mir einleuchtend, einmal darin, was Sie aus πρῶτος folgern, sodann auch darin, daß die drei Inschriften gleichzeitig geschrieben scheinen. Ich würde mutmaßen, daß alle drei 558 v. Chr. geschrieben wurden, wobei sich die Inschrift mit πρῶτος auf die ersten großen Panathenäen von 556 zurückbezieht, die beiden anderen auf die beiden folgenden Panathenäen. Man scheint erst nachträglich beschlossen zu haben, solche Urkunden anzulegen, nachdem sich die großen Festspiele richtig eingebürgert hatten. Ja, es wäre zu fragen, ob die Panathenäischen Amphoren, die man bisher als die ältesten überlieferten vielleicht allzu unbedenklich auf das Gründungsjahr 566 zurückführte, nicht erst auf dieses etwas jüngere Datum zu beziehen wären. Man hätte sich dann gleichzeitig mit der Errichtung solcher Stelen auch zur Anfertigung amtlich signierter Preisamphoren entschlossen.

In Bezug auf die »Protopanathenäische Amphora« Athen 559 tun Sie, glaube ich, Frau Karusu etwas unrecht. Ihre Annahme gründet sich einmal auf die Form der Vase, ferner deutet sie den Flötenspieler mit guten Gründen auf den mythischen Olympos. Auch die zuhörende Gans kommt in diesem Zusammenhang öfter vor. Wenn aber die Form der Vase sich von anderen Amphoren unterscheidet und der der Panathenäischen gleicht, so ist für die Darstellung der Rückseite die Deutung auf einen Preisträger gegeben.

Schließlich darf wohl daran erinnert werden, daß in der ersten Hälfte des 6. Jahrhunderts die korinthischen Einflüsse auf die attische Keramik und Gefäßmalerei ganz enorm gewesen sind. Sie beschränken sich nicht nur auf das Formale sondern sind auch inhaltlicher Art. Man denke etwa an die »Komasten«. Auch an Einwirkung der kurz zuvor geordneten Pythischen Spiele auf die Panathenäen darf man wohl denken, erinnern auch an die Begünstigung des Kultes des Apollon Pythios in Athen unter Peisistratos (wohl schon dem Älteren), obwohl auch hier die Überlieferung nicht eindeutig ist.

Ihr R. Hampe

Hydria des Telesstas[1]
Silen aus dem Umkreis des Pistoxenos-Malers[2]
1959

I.

Welch prachtvoller Mädchenkopf, aus dem der Henkel aufwächst (Abb. 48)! Sappho hätte den strahlenden Glanz dieses Antlitzes gepriesen. Alkman, der in Sparta Lieder für Mädchenchöre schuf und der die schönsten Mädchen edlen Rennpferden verglich, hätte die mähnenhafte Fülle ihres Haares gerühmt. Die Chöre waren für das Fest der Artemis in Sparta bestimmt. Unser Mädchen ist mit einem Diadem geschmückt, wie es bei solchem Festanlaß getragen wurde. Auch Priesterinnen oder Götterbilder können diesen Kopfschmuck haben. So krönt das Haupt der Hera, den großen Kalksteinkopf in Olympia – ein spartanisches Werk aus der Zeit unseres Gefäßes – ein solches Diadem.

Auch die Schlangen und die Enten- oder Gänseköpfe der seitlichen Henkel weisen in den Bereich des Kultes. Solcher Hydrienschmuck, ursprünglich aus spartanischer Vorstellung erwachsen, konnte anderenorts im Sinne dortiger Kulte und Überlieferungen ausgedeutet werden. So galten die Schlangen etwa als Tiere von Erd- oder Quellgottheiten oder als Totensymbole. Eine Hydria dieser Werkstatt wurde in Sizilien als Graburne verwendet. Eine andere fand sich als Weihgabe im Heiligtum von Olympia.

Das reich verzierte Gefäß war zum täglichen Wasserholen gewiß zu kostbar. Doch hat es wohl nicht als Weihgeschenk, auch nicht als Urne gedient. Es ist vielmehr in praktischem Gebrauch gewesen: am Gesicht des Mädchens ist die Nase vom vielen Anfassen des Henkels abgegriffen. So möchte man vermuten, daß die Hydria bei rituellen Begehungen verwendet wurde.

Sie soll in Lebadeia in Böotien gefunden worden sein. Dort bestand seit alters ein vielbesuchtes Heiligtum der Flußnymphe Herkyna und des Orakelgottes Trophonios. Pausanias hat die Kultstätte und das Ritual ausführlich geschildert. Da spielte einst die Nymphe Herkyna mit einer Gans. Der Vogel entwich ihr, versteckte sich in einer Höhle. Aus seinem Schlupfwinkel entsprang ein Quell. Schlangen ringelten sich um die Zepter der Statuen in der Quellhöhle der Herkyna. Schlan-

Abb. 48 Mainz, Universität. Bronzehenkel von der Hydria des Telesstas: Mädchenkopf. Durchmesser des (hier nicht abgebildeten) Hydrienrandes 26,5 cm. Um 580 v. Chr.

gen hausten auch in der Orakelgrotte des Trophonios. Wer den Gott befragen wollte, mußte sich kalten Waschungen mit dem Wasser der Herkyna unterziehen, mußte von heiligen Quellen trinken. Bei solchen Zeremonien hätte ein kostbares Wassergefäß wie unsere Hydria verwendet werden können.

II.

Thrasybulos, diesen Wagen send ich voll ersehnter Sänge
Dir zum Nachtisch, süß den Zechern und ein Ansporn
Für die Frucht des Dionysos beim Gelag mit attischen Schalen...

So beginnt ein Festlied, das Pindar nach Agrigent sandte. Es waren also attische Schalen, aus denen man am sizilischen Tyrannenhof beim Festgelage trank. Aus dem einfachsten Stoff, aus gebrannter Erde geschaffen, wurden sie durch die Formkunst attischer Töpfer sowie durch Geist und Feinheit der Bemalung zu begehrten Kostbarkeiten, die man durch Generationen wert hielt und bewahrte. – In der Blütezeit dieser Schalentöpferei und in einer der führenden Werkstätten Athens wurde diese Trinkschale gegen 460 v. Chr. geschaffen (Abb. 49). Die Vollkommenheit der keramischen Gestalt können Ab-

Abb. 49   Mainz, Universität. Innenbild einer Schale aus dem Umkreis des Pistoxenos-
Malers: Silen. 470/460 v. Chr.

bildungen nicht wiedergeben. Wohl aber lassen sie uns nachempfinden, welchen Reiz das Bild ausübte, das beim Trinken, wenn der Wein zur Neige ging, immer leuchtender dem Schalenrund entstieg.

Da gewahrt man einen Gesellen aus dem Gefolge des Dionysos, einen bärtigen, kahlköpfigen Silen. Behutsam schleicht er auf Zehenspitzen dahin. Tanzrhythmus sitzt ihm in den Gliedern. Aber es ist kein Tanzschritt, in dem er sich bewegt, sondern ein vorsichtig geducktes Anschleichen. Der Pferdeschwanz, der ihm organisch aus dem Rückgrat wächst, ist wie bei einem erregten Pferde angehoben. Die

Tierohren sind lauschend nach vorn gestellt. Der Thyrsosstab wird, möglichst unauffällig, mit dem Efeubusch nach unten gehalten. Über der vorgestreckten Linken liegt wie schirmend ein geflecktes Pardelfell. Die Braue ist hochgezogen und das Auge blickt erwartungsvoll gespannt auf irgendetwas vorn am Boden. Was mag das Ziel des Blickes sein? Ein Weinmischkessel, dessen Duft der Silen gewittert hat? Oder eine schlafende Mänade, wie sie auf dem Außenbilde dieser Schale lagert?

Rundbilder kennt die griechische Kunst schon seit dem achten Jahrhundert. Da waren es Kreuzmuster oder rosettenartige Gebilde, die etwa das Bodenrund großer Büchsen schmückten. Später wurden es kunstvolle pflanzliche Geschlinge. Dann kam die Zeit, wo man den abstrakten Kreis, die vollkommenste geometrische Form, mit Figuren füllte. Das Widersprüchliche solcher Kompositionsweise stellte manche Probleme. Vielfältig sind die Lösungen, die man versuchte. Man teilte etwa ein Segment ab, um den Gestalten Standfläche zu geben. Oder man paßte ihre Gliedmaßen etwas gewaltsam der Rundung an. Die attische Schalenmalerei bot reiche Entfaltungsmöglichkeit, und unsere Schale steht auf der Höhe der Entwicklung. Letzte Vollendung: Die Figur steht ungezwungen frei im Raum, hat »Luft« um sich. Ihre geduckte Haltung ist durch das Motiv bedingt. Daß die Füße die Mäanderborte nicht berühren, bewirkt, daß sie noch leichter schreiten. Der leere schwarze Raum vor der Gestalt wird von dem Blick durchdrungen.

Der Körper des Silen ist edel, das Gesicht tiermenschlich, häßlich aber geisterfüllt, man möchte sagen »philosophisch«. Da sei daran erinnert, daß das Gesicht des Sokrates dem eines Silen geglichen haben soll.

1 Mainz, Universität. Aus Sammlung v. Grancy. Spartanisch, frühes 6. Jahrhundert v. Chr. Dm. 26,5 cm. – Inv. Nr. 201. Antiken in deutschem Privatbesitz 21 Nr. 53 Taf. 25 (K. A. Neugebauer). – Archäolog. Anzeiger 1938, 329ff. Abb. 1–3 (Neugebauer). – F. Matz, Geschichte der griech. Kunst I (1950) 439f. Taf. 258a. – »Charites«, E. Langlotz gewidmet (1957) 119ff. Taf. 16f., m. Literatur (G. Hafner). – Antike und Abendland 7, 1958, 64 Taf. B Abb. 1. – Kopf der Hera in Olympia: Festschrift H. Wölfflin (1935) 168ff. (P. Wolters). – Hege/Rodenwaldt, Olympia (1937) 25 Abb. 10. – Lullies/Hirmer, Griech. Plastik (1956) Abb. 10. – Orakel des

Trophonios bei Lebadeia: Pausanias 9, 39, 2 ff. – P. Philippson, Griechische Götter in ihren Landschaften (Symbolae Osloenses Suppl. IX 1939) 11 ff. 18 ff.

2 Mainz, Universität. Aus Sammlung Preyss. Attisch, mittleres 5. Jahrhundert v. Chr. Dem Pistoxenos-Maler nächstverwandt (J. D. Beazley). H. der Schale 10 cm. Dm. 24,5 cm. – Inv. Nr. 104. Beazley, ARV 577,1 [ARV² 864,1]. – Festlied Pindars an Thrasybulos: Fr. 124 (Snell) Übersetzung von R. Hampe. – Wertschätzung attischer Gefäße in Italien: American Journal of Archaeology 49, 1945, 153 ff. (J. D. Beazley). – Zur Werkstatt unserer Schale: H. Diepolder, Der Pistoxenos-Maler, 110. Berliner Winckelmannsprogramm (1954).

Abb. 50 New York, Norbert Schimmel Collection. Schale des Duris: Hetäre am Waschbecken. Durchmesser des Innenbildes 15,5 cm. 500/490 v. Chr.

Attische Trinkschale: Hetäre am Waschbecken
1974

Das Innenbild dieser Schale zeigt, von der Hand des Duris gemalt, ein Mädchen – an einem runden Waschbecken auf säulenartigem Schaft (Abb. 50). Sie trägt eine gemusterte Haube. Unter ihrem Chiton mit den plissierten Falten schimmern die Konturen ihres Beines durch; im Ausschnitt des geknüpften Ärmels kommt die Spitze ihrer Brust zum Vorschein. Über dem Becken ist ein Trinknapf aufgehängt. Er deutet das Metier des Mädchens an: nur Hetären nahmen am Symposion teil.

Duris hat dieses Motiv mehrmals gemalt; häufig hängt hinter der Person am Becken ein leerer Schlauch. Weinschläuche waren größer und hatten an den Zipfeln meistens Schlaufen. Hier aber sind es Quasten. Wir wissen, daß man Schläuche auch mit heißem Wasser füllte, um sie als Wärmflaschen zu verwenden. Das ergibt die Deutung: Das Mädchen hatte kaltes Wasser in dem Eimer gebracht, der am Boden steht, heißes Wasser in dem Schlauch. Sie hat das warme Wasser zugegossen und prüft mit den Händen, ob die Temperatur nun richtig ist.

Auf dem Bildgrund stehen zwei (hier nicht sichtbare) Inschriften: »Der schöne Knabe« sowie (nicht gut leserlich) »die Schöne«. Warmes Waschwasser galt als Luxus. Die Schöne unseres Bildes konnte sich das leisten.

Ein Denkmal für die Schlacht von Marathon
1939

Die griechischen Heiligtümer mit ihrer Überfülle von Weihgeschenken aller Art (aus staatlichen und privaten, kriegerischen, agonistischen und friedlichen Anlässen dargebracht und meist beschriftet) waren nicht nur für die alten Geschichtsforscher eine unschätzbare Quelle ihres Wissens, auch für den Nichtgelehrten waren sie sichtbare Wahrzeichen der Vergangenheit, bildeten die lebendige Grundlage des geschichtlichen Bewußtseins überhaupt. Zahlreiche Denkmäler dieser Art aber wurden den Blicken der Betrachter und der Kenntnis der Gelehrten vorzeitig entzogen. Man braucht nicht in die Spätantike hinabzugehn oder an den römischen Kunstraub erinnern (Nero ließ etwa aus dem Heiligtum von Delphi allein 500 Statuen entführen) oder an das Gericht über die Standbilder in Syrakus im 4. Jh., dem zur Beschaffung staatlicher Mittel die meisten Erzwerke der Stadt zum Opfer fielen; auch in der Frühzeit gab es gewaltsame Eingriffe genug, bei Umbauten und Erweiterungen der Heiligtümer, durch Naturkatastrophen (wie Erdbeben, Felssturz, Brände, Überschwemmungen), am meisten aber durch kriegerische Verwüstungen und Plünderungen.

Für Athen und seine Burg war das einschneidendste Ereignis dieser Art die zweimalige Zerstörung durch die Perser im Jahre 480 v. Chr. Einige der zerstörten Denkmäler wurden später wiederhergestellt oder neu errichtet, zumal solche, mit denen sich ein besonderes politisches oder religiöses Interesse verband. Die meisten aber waren hoffnungslos zertrümmert und wurden teils verbaut, teils weggeräumt. Solche Denkmäler haben erst die neueren Ausgrabungen wieder aus der Vergessenheit hervorgeholt, und wie ihr einstiger vorzeitiger Ausfall auf das von den Alten entworfene Geschichtsbild nicht ohne Einfluß gewesen sein kann, so mag ihre Wiederauffindung nicht nur bestätigende Ergänzungen, sondern unter Umständen auch Berichtigungen der geschichtlichen Überlieferung bringen. Einem derartigen Bildwerk, das – bald nach seiner Errichtung – durch die Perser wieder zerstört wurde und so dem Blickfeld entschwand, noch ehe es im geschichtlichen Bewußtsein Wurzel gefaßt hatte, soll dieser Hinweis gelten, einem Denkmal für die Schlacht von Marathon.

Ungewisse Tage waren der Schlacht von Marathon vorangegangen. Die Perser hatten ein Riesenheer ans Land gesetzt, das ganz Athen vom Erdboden zu vertilgen drohte. Sollte man die Stadt verteidigen, spartanische Hilfe abwarten, den Feind angreifen? Uneinigkeit und Schwanken selbst im Führerrat! (vgl. H. Berve, Miltiades, Hermes, Einzelschr. 2 mit Lit.). Die Perser hatten offenbar die Schlacht schon mehrmals angeboten, die Griechen zögerten sie anzunehmen, und als die Stimmung schon abflaute, selbst im Strategenrat die schlechtere Meinung die Oberhand gewinnen wollte, da brachte – auf des Miltiades Betreiben – die Stimme eines Mannes die Entscheidung, den Entschluß zum Angriff, die des Polemarchen. »Polemarch aber war damals Kallimachos aus Aphidnai«. Er hatte die oberste Befehlsgewalt, er führte in der Schlacht den rechten Flügel, den des Heerführers; es ist gewiß kein Zufall, daß ein antikes Zeugnis (Schol. Arist. Ritter 660) ihn als denjenigen nennt, der vor der Schlacht – wohl bei dem feierlichen Opfer, das jeder Schlacht vorausging und das, wie Herodot berichtet, vor Marathon günstig ausfiel – im Namen aller ein Gelübde ausgesprochen habe, dessen Inhalt Xenophon überliefert (Anab. III 2, 12):

»Damals gelobte man der Artemis, man wolle ihr (im Fall des Sieges) so viele Ziegen opfern als Feinde in der Schlacht erschlagen würden. Und als dann (nach dem Sieg) gar nicht genug Ziegen aufzutreiben waren, beschloß man der Göttin fortan jährlich fünfhundert zu opfern. Und dieses Opfer wird noch heute dargebracht.«

Aber noch ein anderes offenbar persönliches (nicht privates) Gelübde hat Kallimachos vor dieser Schlacht getan: Im Fall des Sieges der Athena auf der Burg ein Bildwerk aufzustellen. Von diesem Weihgeschenk berichtete die Inschrift einer Marmorsäule (Kirchner, imag. 17, Taf. 8), die auf der Akropolis gefunden, aus acht Bruchstücken zusammengesetzt, schon seit längerem bekannt war und vor kurzem überzeugend ergänzt und ausgedeutet wurde (A. Wilhelm, Anz. Ak. Wien 1934, 111f.):
Kallimachos von Aphidnai hat mich geweiht der Athena
(mich) den Boten der Unsterblichen, die den weiten Himmel bewohnen,
(Kallimachos) der als Polemarch die Aufstellung der Athener zur Schlacht

zwischen den Medern und Griechen geleitet hat (und) gefallen ist, den Tag der Knechtschaft
Von den Kindern der Athener im Haine von Marathon abwehrend.

Kallimachos ist in der Schlacht gefallen. Die Gelübde waren damit natürlich nicht erloschen. Das eine galt ja für das ganze Heer. Der Artemis Agrotera wurde fortan das große Ziegenopfer alljährlich dargebracht, und zwar vom Polemarchen! (Judeich, Topogr.² 416; RE. I 907). Aber auch das persönliche Gelübde mußte über den Tod hinaus – in der Regel von den Verwandten – als etwas der Gottheit Geschuldetes erstattet werden (ἀποδιδόναι Paus. VI 12, 1; VIII 42, 8). Wenn in der Inschrift Kallimachos selbst noch als der Weihende genannt wird, so darum, weil er das Bildwerk ja versprochen hatte und weil gerade der in der Schlacht Gefallene wahrhaft unsterblich war, indem er im Heroenkulte weiterlebte. Wer aber war der Götterbote, von dem die Inschrift spricht? Man konnte an Hermes oder Iris denken; aber in welcher Beziehung standen diese Boten zu der Schlacht von Marathon?

Bei seiner Beschäftigung mit den archaischen Weihgeschenkträgern der Akropolis, deren Ergebnisse er schon zu einem Teile vorgelegt hat (Anz. Ak. Wien 1936, 29f.; ÖJh. 1938 Beibl. 21f.) ist es A. Raubitschek gelungen, auch dieses Denkmal zu vervollständigen. Er hat darüber am 29. Dez. 1938 in Providence im Rahmen der Jahrestagung des Amerikanischen Archäologischen Institutes gesprochen, hat diesen Hinweis in entgegenkommender Weise gestattet und die von ihm gefertigte Rekonstruktions-Skizze (Abb. 52) zur Verfügung gestellt. Es ist ihm gelungen, nicht nur das zu der Säule gehörige Kapitell, sondern für diesen Weihgeschenkträger auch das einstige Bildwerk nachzuweisen. Es ist eine bekannte Statue im Akropolismuseum (Dickins Nr. 690; Payne Taf. 120, 1–2). Nicht Hermes war der Götterbote, wie man bisher annahm, es ist vielmehr die Siegesbotin Nike.

Daß diese Statue einst als Weihgeschenk auf einer hohen Stele oder Säule stand, war früher schon vermutet, auch Stil und Zeitansatz waren bereits treffend beurteilt worden (Text zu BrBr. 526 A; JdI. 1920, 97ff.). Die neue Zusammenfindung erbringt nun die Bestätigung. Es ist in der Tat ein datiertes Denkmal und darum für die

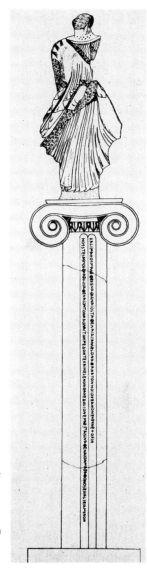

Abb. 52 Rekonstruktion der Nike Abb. 51 auf dem Pfeiler mit der Inschrift des Kallimachos durch A. Raubitschek. Zeichnung.

◁ Abb. 51 Athen, Akropolismuseum. Nike des Kallimachos. Marmor. Höhe 1,40 m. Unmittelbar nach 490 v. Chr.

Kunstgeschichte besonders wichtig, bald nach Marathon geschaffen und 480 bereits von den Persern zerstört. Wie sehr das Bildwerk litt, als es damals von seiner hohen Säule herabstürzte, davon zeugen die Bruchstücke, die 1886 auf der Nordseite der Akropolis gefunden und im Akropolismuseum, nicht ganz richtig, zusammengesetzt wurden (Abb. 51 nach Abzug, den E. Langlotz freundlichst zur Verfügung stellte). Ober- und Unterteil müssen einander mehr genähert werden, wie es die Zeichnung Abb. 52 angibt. Trotz der Zerstörung läßt sich einiges noch erkennen: Das Gewand war einst mit stark leuchtenden Farben bemalt. Um den Hals lag ein metallenes Geschmeide. In den Nacken fällt ein breiter Haarschopf. Große grün und rot gefiederte Marmorflügel waren in den Rücken eingelassen. Arme und Beine sind fast ganz verloren. Nur das Gewand, das vom Winde heftig zurückgeweht wird, verrät die einstige eilige oder eher stürmische Bewegung, die den Sturmschritt der Griechen bei Marathon ins Gedächtnis ruft. Wie aber sind die Arme zu ergänzen? Die rechte Hand ging abwärts vor das Gewand. Ob die Linke einfach vorgestreckt war oder etwas hielt, ist fraglich. Kranz oder Siegerbinde hat man bisher als Attribut der Nike angenommen. Nun, nachdem die Zusammengehörigkeit mit der Kallimachosinschrift erkannt ist, läßt sich nach meiner Meinung noch an etwas anderes denken: Nike ist in der Inschrift so nachdrücklich als »Götterbote« hervorgehoben, daß man das Signum des Götterboten, das in der Regel Hermes oder Iris tragen, den Heroldstab in ihrer Hand vermuten möchte – ob in der rechten gesenkten oder der linken erhobenen, ist schwer auszumachen (man vergleiche etwa das attische Vasenbild Abb. 53 [Beazley, ABV 400, 3: Dikaios-Maler], das ungefähr aus der Zeit des Nikebildes stammt). Das Athener National-Museum beherbergt das Fragment eines bronzenen Heroldstabes, der in einzigartiger Weise mit einem Panskopf geschmückt ist und der auf der Akropolis gefunden wurde, Abb. 54 (de Ridder 409 Abb. 83). Diese Fundangabe reicht natürlich nicht aus, eine Beziehung zu der Nike herzustellen. Aber soviel läßt sich, glaube ich, doch sagen: Der Heroldstab stammt aus der Zeit der Nikestatue, eben der Zeit unmittelbar nach Marathon; er ist kein beliebiges handwerkliches Erzeugnis, sondern eine meisterhafte Arbeit (Abb. 55), an Qualität der Nike ebenbürtig. Und: ein Heroldstab mit Panskopf in der Hand der Götterbotin Nike für die Schlacht von Marathon hätte

Abb. 53 Eleusis, Museum. Fragment eines schwarzfigurigen Ständers. Flügelgöttin mit Kerykeion. 500/490 v. Chr.

Abb. 54   Athen, Nationalmuseum, von der Akropolis. Kerykeion mit Kopf des Pan. Bronze. 490/480 v. Chr.

besondere Bedeutung, denn Pan war ja einer der göttlichen Helfer, denen man das Gelingen dieser Schlacht zuschrieb.

Über das Kunstgeschichtliche hinaus ist das Denkmal auch in historischer Hinsicht sehr bedeutsam. Vom Altertum bis in die neueste Zeit hinein hat man den Ruhm von Marathon mit dem Namen des Miltiades verbunden. Erst ganz vor kurzem haben einige Forscher die ver-

Abb. 55 Vergrößerung des Panskopfes vom Kerykeion Abb. 54.

antwortliche Stellung des Kallimachos stärker hervorgehoben. Das neu erschlossene Denkmal mit seiner stolzen Inschrift zeigt, daß wir den Anteil des Kallimachos noch entschiedener betonen dürfen. Auch die Schilderung bei Herodot erscheint in neuem Licht. Dort sagt Miltiades vor der Schlacht zum Polemarchen (Her. VI 109): »An dir nun, Kallimachos, liegt es, Athen entweder in die Knechtschaft zu bringen oder frei zu machen und dir dadurch ein Andenken zu hinterlassen für die ganze Dauer des menschlichen Geschlechtes wie nicht einmal Harmodios und Aristogeiton.« Es folgen die innerpolitischen Erwägungen und schließlich weist er auf die Götter hin, mit deren Beistand auch zu rechnen ist.

Wenn ein Athener vom Ruhme der Tyrannenmörder sprach, so meinte er damit nicht nur den Ruf wie er von Mund zu Munde ging; ihr Andenken war mit einem plastischen Denkmal unlöslich verbunden, der Gruppe des Antenor, die von den Persern 480 weggeschafft, durch Kritios und Nesiotes später neu errichtet wurde. Ein derartiges noch berühmteres Andenken verspricht Miltiades im Falle des Gelingens – und das ist auffallend! – nicht sich selbst; es steht ihm vielmehr fest, daß der Ruhm von Marathon auf einen anderen fallen würde, den Polemarchen. In des Kallimachos Namen wurde nach der Schlacht das Nikedenkmal tatsächlich errichtet, das seinen Ruhm sichtbar vor Augen stellen und verewigen sollte. Die Inschrift spricht von der Hilfe der Götter, die Nike als ihren Boten schickten, und vom Tag der Knechtschaft, den Kallimachos abgewehrt habe – fast als wolle sie die Worte des Miltiades ins Gedächtnis rufen. Aber noch mehr, sie berichtet nicht nur von dem persönlichen tapferen Einsatz des Kallimachos, sie umgrenzt auch den strategischen Anteil des Polemarchen an der Schlacht genau: Er lag in der Aufstellung der Truppen, der Schlachtordnung. Gewiß, das war das Amt des Polemarchen und wäre als solches vielleicht nicht so nachdrücklicher Erwähnung wert. Wer aber bedenkt, daß bei Marathon gerade in der Aufstellung (Massierung der Kräfte auf beiden Flügeln bei schwachem Mitteltreffen) die erfolgreiche Taktik dieser Schlacht vorausbestimmt lag, der wird zugeben, daß auch über den offiziellen Oberbefehl hinaus der tatsächliche Anteil des Kallimachos am Gewinnen der Schlacht sehr groß war. Daß dieses Verdienst unmittelbar nach der Schlacht gebührend anerkannt wurde, beweist das neuerschlossene Denkmal.

Abb. 56 Salbgefäß
mit Pan
in Privatbesitz.
Um 470 v. Chr.

Gewiß, auch Miltiades muß seine unleugbaren Verdienste gehabt haben. Worin sie im einzelnen bestanden, geht aus der Überlieferung nicht klar hervor. Auffallend ist, daß Herodot von seinem Anteil während der Schlacht selbst nichts berichtet. Vielleicht gibt das Nikedenkmal hierfür die Erklärung, indem die taktische Durchführung der Schlacht eben in Händen des Kallimachos lag. Sicher ist indessen, daß Miltiades vor der Schlacht die treibende Kraft zum Angriff war und daß er nach der Schlacht in hohem Ansehn stand. Aber dieses Ansehn sank nach der mißglückten Unternehmung gegen Paros bald wieder ganz herab. Während Miltiades, wegen Volksbetrug auf den Tod angeklagt und zu einer Geldstrafe von 50 Talenten verurteilt, einer auf Paros empfangenen Verletzung erlag, mochte das Bild des Polemarchen Kallimachos, der in der Schlacht gefallen war »ἀνὴρ γενόμενος ἀγαθός«, zunächst noch lauterer und leuchtender erscheinen.

Aber Kallimachos war gefallen, sein Denkmal wurde 480 von den Persern zerstört, nicht wieder aufgerichtet, er hatte offenbar keine berühmten Nachkommen, die für seinen Nachruhm sorgten. Das Andenken des Miltiades indessen wurde später unter seines Sohnes Kimon Einfluß bewußt erneuert und gesteigert und durch bedeutende Denkmäler verherrlicht, welche die Aufmerksamkeit auf sich lenkten und des Kallimachos Gestalt verblassen ließen. So zeigte das Wandbild in der von Kimons Schwager errichteten »Bunten Halle« Miltiades befehlend auf dem Schlachtfeld, während Kallimachos im Kampfe bei den Schiffen fiel. Auf dem Grabhügel von Marathon sah Pausanias auch ein Standbild des Miltiades stehn; obwohl nicht bei Marathon gefallen, war er gewissermaßen nachträglich unter die Gefallenen aufgenommen worden, die dort heroische Verehrung genossen. In Delphi aber zeigte das aus der Marathonbeute errichtete Denkmal sein Standbild neben den Phylenheroen und zur Seite der Götter Athena und Apollon.

Aber auch von einem älteren Weihgeschenk, an dem Miltiades noch selbst beteiligt war und das aus der Zeit unmittelbar nach der Schlacht von Marathon stammen muß, ist uns die Inschrift überliefert (Simonides fr. 143 Diehl); sie wirkt neben der stolzen Inschrift des Kallimachosdenkmals fast bescheiden. Es war ein Bildwerk des Pan, dem die Athener für die Hilfe in der Schlacht das Heiligtum am Burgabhang einrichteten und dessen Kult sie seit der Zeit in hohen Ehren hielten. Ein attisches Salbgefäß [RE Suppl. VIII 956 Nr. 9 s. v. Pan], das bald nach der Schlacht von Marathon gefertigt ist, zeigt – vom Maler mit bezaubernder Frische und Unmittelbarkeit hingeworfen – »den bockfüßigen Pan, den arkadischen, den Helfer im Perserkampf«, wie er dem attischen Boten im arkadischen Gebirge vor der Schlacht erschienen sein mag, ihn beim Namen rufend (Her. VI 105), und wie ihn das Distichon schildert (Abb. 56):

Τὸν τραγόπουν ἐμὲ Πᾶνα, τὸν Ἀρκάδα, τὸν κατὰ Μήδων,
τὸν μετ' Ἀθηναίων στήσατο Μιλτιάδης.

Rückkehr eines Jünglings
1937

Schale des Brygosmalers in Tarquinia (Corneto), Beazley, Attische Vasenmaler 176, 10: »I, Greis von Frau mit Wein bedient. A, Rückkehr eines Jünglings. B, Kampf«.[1]

Ist dieser Kampf ein ganz gewöhnlicher, die Rückkehr nur die irgendeines Jünglings, die Gruppe im Innenbilde eine beliebige, kurz: sind die Bilder Alltags- oder Sagenbilder?

Das Innenbild kehrt auf Schalen aus der Brygoswerkstatt zweimal wieder.[2] Der Greis mit seinem weißen Haar ist mehr als nur durch Alter würdig. Auch wo er nur den Stock und nicht das Zepter in der Hand hält, ist er königlich. Einmal, auf der Schale des Louvre, hat der Maler ihn und die Einschenkende vor ihm durch Namensbeischrift selbst benannt: es ist der greise Freund Achills, Phoinix, der ja von königlicher Abkunft war, Briseis, die ihm einschenkt, Schauplatz das Zelt Achills, wo an der Wand die Waffen hängen. Die Phoinixdeutung, bisher teils vermutet, teils geleugnet, ist ganz sicher. Zwischen Schwert und Schildrand findet sich, wenn auch sehr stark verblaßt, linksläufig geschrieben, die Inschrift ΦΟΙΝΙΧΣ.[3] Phoinix und Briseis hätte man ohne die Inschriften wohl kaum erraten. Der Maler mußte durch die beigeschriebenen Namen zeigen, wen er meinte. Die beiden anderen Bilder in Tarquinia und London zeigen auch die Spendeszene, aber nicht im Zelt. Säule und Säule mit Gebälk weisen auf einen anderen Schauplatz, den Palast. Namen sind den Figuren dort nicht beigeschrieben, offenbar weil dem Maler die Gruppe auch so für jedermann verständlich schien. Der Greis muß dort ein ganz bekannter König aus der Sage sein; wenn aus der troischen, am ehesten Priamos. Die Einschenkende wäre dann seine Gattin oder eher seine schöne Schwiegertochter. Sie könnte wie die Helena der Ilias sagen: »αἰδοῖός τε μοί ἐσσι, φίλε ἑκυρέ, δεινός τε«[1].

Und diese troische Deutung läßt sich stützen; denn: von den Sagenbildern aus der Brygoswerkstatt sind die meisten troisch; auf ihnen kehrt der König, der mit seinem weißen Haar besonders greisenhaft und ehrwürdig erscheinen soll, noch mehrmals wieder: zuschauend bei der Verfolgung Hektors durch Achill – den Leichnam Hektors von

Abb. 57 Tarquinia, Museum. Schale des Brygosmalers. Detail des Außenbildes A. Hekabe mit Paris, Hektor. 490/480 v. Chr.

Achill erbittend – bei Trojas Untergang auf den Altar geflüchtet: jedesmal der greise Priamos.[5]

Eben dieser greise König ist auch auf dem Außenbilde A unserer Schale abgebildet (Abb. 58). Hier sitzt der König im Palast und hält dem Ankömmling die Spendeschale zur Begrüßung hin. Die Frau, die vor ihm steht, ist keine sterbliche, hat nicht etwa dem Jüngling seinen Bogen abgenommen. Sie ist uns durch die Vasenbilder wohl vertraut. Der Bogen ist ihr ständiges Attribut. Es ist die Göttin Artemis, die ihre Hand behütend nach dem Jüngling ausstreckt. Der steht, noch knabenhaft befangen, vor ihr, die herzliche Begrüßung einer Frau und eines Mannes noch ein wenig steif erwidernd (Abb. 57). Er kommt vom Land, trägt hohe Jäger- oder Hirtenstiefel, in der Hand den Wurfspeer, und er kommt ganz unerwartet. Seine Ankunft setzt in Freude und Erstaunen. So begrüßen Eltern und Geschwister eins von ihnen, das sie längst verloren glauben. Wohl die Mutter ist es, die ihm überglücklich um den Hals fällt, vielleicht ein älterer Bruder, dessen dargebotene Rechte er ergreifen will, und hinter diesem eine ältere

Abb. 58 Rechter Anschluß an Abb. 57. Priamos und Artemis.

Schwester, die einladend ihre Linke ausstreckt und die Rechte überrascht erhebt (Abb. 59). Der greise König wäre dann sein Vater, der ihn zu Haus willkommen heißt. Aller Blicke sind auf den Ankömmling gerichtet. Nur eine Frau, ganz links, blickt nicht dorthin. Sie wendet ihr Gesicht und ihren Oberkörper ab und hebt, als sei sie außer sich, die Hände.[6]

Ist diese Szene wirklich troisch? Wir lassen diese Frage vorerst offen und wenden uns dem Bild der Gegenseite zu, dem Außenbilde B (Abb. 60). Die Deutung ist gesichert durch die beiden Frauen rechts und links vom Kampf. Wir kennen sie von vielen anderen Vasenbildern. Es sind die beiden Heldenmütter beim Kampfe des Achill mit Memnon: Thetis hinter ihrem Sohn Achill, der mit gezogenem Schwerte losstürmt, drüben, auf des gestürzten Memnon Seite, dessen Mutter Eos. Bis hierher kommt das Bild, in einer schlechteren Nachahmung, noch einmal in der Brygosschule vor:[7] Achill mit dem gefallenen Memnon, zu beiden Seiten die göttlichen Mütter, die mit Flügeln ausgestattet sind und so die Deutung sichern. Nur der Kämpfer hinter

Abb. 59   Linker Anschluß an Abb. 57. Kassandra und Polyxena.

Memnon fehlt auf jener Wiederholung. Wir können ihn als einzigen in unserem Bilde – vorläufig – nicht benennen.[8]

Kampf vor Troja ist das Thema dieser Gegenseite und damit liegt auch für die Vorderseite eine troische Deutung nahe. Denn bei den meisten Brygosschalen bilden beide Schalenseiten eine Einheit, ob nun die Darstellung ganz umläuft oder Vor- und Rückbild doch im Thema zueinander passen. Wir nennen von den vielen Beispielen allein die aus der Trojasage: Achill und Troilos, Hektors Verfolgung, Streit um die Waffen, Trojas Ende und eines, das für uns besonders wichtig ist, die Schale im Louvre G 151, in der Art des Brygos, stark ergänzt.[9] Sie zeigt zwei Bilder aus der Vorgeschichte des Trojanischen Kriegs. Das Parisurteil auf der einen Seite: Der junge Paris, der als Hirte auf dem Ida lebt, sitzt auf einem Felsen, sich die Zeit mit Leierspiel vertreibend; Hermes führt die Göttinnen zu ihm. Auf der anderen Seite eine Szene, die unserem Bilde mit der Rückkehr eines Jünglings sehr verwandt ist.

Abb. 60   Außenbild B der Schale Abb. 57–59. Achill und Memnon.

Die Figuren sind, nur in verschiedner Anordnung, beinahe dieselben: Die »Mutter«, die den Abkömmling zuerst begrüßt (Abb. 61). Nächst ihr der »Vater« mit dem Zepter, der den Sohn in den Palast eintreten heißt. Im Hause sitzt die »ältere Schwester«, mit der Hausarbeit beschäftigt, und hinter ihr ganz links die eine Frau, die sich vom Schauplatz abkehrt, nach dem Ankömmling umblickt und ihre Hand wie abwehrend erhebt. Kassandra hat man sie genannt, die Sitzende vor ihr Polyxena – der »ältere Bruder« fehlt –, den greisen König Priamos, die Mutter Hekabe; soweit ist man, von älteren Deutungen abgesehen, sich ziemlich einig. Nur der Ankömmling und die Gestalt, die ihn hereinführt, haben bisher keine sicheren Namen. Sie sind fast ganz ergänzt. Die vordere läßt sich noch soweit erkennen: Ein Jüngling, der einen Stab trug und gewandet war. Von der hinteren sind nur das unterste Stück Stab und der untere Rand des Kleides alt, ob männlich oder weiblich, läßt sich nicht mehr sehen. Aber dürfen wir

Abb. 61   Paris, Louvre. Schale des Briseismalers. Außenbild. Heimkehr des Paris.

nicht den Vergleich mit unserer »Rückkehr eines Jünglings« weiterführen? Ist der Heimkehrende etwa der gleiche Jüngling und ist es eine Göttin, die ihn leitet? Ist es der junge Paris, der nach seiner Hirtenzeit und nach dem Urteil – Bild der Vorderseite – unerwartet heimkommt? Ist es eine Göttin, die ihn hier ins Elternhaus zurückführt, und ist uns die Sage sonst bekannt?

Die Kyprien, das Epos, das den Stoff behandelte, sind verloren. Der uns allein erhaltene Prosaauszug – Proklos-Apollodor – geht vom Parisurteil gleich zum Bau der Schiffe für den Raub der Helena über. Von des Paris Heimkehr schweigt er. Aus diesem Schweigen des so kurzen Auszugs dürften wir kaum Schlüsse ziehen, wenn nicht die Bildkunst wäre, die in der Frühzeit gern den bärtigen, also erwachsenen Paris bei dem Urteil zeigt. Auf dem bekannten Elfenbeinkamm aus Sparta thront er als Bärtiger auf einem Sessel, während sich die Göttinnen ihm nahen. Auf der lakonischen Schale London B 8 war vielleicht dieselbe Szene abgebildet. Auf dem Bilde einer schwarzfigurigen attischen [Hydria in München und sonst] flieht er als Bärtiger, erschreckt über das Ansinnen, das Hermes, der die Göttinnen herbeiführt, an ihn stellt. Bis ins fünfte Jahrhundert wird fast nur der bärtige Hirte Paris abgebildet.[10] Es scheint demnach, daß jene Frühzeit eine Fassung der Sage kannte, nach welcher Paris, gleich anderen Königssöhnen, bis er erwachsen war, als Hirte auf dem Lande lebte, dann nach dem Parisurteil mit der Verheißung in das väterliche Haus heimkehrte und den Bau der Schiffe forderte; daß Aphrodite ihn in allem leitete, beim Bau der Schiffe half, und daß jetzt erst Kassandra das zukünftige Unheil offenbarte. So etwa läßt der Mythos sich aus Proklos-Apollodor und Bildkunst wiedergewinnen.

Im fünften Jahrhundert wurde diese Sage spannungsreicher: Als Hekabe mit Paris schwanger ging, träumte ihr, sie werde einen feuertragenden Riesen gebären, der ganz Ilion bis auf den Grund vernichten werde. Der Seher ward befragt, weissagte Unheil, und als das Kind zur Welt kam, setzte man es aus. Allein, durch irgendeine Glücksfügung gerettet, wuchs der Knabe unter Hirten auf dem Ida auf, bis Hermes mit den Göttinnen zum Urteil kam. Dann fand er, wohl durch einer Gottheit Führung, in sein Vaterhaus zurück. Der Langverlorene wurde dort erkannt, von allen freudig aufgenommen, nur Kassandra dachte noch der alten Weissagung und sah das Unheil kommen. Dies etwa läßt sich aus Pindars Paean VIII erschließen.[11]

Die Tragödie malt diese Heimkehr breiter motivierend aus: Wie der Hirte seinem Lieblingsstiere folgend in die Stadt kommt, am Wettkampf teilnimmt, über alle anderen Königssöhne, seine Brüder, siegt, wie dann ein Streit entsteht, Kassandra ihn erkennt. Alle die früheren Weissagungen vergessen und ihn froh empfangen, nur Kassandra warnt ihn aufzunehmen.[12]

Unsere beiden Vasenbilder stünden, auf des Paris Heimkehr gedeutet, zwischen der frühen und der späten Fassung in der Mitte, etwa auf der Pindarstufe. Nichts weist auf einen Wettkampf, der vorausgegangen wäre. Der Jüngling kommt gerad erst an. Vom Bau der Flotte ist noch nicht die Rede; allein die Ankunft ist es, die Erstaunen bringt und Freude. Es ist so, wie Ovid uns diese Szene schildert: *Laeta domus nato post tempora longa recepto est.*[13]

Nur eines bleibt noch zu erklären: Wieso ist Artemis, nicht Aphrodite, hier die Schutzherrin des Paris? Statt der Erklärung, die wir nicht

Abb. 62 Paris, Louvre. Schale des Duris. Außenbild. Zweikampf zwischen Menelaos und Paris (Alexandros). Um 480 v. Chr.

geben können, sei verwiesen auf ein Schalenbild des Duris im Louvre (Abb. 62):[14] Beim Zweikampf Menelaos-Paris steht Artemis dort schirmend auf des Paris Seite. Ob dies auf eine Sage rückgeht oder nur Variante in der Bildkunst ist, muß vorerst offen bleiben. Paris kämpft dort als bärtiger Krieger. Ist etwa auch der bärtige Verteidiger Memnons auf unserer Brygosschale der erwachsene Paris? Ein anderes Vasenbild könnte vielleicht diese Vermutung stützen, der Kyathos London E 808:[15] Von links greift Achill den gestürzten Memnon an, und rechts, dem Memnon Hilfe bringend, erscheint ein Bogenschütze mit dem Pantherfell: es gibt nur einen von den troischen Helden, der uns so bekannt ist »παρδαλέην ὤμοισιν ἔχων καὶ καμπύλα τόξα«: Paris.

Wir wagen endlich unsere Deutung zu dem Bilde »Rückkehr eines Jünglings« offen auszusprechen: Priamos im Palast, Artemis als Schutzherrin, Paris und seine Mutter Hekabe, die jugendlich oder richtiger, wie fast alle Frauen der Sage, alterslos gebildet ist, der ältere

Bruder Hektor, Polyxena, Kassandra. Diese weissagt, was auf der Gegenseite abgebildet ist, den Kampf um Troja.

Durch die Gestalt der Seherin kommt Zwiespalt in das Bild, etwas Dramatisches, mag es nun Vorklang oder Abglanz der dramatischen Dichtung sein. Wer mag beim Anblick dieses schönen Jünglings, bei der reinsten Freude um ihn glauben, daß sich in diesem Augenblick das vorbestimmte, künftige Verhängnis anbahnt? Nur Kassandra sieht und sagt es δυσφάτωι κλαγγᾶι. Wir denken daran, wie im »Agamemnon« von der allgemeinen Heimkehrfreude sich die Stimme der Kassandra schrill abhebt.

Bei äußerer Ruhe voll innerer Spannung, läßt auch dies kleine Bild etwas vom Geist der großen Werke ahnen, der frühen tragischen Dichtung oder in der Bildkunst des Ostgiebels von Olympia.

1 [Beazley, ARV² 369, 4; LIMC I (1981) 500 Nr. 16 s.v. Alexandros (R. Hampe)].
2 Louvre G 152 = Alinari 23726. Beazley, AV. 176, 3; [ARV² 369, 1] London E 67 (Art des Brygos), Beazley, AV. 184, 2; [ARV² 386, 2].
3 Man hatte bisher nur die Briseisinschrift gelesen und vermutete in der Figur des sitzenden Greises Phoinix (auch Briseus, Peleus, Nestor). Furtwängler leugnete die Phoinixdeutung mit dem Zusatz »wie denn unsere Archäologie oft mehr wissen und klüger sein will, als es die alten Künstler waren« (FR. I 117). Die Inschrift Phoinix steht aber tatsächlich auf der Vase.
4 Ilias 3, 172.
5 Hektors Verfolgung: Schale in Boston, inv. nr. 98.933 [Beazley, ARV² 402, 23: Erzgießerei-Maler]. – Hektors Lösung: Skyphos in Wien [inv. 3710. Beazley ARV² 380, 171: Brygos-Maler]. – Trojas Ende: Schale im Louvre G 152. Beazley, [ARV² 369, 1: Brygos-Maler]. Auf allen drei Bildern hat Priamos weißes Haar, aber abwechselnd kahle Stirn und volles Haar, trägt bald den Stock und bald das Zepter, genau wie auf den oben angeführten Bildern mit der Spendeszene.
6 Hartwig erklärte die Szene als »Bewillkommnung, beziehentlich Abschied und Spende im Palast« (Meistersch. 362). Gegen Abschied spricht aber vor allem die Gebärde der »älteren Schwester«, dann die analoge Szene auf der Schale Louvre G 151 (s. 172 f., Abb. 61). Daher wurde sie von anderen richtig als Rückkehr (Beazley) und Empfang (Hoppin) gedeutet. Hoppin setzt mit Recht hinzu »scene not yet interpreted«. – Artemis ganz in Haltung unserer Artemis: Schale des Duris, Louvre G 115, Beazley, [ARV² 434, 74] (mit Bogen und Köcher). Mit Bogen, aber ohne Köcher: Pelike, Louvre G 224, Beazley, [ARV² 285, 1]: Gerasmaler. Halsamphora, Würzburg 503, Langlotz Tf. 170. Beazley, [ARV² 611, 32: Manner of the Niobid Painter].
7 London E 67. [Beazley, ARV² 386, 3].

8 Das Kampfbild der Tarquiniaschale soll nach Hartwig eine Variation des Außenbildes A der Schale London E 67 [Anm. 7] sein. Der Fall liegt vielmehr umgekehrt: das bessere, vollständigere Bild, vom Brygosmaler selbst gemalt, ist unseres. Das Londoner, nur Schularbeit [Beazley: Castelgiorgio-Maler] ist kürzerer Auszug. Man vergleiche die breitere und die kürzere Darstellung desselben Kampfes auf zwei Bildern des Altamuramalers, die breitere: Kelchkrater im Louvre G 342, Beazley, ARV² 590, 12; CVA Louvre III I d 4 = France 98, 3 (Giraudon 25513); Memnon zu Hilfe kommt hier ein bärtiger Krieger, wie auf der Brygosschale in Tarquinia. Die kürzere, Kelchkrater in Bologna 285, Beazley, ARV² 591, 13; hier nur Achill und Memnon mit den beiden Müttern, wie auf der Schale London E 67. Memnon ist auf den vier angeführten Beispielen nur einmal in äthiopischer Tracht, sonst in Hoplitenrüstung abgebildet. Das Fehlen der fremdländischen Tracht darf demnach nicht gegen die Memnondeutung geltend gemacht werden.

9 Beazley, [ARV² 406, 8: Briseis-Maler; LIMC I (oben Anm. 1) 500 Nr. 17]. Alle bisherigen Abb. ungenügend, Tf. 51, 2–3 nach Neuaufnahmen von Giraudon, auf der auch die Ergänzungen erkennbar. Die Figuren trugen beigeschriebene Namen; davon nur noch vereinzelte, kaum mehr rekonstruierbare Reste erhalten. Bisherige Deutungen, soweit nicht ganz offen gelassen: Apollo und Artemis im Olymp (Dümmler), Hera und Athena suchen Venus im Olymp (De Witte), Paris mit Aeneas bei Menelaos (Urlichs), Heimkunft des Paris mit Helena (Roscher), dasselbe und Kassandra weissagend (Robert, Bild u. Lied), Helenens Ankunft in Troja (Beazley), Paris, Hekuba, Priamos (Hoppin), Paris in den Palast des Vaters heimkehrend, um seinen Plan kundzutun (Preller-Robert, Mythologie), Ankunft des Paris im Hause des Priamos (Sittig). Nachweise siehe Hoppin I 117.

10 Parisurteil mit bärtigem Paris: Elfenbeinkamm aus Sparta, Dawkins Tf. 127 [LIMC I (oben Anm. 1), 499 Nr. 6]. Lakonische Schale London B 6 Foto nr. XLVI C (20); der Granatapfel wird wohl nicht von »Paris«, sondern von »Hera« gehalten, auch bei dem Elfenbeinkamm aus Sparta scheint es mir vorm Originale unmöglich, daß Paris den Apfel hielt, wie es die auch in anderen Zügen ungenaue Zeichnung zeigt. Die Chigikanne (AD II 44–45) bildet unter den frühen Darstellungen des Parisurteils eine Ausnahme, sie zeigt den jugendlichen Paris. Schwarzfig. attische [Hydria in München: Beazley, ABV 269, 33; LIMC I (oben Anm. 1) 499 Nr. 8. Weitere Beispiele]: Dreifuß, Vente Tyskiewicz 10 (Foto Neg. Seminar München 164). Tyrrhen. Amphora, Florenz, Pfuhl, MuZ 211. Bauchamphoren: Louvre F 13, CVA Louvre III He 11 = France 148, 4 und 7. Louvre F 31, CVA Louvre III He 11 = France 148, 6. Halsamphora, London B 236, CVA Brit. Mus. III He 57 = Gr. Br. 202, 4a. Hydria, London B 312, CVA Brit. Mus. III He 81 = Gr. Br. 340, 3. Der bärtige Hirte Paris findet sich vereinzelt noch im 5. Jh., z.B. böot. schwarzfig. Kantharos, Würzburg, Langlotz Tf. 134, 466 (?). Lekythos, Tübingen, Watzinger, Tf. 15, D 68 (?).

11 Umstritten ist die Auslegung des Schlusses. Die Herausgeber des Papyrus, Grenfell und Hunt (Oxyrh. Pap. V 841), bezogen V. 35 »ἔσφαλε προμάθεια« auf die Aussetzung des Paris, die zwar erfolgt sei, aber nichts geholfen habe (so auch Sittig RE 7,

2654). Dagegen Robert (Hermes 49, 1914, 315 ff.): Deutung und Rat des Sehers seien dann, in anderthalb Verse gepreßt, vom Dichter als bekannt vorausgesetzt; ob Pindar die Aussetzung gekannt habe, schiene fraglich. Darauf ist zu erwidern: 1. Pindar kennt den Traum der Hekabe, die Befragung des Sehers. Dann muß er auch die Aussetzung des Kindes gekannt haben. Denn, daß Troja einst durch Brand zugrunde gehen werde, war durch Apollon früher schon, beim Mauerbau, geweissagt worden (so Pindar Ol. 8, 30ff.). Die Auslegung des Traumbilds der Hekabe konnte als Neues, speziell aus diesem Traum Geschlossenes, nur enthalten, daß dieses Kind, das Hekabe erwartete, den Untergang heraufbeschwören werde. Sollte man daraufhin das Kind nicht ausgesetzt haben? – 2. Wäre das Zusammendrängen in ein paar Worte, das »als bekannt voraussetzen« bei Pindar auffällig? Beides findet sich gerade bei Orakeln oder Weissagungen wieder, etwa Paean 2, 68 ff. beim Orakel vor der Schlacht von Melamphyllos. Der gute Ausgang wird dort mit zwei Worten vorher angedeutet: ὑπέρτατον φέγγος; folgt das Orakel, unvermittelt einsetzend; folgt nach kurzer Zeitangabe nur noch, daß Hekate den Spruch verkündete, »*der sich verwirklichen sollte*«. Wie er sich dann verwirklicht hat, wird als bekannt vorausgesetzt. Oder Ol. 8, 30 ff.: Das πεπρωμένον, Trojas Untergang durch Brand, wird vorweg angedeutet; folgt das vorbedeutende Wunderzeichen (τέρας); folgt die Weissagung Apollons ἔννεπε ... τέρας ... εὐθὺς Ἀπόλλων (in σάφα εἴπας klingt vielleicht ein »was sich verwirklichen sollte« durch). So auch im Paean VIII: Zuerst ein Hinweis auf die πεπρωμένα πάθα; folgt das Traumgesicht; folgt »*der Seher deutete das Traumbild ganz richtig*« (ἔειπε δὲ μάντις σὺν δίκᾳ τέρας ὑπαλέον); das »wie es sich verwirklichen sollte«, oben schon in τελεῖς σὺ νῦν V. 25 ausgesprochen, liegt hier in σὺν δίκᾳ und ἔσφαλε προμάθεια. Der Inhalt der Deutung wird als bekannt vorausgesetzt. – 3. Von der Aussetzung konnte nach V. 35 sogar noch die Rede sein, etwa: »fehl schlug die Vorsorge; das Kind, das damals ausgesetzt wurde, ist wieder heimgekehrt«; dies nur als Andeutung einer Möglichkeit.

12 Sophokles, Alexandros, Frgmt. 89–91 (Nauck). Hygin. fab. 91. Euripides, Alexandros fr. 42 ff. (Nauck).
13 Ovid, Her. 16, 92.
14 Louvre G 115; Beazley, [ARV² 434, 74]; Robert, Hermeneutik 206 Abb. 160; [LIMC I (oben Anm. 1) Nr. 79]; Artemis und Paris (Alexandros) durch Beischriften gesichert. Mit Vorsicht läßt sich hierzu vergleichen die Lekythos, Tübingen, Watzinger Tf. 15, D 68 (Hera, Aphrodite, Artemis beim Parisurteil?).
15 Beazley, [ARV² 333: Umkreis des Onesimos; LIMC I (oben Anm. 1) 518 Nr. 91]; FR. II 87, Tf. 74, 2; CVA Brit. Mus. III I c 34 u. 35 = Gr. Br. 227, u. 228, 4. Vgl. auch den oben S. 178 Anm. 8 angeführten Kelchkrater, Louvre G 342.

Der Wagenlenker von Delphi:
I. Die Pferde – II. Deutung
1941

I.

Von den vier Pferden des Gespannes sind nur vier Bruchstücke auf uns gekommen; das ist gewiß wenig, aber doch nicht so wenig, daß man sie einfach übergehen dürfte, zumal gerade die hier erhaltenen Teile bei anderen gefundenen Pferden häufig fehlen.

Die Füße, so sagt Xenophon in der »Reitkunst«, sind für ein Pferd das, was für ein Gebäude ein gutes Fundament, und bei der Untersuchung der Füße ist zuerst der Huf zu betrachten. Nicht zu flach, aber auch nicht zu hoch, vor allem nicht hohl, aber kräftig müsse er sein – der griechische Pferdehuf war nicht beschlagen. Bereits in der Stallung sollten die Hufe durch trockene Steinpflasterung abgehärtet werden, ein guter Huf werde am richtigen Klang erkannt. Das hatte vor Xenophon schon Simon in seiner Reitvorschrift erläutert, und diese Kenntnis läßt sich noch weiter hinauf verfolgen. Denn wenn Alkman (fr. 1, 48 Diehl) von den klanghufigen Rennpferden spricht, so ist dies vielleicht schon Übernahme einer epischen Wendung (Hesiod, cert. 94 Rzach), aber nicht einfach poetische Ausdrucksweise, sondern ein Fachausdruck, berechnet auf Hörer, die von Rossezucht etwas verstanden.

Wie nun das Fundament gewisse Schlußfolgerungen auf die Form eines Gebäudes zuläßt, so auch die Pferdefüße (Abb. 63 und 64) auf die Gestalt der Pferde selbst. Es sind nicht die überzierlich schlanken Glieder der spätarchaischen Kunst, noch die gedrungen schweren der Parthenonstufe, sondern hagere, starkknochige,[1] zäh ausdauernde, wie Xenophon sie bei einem guten Reitpferd fordert, und wie sie gerade in der Zeit des strengen Stiles mit schonungsloser Realistik abgebildet werden.[2] Diese Beschaffenheit weist auf eine kräftig entwickelte Hinterhand, auf einen ausgesprochen hohen Körperbau – von Unterlebensgröße, wie schon behauptet wurde, kann nicht die Rede sein. Für die Vorstellung von diesem Körperbau geben die Darstellungen des strengen Stiles gewisse Richtlinien.

Drei Pferdebeine, dicht dabei ein Basisblock mit drei Befestigungslöchern für Pferdehufe, das legt die Frage nahe, ob die drei Beine eben

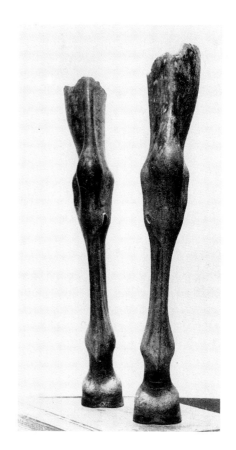

Abb. 63 Delphi, Museum. Zwei Hinterbeine vom Gespann des Wagenlenkers. Bronze. Um 470 v. Chr.

auf diesem Block gestanden haben können, ist indessen zu verneinen, da einer ein Vorderfuß, die beiden anderen Hinterbeine sind. Während die Hufspuren der beiden hinteren sich etwa spiegelbildlich decken, ist bei dem Vorderhuf, es ist ein linker, der Ballen innen kleiner als außen, dementsprechend auch der Hufumriß hier kürzer. Daß die »Haarzotteln« unterm Gleichbein, hier als glatte Zapfen gebildet, so verschieden sind, spricht nicht für Verteilung der Beine an verschiedene Pferde; ihr Aussehen wechselt jeweils mit der Schrittstellung, wie auch auf dem New Yorker Pferd[3] abzulesen ist. Das linke Hinterbein ist zurückgesetzt, oder richtiger »steht noch hinten«, das rechte vorgestellt. Ein solches Vorstellen ist auch im Stand möglich,

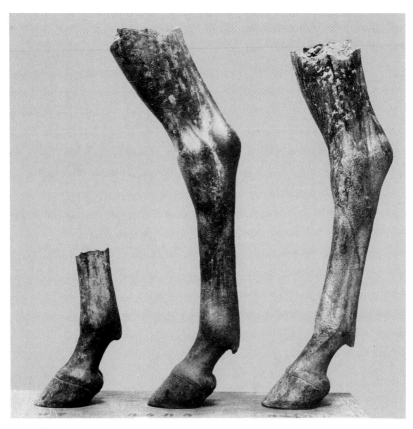

Abb. 64 Delphi, Museum. Hinterbeine wie Abb. 63, dazu ein Vorderfuß.

aber nur, wenn das Pferd in lockerer Haltung sich selber überlassen ist. Eine solche Annahme widerrät indessen schon die Haltung des Wagenlenkers, widerlegt aber geradezu das erhaltene Stück des Schweifes.[4] Er hängt nicht lose abwärts, sondern ist erregt gehoben, Ausdruck jener Spannung, die aus dem Widerspiel von Vorwärtsdrängen und gehemmter Bewegung bei der »Versammlung« des Pferdes erwächst, und die von der elastischen Biegung des Halses über die Rückenlinie hinweg bis in den Schweif ausschwingt. Dann aber ergibt sich, die Zugehörigkeit der drei Beine zum gleichen oder gleichbewegten Pferd angenommen, eine Phase des ruhigen Schrittes, wie sie der

Abb. 65 Rekonstruktion der delphischen Wagenlenkergruppe. Zeichnung von F. Krischen.

bei Diehl, Reiterschöpfungen der phidiasischen Kunst auf Taf. V, 3 (nach Muybridge) abgebildeten genau entspricht, d. h. der linke Vorderfuß, der zuerst bewegt wurde, steht wieder fest am Boden (3597); der rechte Hinterfuß wurde gerade aufgesetzt (3538); der rechte vordere wird eben angehoben (nicht erhalten); der linke hintere steht noch am Boden (3485), – und betrachtet man nun nochmals die drei erhaltenen Hufe, so glaubt man bei 3597 den festen Stand, bei 3538 noch das Hintasten an den Boden, bei 3485 dagegen das Bestreben, vom Boden loszukommen, wahrzunehmen (Abb. 65).

»Mähne, Schweif und Schopf sind dem Pferde von der Gottheit zum Schmuck gegeben worden«, sagt Xenophon; die Mähne werden wir indessen dem Zeitgebrauch entsprechend kammartig gestutzt annehmen dürfen. Aber der Schweif hing lang herab, und in seinem unteren Ende mögen wir ein leichtes Ausschwingen nach hinten vermuten, so wie auch am Gewand des Wagenlenkers ein leichtes Rückwärtsschwingen wahrzunehmen ist.

II.

»Sicherlich war der Wagenlenker (Abb. 66 und 67) keiner der syrakusanischen Fürsten, welche niemals selbst die Rennbahn betreten haben und das Wagenlenkerkostüm ohne Zweifel verschmäht hätten« (Pomtow 1901). »Die erhaltene Statue stellt einen Jüngling dar, dem eben der Bart an der Wange zu sprossen beginnt... möglich, daß Battos gemeint wäre, der Heros Ktistes von Kyrene, der erste König in idealer jugendlicher Gestalt« (Furtwängler 1907). »Unsere Statue aber ist ein Wagenlenker, kein König. Er trägt das typische Wagenlenkergewand, ein langes weißes Hemd, wie wir es hundertmal auf Vasenbildern sehen, und er hielt die Zügel, als er gefunden wurde. Ein König müßte ganz anders gekleidet sein, im lose umgeworfenen Himation, halb- oder ganz nackt« (Bulle bei Pomtow 1907). »Das Siegerbildnis wohl eines sizilischen Fürsten, nicht seines Angestellten« (Buschor, Plastik der Griechen 1936, 69).« – Die angeführten Äußerungen zeigen, wie schroff die Meinungen sich gegenüberstehen. Als Fürsten faßten die Statue vor allem diejenigen auf, welche für die Deutung auf Arkesilas oder Battos eintraten: Svoronos 1897; Furtwängler 1907; Studniczka 1907; Svoronos 1908; für die Statue als wirklichen Lenker aber traten ein, ob sie nun den Lenker allein oder neben dem Besitzer stehend annahmen: AA 1896; Homolle 1897; Pomtow 1901; Schroeder-Graef 1902; Pomtow 1907; Keramopullos 1909; Launay 1913; Bourguet 1914; Duhn 1915; Hafner 1938.

Folgendes gilt es zunächst ins Gedächtnis zu rufen: Wer hat bei den panhellenischen Wettkämpfen tatsächlich gefahren, Besitzer oder Lenker? Welcher gesellschaftlichen Schicht entstammten die Wagenlenker? Wie wurden die Sieger im Wagenrennen geehrt, und in welcher Form ließen sie sich im Siegesdenkmal abbilden? In der mythischen Frühzeit waren in der Regel die Eigentümer der Rosse zugleich auch deren Lenker; daneben begegnet freilich schon von Anbeginn die Sitte, Wettfahrten mit fremden Rossen zu bestreiten (vgl. Ilias 23, 295; Paus. V, 83, 3). Rossezucht konnten in mythischer wie historischer Zeit nur die Vornehmsten und Reichsten betreiben – die erlesensten Adelsgeschlechter, Fürsten, »Tyrannen«, Könige –, und es bedarf keiner Worte, daß auch diese Rossezüchter sich in der Fahr- und Reitkunst praktisch übten; ebenso unbestritten ist aber, daß sie sich bei den panhellenischen Spielen in der Regel eines berufsmäßigen

Abb. 66
Delphi, Museum.
Wagenlenker.
Bronze. Höhe 1,80 m.
Um 470 v. Chr.

Wagenlenkers bedienten. Wenn Herodotos von Theben an den Isthmien seinen Wagen selber lenkte, so mag dies daran liegen, daß seine Geldmittel zur Bestellung eines Lenkers nicht ausreichten (Dornseiff), jedenfalls hebt Pindar ausdrücklich hervor, daß er »nicht durch fremde Hände die Zügel habe lenken lassen«, was besagt, daß es sich dabei um die Ausnahme von der Regel handelt (Pindar, I. I, 15). Nero aber machte sich, als er 67 n. Chr. selber als Wagenlenker in Olympia auftrat, schon darum lächerlich, weil die Technik des Rennfahrens so kunstmäßig entwickelt war, daß sie nur noch berufsmäßig gehandhabt werden konnte.

Karrhotos lenkte (nach Pindar) das Gespann seines Schwagers Arkesilas – Nikomachos das des Theron – ein Phintis das des Hagesias (vgl. Wilamowitz, Isyllos 170) – der Sohn eines Knopion das Gespann eines Alkmäoniden (BCH 1920, 229; vgl. Wilamowitz, Pindaros 156) – Lichas legte nach dem Rennen seinem Wagenlenker die Tänie um (Paus. VI, 2, 2) – es liegt in der Natur des Wagenlenkerstandes, daß wir die Namen so selten erfahren. Aber auch wo keine ausdrückliche Überlieferung vorliegt, läßt sich in vielen Fällen nachweisen, daß die Besitzer ihre Gespanne nicht selber lenkten, sondern mit Wagenlenkern zu den Rennen schickten: so etwa, wenn eine Frau den Wagen in Olympia rennen ließ (z. B. Kyniska, Paus. V, 8, 11; Rossezüchterinnen aus Sparta und Makedonien, Paus. III, 8, 1); denn Frauen war der Zutritt zu den olympischen Spielen untersagt. Oder, wo mehrere Gespanne des gleichen Besitzers auf einmal starteten (Alkibiades, Dionysios). Schließlich dort, wo sich nachweisen läßt, daß der Besitzer aus historisch-politischen Gründen dem Rennen selbst nicht beigewohnt hat. Dies trifft auch für die Deinomeniden Gelon, Hieron, Polyzalos zu, die offenbar den mutterländisch-griechischen Boden nie betreten haben.

Gelon hatte sich vom Reiterobersten zum Machthaber aufgeschwungen; daß Hieron Rennpferde selber eingefahren hat, ist durch Pindars II. pythisches Gedicht bezeugt; wenn Polyzalos 478 den Oberbefehl über die Truppen innehatte, so mußte er von Reiten und Reiterei etwas verstehen. Pferdekenntnis und praktischer Umgang mit

◁ Abb. 67 Kopf des Wagenlenkers Abb. 66.

den Pferden wird die Grundlage für die Rossezucht der Deinomeniden gewesen sein. Aber das Gestüt, dieser kostbarste und beneidetste Besitz, bedurfte ständiger, uneingeschränkter Pflege, welche der Tyrann der Staatsgeschäfte wegen selbst nicht übernehmen konnte, zumal wenn die Rennpferde über See nach Hellas geschickt wurden, um dort Jahr und Tag zu bleiben und die Rennen mitzumachen. »Sie erforderten eine starke Bedienungsmannschaft, und der Wagenlenker... darf nicht als ein bloßer Kutscher angesehen werden; er wird die tatsächliche Verantwortung getragen haben« (Wilamowitz, Pindaros, 136). Die Tyrannen aber, deren Herrschaft nicht auf Legitimität, sondern auf Macht begründet war, die, wie etwa für Hieron bezeugt ist, sich mit einer Leibwache und mit Geheimagenten (ὠτακουσταί) umgaben, durften weder durch längere Abwesenheit ihre Herrschaft gefährden noch ihr Leben bei einem Wagenrennen auf das Spiel setzen, noch sich unbekümmert in den Trubel eines großen panhellenischen Festes mengen; sie haben in der Regel, außer im Kriegsfall oder bei ihrer eigenen Vertreibung, ihre Landesgrenzen nicht verlassen. Schließlich das Alter der Deinomeniden: als Gelon 478 an Wassersucht leidend seine Herrschaft abtrat und bald darauf starb, war er »im Königtum gealtert« (Diodor XI, 23, 3). Sein Geburtsdatum wird allgemein mit 540–30 angenommen; demnach würde er bei seinem Tode zwischen 50 und 60 Jahre alt gewesen sein. Hieron, der zur Abfassungszeit von Pindars Pythie III (wohl 473) an Steinbeschwerden litt, »begleitete noch im Alter seine Truppen in einer Sänfte ins Feld« (Schol. Pindar P. I, 97). Polyzalos war jünger als Hieron, aber älter als Thrasybul, der 466 Hieron in der Herrschaft folgte. Im Jahre 478, zur Zeit seines ersten Sieges in Delphi, als er Gelons ganzes Vermögen mitsamt der Witwe übernahm und den Oberbefehl über die Truppen innehatte, kann auch er nicht mehr jung gewesen sein, jedenfalls nicht so jugendlich, als es die Statue des delphischen Wagenlenkers ist. Zeigt diese Statue vielleicht den Fürsten in idealisiert-verjüngter Gestalt und in der Tracht des Lenkers?

Wir überblicken wieder die Liste der freiplastischen Gespanne.[5] In vielen Fällen stand der Lenker in seiner Berufstracht alleine auf dem Wagen – waren dies alles als Lenker drapierte Eigentümer? Den Ausschlag geben solche Fälle, wo Eigentümer neben Lenker abgebildet war; dort stand der Lenker in seiner Tracht und seine Tätigkeit ausübend auf dem Wagen, und außerdem der Eigentümer – mithin nicht in der Tracht des Wagenlenkers! In einem einzigen Falle (Gelon Olympia) könnte der Besitzer allein auf dem Wagen gestanden haben (sofern dort nicht ἅρμα den Lenker einbegreift), dann wohl die Zügel führend – aber in der Tracht des Lenkers? Welches Interesse hätte ein siegreicher Eigentümer, zumal ein Tyrann, haben sollen, sich gewissermaßen inkognito darstellen zu lassen, so daß ihn jedermann mit seinem Wagenlenker verwechseln mußte? Und weshalb sollte ein Fürst wie Polyzalos die Binde tragen, das Zeichen dessen, der als Namenloser das Rennen tatsächlich gefahren hatte, und nicht den Siegeskranz, welchen als »ἀρισθάρματον γέρας« derjenige erhielt, der durch den Herold offiziell zum Sieger ausgerufen wurde?

Wir haben keinen Grund, in dem Wagenlenker von Delphi etwas anderes zu vermuten, als was er darstellt, einen Wagenlenker in der Berufstracht, die sich von den uns geläufigen Beispielen nur durch die Ärmel unterscheidet. Dagegen spricht nicht die edle Erscheinung, welche auf vornehme Abstammung weist; denn ein Wagenlenker war eben etwas anderes als ein Pferdeknecht. Die mythischen Wagenlenker, die wir kennen, sind durchweg edler Herkunft; die Lenker der historischen Zeit sind meistens unbekannt geblieben; wo wir aber etwas über ihre Abstammung erfahren, weist es in gleiche Richtung: wie der mythische Lenker Baton ein Verwandter seines Herrn, des Amphiaraos war, so lenkte Karrhotos das Gespann seines Schwagers, des Arkesilas von Kyrene (so nach Pindars Worten P. V.). Therons Lenker Nikomachos war immerhin so vornehm, daß er mit den Spondophoren von Olympia in Gastfreundschaft stand (Pindar, I. II, 17 mit Schol.): Nikomachos war Athener und fuhr für Theron von Akragas; ein Böoter war Lenker eines Alkmäoniden (s. oben); so konnte des Polyzalos Lenker entweder ein (οἴκειος) sein oder ein aus der Fremde engagierter Adliger. Daß diese Lenker sich für ihre Tätigkeit belohnen ließen, macht sie nicht zu »Angestellten«; auch die großen Dichter, etwa an Hierons Hofe, schenkten ihre Siegeslieder nicht umsonst. – Der Wagenlenker von Delphi ist kein Banause, aber auch kein herrscherlicher Mensch. Er ist edel, aber nicht erhaben – voll reger Sinne, aber nicht durchgeistigt – nicht selbstbewußt, sondern instinktiv sicher; er hat etwas Einseitiges, ganz mit seiner Tätigkeit Verwachsenes und von ihr Begrenztes, durch und durch Geschultes, das – um es durch ein Beispiel zu umschreiben –, was Platon und seine Schüler an einem Wagenlenker so bewunderten (Lukian, Dem. enc. 23), welcher die Akademie mehrmals hintereinander immer in genau der gleichen Spur umfahren konnte, so daß am Boden nur die Merkmale einer einzigen Umfahrt sichtbar waren.

1 Die Starkknochigkeit kommt besonders in der Rückansicht, Abb. 63, zum Ausdruck. Die Fußstellung dieser Abbildung entspricht der Wirklichkeit nicht; der rechte Huf müßte vorne stehen, der linke hinten, auch müßten die Hufe leicht nach außen gedreht sein – die Montierung im Museum ließ indessen nur beschränkte Möglichkeiten zu.
2 Bezeichnend für die Realistik, die in den Füßen des Wagenlenkers ihr Gegenstück hat, ist etwa, daß hier die »Kastanien« eigens eingesetzt sind (die rechte ist herausgefallen), was das warzenartige Aussehen steigert.
3 [Ausstellungskatalog Die Pferde von San Marco 1982, 165 Nr. 53, mit nicht überzeugender Spätdatierung].
4 Wenn auch die Zugehörigkeit des Schweifes gerade zu diesen Pferdebeinen nicht gesichert ist, so ist beim Viergespann doch die gleiche Haltung und Bewegung für alle vier Pferde gleichmäßig anzunehmen.
5 [Sie findet sich in R. Hampes Publikation auf S. 5.]

Die Stele aus Pharsalos im Louvre
1951

Ehe wir zur Deutung übergehen können, müssen wir auf eine Frage Antwort geben, die oben offen blieb: Wie ist dies Denkmal (Abb. 68) zu ergänzen? Das rechte Mädchen wurde bisher sitzend angenommen. Zu dieser Auffassung hat beigetragen, daß das Relief früher schief aufgestellt und dementsprechend auch schief abgebildet worden war. Photo Alinari zeigt die Schrägstellung in voller Deutlichkeit. Dadurch erscheint der Kopf des rechten Mädchens tiefer als sein Gegenüber. Das erweckt den Eindruck, als sei die rechte Gestalt älter, würdiger, sitzend dargestellt. Aber mit Worten läßt sich leicht rekonstruieren. Über vage Vorstellungen führt nur der zeichnerische oder plastische Versuch hinaus. Ch. Picard hat das Verdienst, daß er als Einziger einen zeichnerischen Rekonstruktionsversuch vorgelegt hat. Daß er nicht ganz befriedigend ausfiel, wurde schon von anderer Seite ausgesprochen (G M. A. Richter, Archaic Greek Art 157). Auch wir können unsere Zweifel an der Richtigkeit nicht unterdrücken, so schwer es fällt, der Auffassung eines so verdienten Forschers nicht zu folgen.

Picard hat offenbar gespürt, daß es darauf ankam, für das linke, stehend angenommene Mädchen Höhe zu gewinnen. Er hat daher der »Sitzenden« Fußschemel und Thron gegeben (Abb. 69). Die Thronende füllt in der unteren Hälfte des Reliefs den Vordergrund derartig aus, daß die Stehende dahinter fast verschwindet. So kann man auf den ersten Blick das Unproportionierte dieser Gestalt wohl übersehen. Nicht aber, wenn man sich daran macht, den Akt des stehenden Mädchens durchzuzeichnen. Dann gewahrt man nämlich, daß nach Picards Ergänzung die Knie der Stehenden erst dicht über der Oberkante des Schemels würden anzusetzen sein. Die Unterschenkel würden dabei viel zu kurz geraten.

Die Abb. 69 und 70 versuchen die Vorstellung von Sitzender und Stehender zu retten. Der Stuhl wurde übermäßig hoch gezeichnet, mit einem Kissen belegt, um Höhe zu gewinnen. Aber auch das reicht noch nicht aus. Das stehende Mädchen erhält auch so noch Proportionen, die mit dem erhaltenen Oberkörper nicht in Einklang stehen. Gegen Picards Lösung (Abb. 69) spricht noch ein weiterer Umstand: Wäh-

Abb. 68 Paris, Louvre. Stele aus Pharsalos. Höhe des Erhaltenen 57 cm.
Um 460 v. Chr.

rend die Hände des linken Mädchens beide vor der erhobenen Rechten der »Sitzenden«, also in der vorderen Bildebene erscheinen, während überhaupt ihr Oberkörper sich stark in den Vordergrund drängt, würden ihre Beine ganz in der Bildtiefe hinter den Beinen der Sitzenden, hinter Stuhl und Schemel verschwinden. Sie würde gleichsam von unten nach oben schräg auf den Beschauer zu aus dem Relief herausragen. Stellt man aber das linke Mädchen ganz in den Vorder-

Abb. 69 und 70 Stele Abb. 68. Frühere Ergänzungsvorschläge.

Abb. 71 Stele Abb. 68. Neuer Ergänzungsvorschlag.

grund, wie es der erhaltene Oberteil nahelegt (Abb. 70), so würde das rechte Mädchen, das als »sitzende«, ältere und würdigere Gestalt doch den Anspruch hätte, Hauptfigur zu sein, ganz ungebührlich überschnitten. Es würde von den Knieen abwärts ganz verschwinden. Außer den zu kurzen Proportionen der Stehenden wirkt aber bei allen diesen Rekonstruktionsversuchen störend, daß der Fluß der Falten, die vor allem bei dem rechten Mädchen so glatt und zügig von der Schulter fallen, ganz unvermittelt abgeschnitten würde, ohne irgendwie auszuschwingen.

Die zeichnerischen Versuche, von denen hier nur eine Auswahl vorgelegt wird, machen vielmehr deutlich, daß das rechte Mädchen nicht sitzend dargestellt gewesen sein kann. Rückt man Photo Alinari aus der schrägen Lage so zurecht, daß beide Reliefseiten zur Senkrechten das gleiche Verhältnis haben, so ergibt sich, daß das rechte Mädchen ihr Gegenüber sogar etwas überragte. Sie ist zwar die ältere, voll erblühte, aber doch nicht in matronaler Würde sitzend dargestellt. Die Zeichnung (Abb. 71) soll eine wörtliche Interpretation ersetzen und deutlich machen, daß beide Mädchen sich ruhig gegenüberstanden. Das erhaltene Fragment zeigt auf der Zeichnung alle Faltenzüge, die Ergänzung nur die wichtigsten Konturen; allein die Bäusche des Überkleides sind im Detail ausgeführt, um die im Fragment gegebenen Falten fortzusetzen und verständlich zu machen. Detailentwürfe auch des übrigen haben wir wohl gemacht, sehen aber davon ab, sie vorzulegen. Das Auge des Betrachters würde sich dabei zu sehr an eine Vorstellung gewöhnen, die nicht überliefert ist. Auch in den Konturen der Beine, der herabfallenden Gewänder, in der Lösung, wie die Füße sich begegnet oder überschnitten haben müssen, kann die Zeichnung nicht hoffen, die feine Empfindlichkeit und zugleich anmutige und hoheitsvolle Gelassenheit auszudrücken, die das Original – nach dem Erhaltenen zu schließen – gehabt haben muß. Es soll genügen, wenn durch die Zeichnung dargetan wird, daß beide Mädchen, das ältere und das jüngere, sich gegenüber standen [vgl. Abb. 72].[1]

Es ist die Form der hohen, schmalen, sich nach oben leicht verjüngenden Grabstele, die sich bei dieser Ergänzung ergibt, und dies ist für die Deutung wichtig: Eine der beiden Dargestellten muß die Verstorbene sein; aber sie steht der anderen nicht als schattenhaftes Wesen gegenüber, auch nicht einfach als die Lebende. In jener merkwürdigen

Abb. 72 Volos, Museum. Thessalische Grabstele mit zwei Mädchen. Mittleres 5. Jahrhundert v. Chr.

Verschmelzung von Leben und Tod, wie sie E. Buschor für die Bilder auf den attischen Grablekythen aufgezeigt hat, in jenem zeit- und ortlosen Sein, jener »unwirklichen«, aber um so ergreifenderen Sphäre, wird hier das Dasein der Verstorbenen in einem durch den Tod verklärten Lebensbild erhöht. Die Frage, mit welcher der beiden Gestalten der Künstler die Verstorbene meinte, ist hier wie auf so vielen Grabdenkmälern nicht ohne weiteres zu lösen. Denn es war ja »innerstes Verlangen der antiken Sepulkralkunst, den Toten immer leibhaft vorzuführen und im Bilde weiterleben zu lassen.« »Der Sinn dieser Bilder ist ja nicht, den Toten herauszuheben, sondern die Verbundenheit zweier Menschen zu verewigen.« »Der Künstler will zeigen, wie der Tote im Leben war, was er gerne tat, mit wem er in Treue und Liebe verbunden war.«[2] Hier ist es ein älteres und ein jüngeres Mädchen, deren innige Verbundenheit über den Tod hinaus verewigt werden soll.

Schon mancher hat sich angesichts dieses Reliefs an Sappho erinnert gefühlt; will man sich aber über das unbestimmte Gefühl hinaus Rechenschaft geben, was dies Fragment mit dem Eindruck verbindet, den wir von Sapphos Liedern haben, so muß man fragen: Ist ein ähnliches Verhältnis, wie es Sappho mit ihren Schülerinnen verband, in Thessalien im 5. Jahrhundert denkbar? Die bildlichen Darstellungen so vertraulichen Verkehrs zweier Freundinnen hat v. Salis (1930) mit feiner Einfühlung besprochen und dabei an Sappho erinnert. Neben den archaischen Zeugnissen der Inselkultur mit ihrer naivsachlichen Vortragsweise nannte er auch ein Werk frühklassischer Zeit, die Stele aus Pharsalos mit ihrer zarten, verhaltenen Inbrunst und adligen Innigkeit. »Und doch«, sagt er, »sind es hier wie dort die gleichen Fäden, die sich vor unserem Auge von Mensch zu Mensch spinnen«.[3] Sappho ist nicht die einzige Zeugin für solche Frauenbünde im alten Griechenland. Erst kürzlich wurde hierauf von W. Schadewaldt nachdrücklich verwiesen.[4] Sappho war nur die ausgeprägteste Erscheinung, die durch ihre dichterische Leistung dem, was sich an manchen Orten Griechenlands gleichartig vollzog, über den Tod hinaus dauerndes Andenken verlieh. Man hat das Phänomen Sappho in der Regel als fortschrittliche Erscheinung, als Emanzipation gewertet, und schon im Altertume wurde sie aus diesem Grunde mißverstanden. Ihre aiolische Heimat aber war eine Gegend »des

Beharrens und Bewahrens«, eine Gegend, in der uralte Traditionen sich länger erhalten haben als in anderen griechischen Bezirken. So bricht sich neuerdings die Erkenntnis Bahn, daß wir Sappho zu verstehen haben nicht aus einem fortschrittlichen Sich-Herauslösen, sondern vielmehr umgekehrt aus einem Weiterleben uralter Überlieferung, die letzten Endes in der Welt des 2. Jahrtausends wurzelt. In der Bildkunst der minoischen Zeit auf Kreta hat die Rolle, welche die Frau in der ägäischen Frühzeit spielte, sichtbaren Ausdruck hinterlassen. Die aiolischen Einwanderer des 2. Jahrtausends sind mit dieser Welt noch unmittelbar in Berührung gekommen, ehe die Stürme der sogenannten »dorischen Wanderung« hereinbrachen, Erschütterungen, von denen die Aiolis selbst weitgehend verschont geblieben ist. Die Stele aus Pharsalos stammt aus aiolischem Gebiet des Festlandes, aus Mittelgriechenland, einer Gegend also, für die es feststeht, daß sich dort uralte Traditionen in Mythos, Kult und Sitte bis tief in klassische und nachklassische Zeit erhalten haben. Wie in anderen Landschaften kann man auch in Böotien Namen von Dichterinnen, von Frauen, die eine der Sappho vergleichbare Rolle gespielt haben mögen, namhaft machen. Für die traditionsgebundene Adelswelt Thessaliens ist Ähnliches anzunehmen. Geschichte kann man freilich auf Vermutungen nicht gründen, sondern nur auf das, was überliefert ist; aber das darf nicht täuschen über den Umstand, daß das Überlieferte nur einen kleinen Ausschnitt darstellt aus dem, was einst gelebt wurde, daß es viele Erscheinungen gab, die den Menschen seinerzeit so selbstverständlich schienen, daß sich Aufzeichnungen darüber erübrigten.

1 [Eine von V. Milojcic 1959 in Thessalien gefundene etwa gleichzeitige Stele zeigt tatsächlich diese Anordnung: H. Biesantz, Die thessalischen Grabreliefs (Mainz 1965) 7 Taf. 18 K 4; ebendort 22 Taf. 17 K 36 die Stele aus Pharsalos.]
2 Buschor, Attische Lekythen der Parthenonzeit, MJb. N. F. 2, 1925, 167 ff.
3 A. v. Salis, Theseus und Ariadne (1930) 10.
4 W. Schadewaldt, Sappho, 1950, 11 ff.; Formen der Liebeswerbung: ebenda 86.

GLASPASTE MIT BÜSTE DES KÖNIGS KODROS
1971

Die ovale, dunkelviolette Glaspaste (Abb. 73a und b) zeigt die Büste eines Mannes mit vollem Bart und reichen über die Schläfen und in den Nacken fallenden Locken. Unter ihnen ist ein Stück der Schulter sichtbar. Hier hält eine Rundfibel das Ende der Chlamys, die sich nach der Brust hinzieht. Um das Haupt liegt ein breites Band, das linksläufig die Inschrift trägt ΚΩΔΡΟΣ ΒΑΣΙΛΕΥΣ. Eine weitere, winzige Inschrift findet sich hinter den Nackenlocken, entlang dem Rande der Paste. Sie lautet ΗΕΙΟΥ.

Abb. 73a und b Heidelberg, Universität. Glaspaste mit Büste des Königs Kodros (a Original, b Abdruck). Höhe 2,1 cm; Breite 1,7 cm. Kat.-Nr. 147. Mittleres 1. Jahrhundert v. Chr. nach klassischem Original.

Die Glaspaste gibt eine vertieft geschnittene Gemme (Intaglio) wieder, die aus kostbarem Stein bestand. Solche Glaskopien (nach einem wohl aus Ton bestehenden Abdruck) waren schon in der Antike ein sehr beliebtes Vervielfältigungsverfahren. Was bei der Gemme negativ, d.h. eingesenkt ist, wird beim Abdruck – etwa beim Siegeln – positiv, d.h. plastisch vorstehend. Auf solche Abdrücke waren die meisten Gemmen berechnet. Wir bilden einen solchen Abdruck ab.

Der Kodroskopf, auf der Gemme (bzw. der Paste) nach rechts gewandt, blickt auf dem Abdruck nach links. Die Fibel, auf dem Intaglio an der rechten, sitzt auf dem Abdruck an der linken Schulter. Vor allem die Inschriften, auf dem Original (bzw. der Paste) linksläufig, laufen auf dem Abdruck richtig, d.h. nach rechts. Es fällt auf, daß gerade in den Vertiefungen der Paste sich Spuren von Abnutzung finden, so auch bei den mittleren Buchstaben auf der Binde. Das bedeutet, daß die Gemme als Siegel in Gebrauch gewesen und etwas abgenützt war, ehe sie als Glaspaste abgeformt wurde.

Die Inschrift HEIOY begegnet noch auf einer Reihe anderer geschnittener Steine, oder auf Abdrücken von solchen, die für die Forschung ein bis heute noch nicht gelöstes Problem darstellen: Handelt es sich dabei um eine Künstlersignatur oder um eine Besitzerinschrift? Sind die Inschriften überhaupt antik oder eine spätere Zutat auf antiken geschnittenen Steinen? Oder sind gar die geschnittenen Steine selbst samt diesen Inschriften modern, d.h. Schöpfungen des 18. Jahrhunderts?

In der 1960 erschienenen Enciclopedia dell'Arte Antica III 1132 liest man: »Heios (Ἥιος) – Nome usato spesso dai falsificatori per indicare un preteso incisore o, più probabilmente, un proprietario di gemme antiche (HEIOY). Tale nome è stato derivato forse da quello di un celebre collezionista siciliano, C. Heius, citato da Cicerone nelle sue Verrine (IV, 2 ss.). Fra tutte le gemme col suo nome una sola, con un tipo arcaistico di Artemide con cerva, pare copia di un originale antico: tutte le altre sono false.«

Angesichts dieses Verdammungsurteils scheint es nützlich, die Geschichte der Forschung zu dieser Frage kurz zu überblicken; denn nur so lassen sich die bisherigen Mißverständnisse aufklären. Die Diskussion entzündete sich einst an einer Glaspaste in der Sammlung des Barons von Stosch (1724). Diese stellt – in archaistischem Stil – eine neben einem Hirsch stehende, langgewandete Diana mit entblößter Brust dar, die in der linken Hand den Bogen hält. Die Glaspaste gelangte später in das Britische Museum. Nach Stosch's Angabe soll das Original, nach dem der Glasabdruck genommen wurde, ein Achat gewesen sein. Dies Original blieb jedoch lange Zeit verschollen. Raponi (1786) erwähnte diese Glaspaste im Text als ein »ouvrage de Hejus«, ließ aber auf seiner Tafel 6, 9 die Inschrift nicht wiedergeben.

Winckelmann (1760) hielt die Inschrift für den Namen des Graveurs HEIOY und glaubte, das Werk müsse wegen der Aspiration des Namens sehr alt sein. Raspe (1791) nahm die Signatur für »the name of a Greek master« und meinte, der Abdruck müsse von einem Skarabäus genommen sein »for it has the presented Etruscan border«. Choiseul-Gouffier (1809) brachte einen weiteren Heius-Stein mit Darstellung des Diomedes, Dolon und Odysseus ins Spiel, bildete ihn aber ohne die Inschrift ab. Der Sard gelangte später in das Britische Museum. Visconti (1829) las auf der Glaspaste mit Diana nicht Heios, sondern ἤεος, Eeus und hatte an der Echtheit keine Zweifel. In der Cades-Abdrucksammlung (1836) ist die Diana-Paste als »opera greca di Eio« aufgeführt. Raoul-Rochette (1845) schlug die Lesung Heius vor und bezog diesen Namen zum ersten Mal auf den von Cicero in seinen Reden gegen Verres (II 5; IV 2) erwähnten sizilischen Kunstliebhaber gleichen Namens, der von Verres beraubt worden war.

Dann nahm die Forschung eine neue Wendung: Letronne (1845) hielt den Namen Heius für vermutlich oskisch; auf die antike Gemme sei – im Anschluß an die Verrinen des Cicero – in der Neuzeit eine Inschrift angebracht worden. Die übrigen Heius-Inschriften seien nach diesem Muster gefälscht worden. Als Beweis führt er an, die Dolon-Gemme bei Choiseul-Gouffier (1809) sei ohne Inschrift abgebildet. Letronnes Verdikt hat eine lange Nachwirkung gehabt und hat sie noch, obwohl sich zeigen läßt, daß seine Argumentation nicht stichhält; denn auch bei Raponi (1786) ist die Inschrift auf der Diana-Paste zwar nicht mit abgebildet, aber im Text erwähnt, war also zweifellos vorhanden. Brunn (1859) hielt sowohl die Inschrift als die Gemme für gefälscht; die Gemme, weil »die entblößte Brust der Göttin ... nie auf diese Weise von den Griechen gebildet worden ist, am allerwenigsten auf einem Werke der frühen Zeit«; für die Inschrift, räumt er ein, wisse er »nun freilich auch keinen bestimmten Grund für die Wahl dieses Namens zu einer Fälschung anzugeben«. King (1867) faßte die Inschrift nicht mehr als Künstlersignatur, sondern als Namen des Eigentümers auf.

Furtwängler veröffentlichte 1888/9, in Ergänzung zu der Glaspaste in London, eine weitere in Berlin. Er hielt die Gemme für antik, die Inschrift aber (mit Letronne und Brunn) für modern. Über eine Anzahl weiterer Heius-Gemmen fällte er das General-Urteil: »ganz gefälscht«.

Dies Urteil hat die Forschung unheilvoll beeinflußt, zumal dieser Aufsatz später in Furtwänglers Kleine Schriften II (1913) 273 f. aufgenommen wurde, die eine weite Verbreitung fanden. So stehen noch Sieveking (1912), Dalton (1915) ganz im Banne dieses Fehlurteils, und noch der oben zitierte Artikel in der Enciclopedia dell'Arte Antica (1960) geht darauf zurück. Daß sein Urteil über die Diana-Paste ein Fehlurteil war, erkannte Furtwängler bald selbst, und hatte den Mut, dies offen zuzugeben. Denn inzwischen war das lang vermißte Original, nach dem einst die Diana-Paste abgeformt war, wieder aufgetaucht: ein rotbrauner Sard, oder, was dasselbe ist, Karneol, der 1890 mit der Sammlung Carlisle in das Britische Museum gelangte, wie Murray 1891 bekanntgab. Nach gründlicher Untersuchung des Originals kam Furtwängler in seinem großen Werk über die antiken Gemmen (1900) zu dem Schluß, Stein und Inschrift der Diana-Gemme seien antik. Er widerrief dabei seine vorige Ansicht ausdrücklich (II 109): »Früher waren nur moderne Glasabgüsse bekannt ... Damals hielt ich die Inschrift fälschlich für eine neuere Zutat.« Es heißt dort ferner: »Im unteren Abschnitt steht die Inschrift HEIOY, die antik und gleichzeitig mit dem Bilde, d. h. genau in dessen Weise eingraviert ist. Es sind noch kleine Reste echter Verwitterung um die Buchstaben erhalten, die jeden Zweifel an ihrer Echtheit ausschließen.« Er hielt den Stein für augusteisch bzw. frührömisch. »Die Inschrift bezeichnet den Besitzer und ist ganz in Übereinstimmung mit der dieser Klasse von Gemmen eigentümlichen Art der Besitzerinschriften. Der römische Name ist griechisch geschrieben... Interessant ist die Wiedergabe der Aspiration.« – Reinach (1895) hatte Stein und Inschrift zwar für antik gehalten, die Inschrift aber für in der Antike später hinzugefügt. Beazley (1921) veröffentlichte eine Kopie der Londoner Gemme mit Odysseus, Diomedes und Dolon, hielt beide Steine für echt, die Inschriften aber für falsch. Lippold (1922) hielt die Londoner Diana-Gemme (mit Furtwängler) für antik, und zwar für »frührömisch-archaisierend«. Vollenweider (1966) schließt sich der Ansicht von Furtwängler und Lippold mit neuen Argumenten an, nennt als Entstehungszeit »caesarisch« und weist aus stilistischen Gründen weitere Steine der Werkstatt der Diana-Gemme zu.

Die übrigen Gemmen mit der Inschrift HEIOY sind bisher nur unzureichend veröffentlicht. E. Zwierlein-Diehl hat sich freundlicherweise bemüht, Abdrücke und Photos zu bekommen, soweit dies möglich war. Sie hat ferner das Material über die Entwicklung der Forschung über die Heius-Gemmen zusammengestellt. Unser vorläufiges Urteil geht dahin, daß man sich hüten muß, die Heius-Gemmen in Bausch und Bogen für Fälschungen, oder die Heius-Inschriften für moderne Zutaten auf antiken Steinen zu halten. Soviel wir sehen, sind unter den Heius-Gemmen nicht nur verschiedene Themen, sondern auch verschiedene Stilrichtungen wie hellenistisch, archaistisch, klassizistisch vertreten. Dies Nebeneinander halten wir nicht für ein Kennzeichen von moderner Fälschung. Es entspricht vielmehr einer Geschmacksrichtung, wie sie im 1. Jh. v. Chr. weit verbreitet war. Es wäre theoretisch durchaus denkbar, daß jener Heius, den Cicero erwähnt – er war ein Mann von angesehener, alter Familie und von großem Reichtum –, in seiner Sammlung neben den Meisterwerken griechischer Plastik und den wertvollen Teppichen, deren Verres ihn beraubte, auch eine Daktyliothek mit kostbaren geschnittenen Steinen – Originalen und Kopien von solchen – besaß, wie das in seiner Zeit Mode war. Plinius, nat. hist. 37, 1, 5 berichtet: »Eine Gemmen-Sammlung, welche man mit dem Fremdwort Daktyliothek bezeichnet, hatte in Rom zuerst Scaurus, der Stiefsohn des Sulla. Lange war diese die einzige, bis Pompejus der Große die, welche im Besitze des Königs Mithridates gewesen war, unter anderen Geschenken in den Tempel des Juppiter Capitolinus weihte, und diese war, wie Marcus Varro und andere Schriftsteller derselben Zeit versichern, der des Scaurus bei weitem vorzuziehen. Nach diesem Vorgange weihte der Diktator Caesar im Tempel seiner Ahnin Venus sechs Daktyliotheken, Marcellus, der Sohn der Octavia, im Tempel des palatinischen Apollo eine.«

E. Zwierlein-Diehl macht mich darauf aufmerksam, daß bisher – vor Lorenzo Medici – kein Fall nachzuweisen sei, in dem ein und derselbe Besitzername auf mehreren Gemmen steht. Dieses Argument ist zwar nicht zwingend, eröffnet aber die Möglichkeit, in Heius nicht, wie Furtwängler annahm, den Besitzer, sondern den Gemmenschneider zu sehen. Dieser müßte aber nach dem eklektischen Charakter seiner Werke in eben dieselbe Zeit wie der von Cicero erwähnte Kunstsammler Heius gehören. In mehreren Stilrichtungen zu arbeiten, wäre nicht nur für den allgemeinen Kunstgeschmack, sondern auch für den Geschmack der Künstler jener Zeit bezeichnend.

Die HEIOY-Inschriften variieren etwas in den Buchstabenformen – neben dem eckigen E steht etwa das runde wie z. B. auf der Heidelberger Kodros-Gemme. Solche Variationen der Buchstaben bei ein und demselben Künstler treffen wir auch bei anderen Gemmenschneidern, etwa bei dem bekannten Aspasios, an. Wie auf der Aspasios-Gemme die Athena Parthenos des Phidias, so ist auch auf der Kodros-Paste in Heidelberg ein klassisch griechisches Vorbild phidiasischen Stils wiedergegeben. Der Kopftypus gemahnt an den des sogenannten Kapaneus vom Schild der Athena Parthenos. Partien des Bartes erinnern an solche des Anakreon in Kopenhagen. Die nächsten Übereinstimmungen ergeben sich aber mit den Münzen hadrianischer Zeit aus Elis, die den Kopf des Olympischen Zeus des Phidias wiedergeben, vor allem bei dem so gut erhaltenen Berliner Exemplar: der Umriß des tiefen Hauptes; die breiten Strähnen der Kalotte mit den gewellten Furchen; die Auswölbung auf der Stirne über dem Nasenansatz; die Form der Nase selbst mit ihrem etwas fleischigen unteren Teil; der Bart der Oberlippe, unter dem die Unterlippe so rund und isoliert hervorschaut; das Vorquellen des Bartes über dem Kinn – die Bartlocken sind beim Kodros länger, rollen sich aber unten ähnlich ein, selbst die Form des großen artikulierten Ohres scheint die gleiche. Das Auge hat einen ähnlich ruhig erhabenen Blick. Das Haar im Nacken fällt beim Zeuskopf steiler, beim Kodros ringelt es sich nach vorne und rückwärts, wie in Schlangenwindungen. So reich bewegtes Haar haben auch die Phylenheroen am Ostfries des Parthenon. Damit kommen wir mit dem griechischen Vorbild der Kodrosgemme in die Zeit um etwa 440 v. Chr. Seinem Charakter nach geht der Kopf des Kodros auf ein statuarisches Vorbild zurück. Nun ist uns eine Statue des Kodros überliefert. Sie stand in Delphi in der vielfigurigen Statuengruppe, die uns Pausanis X 10, 1–2 beschreibt. Diese Gruppe soll aus dem Zehnten des Sieges bei Marathon geweiht und von Phidias geschaffen worden sein. Kodros stand dort neben Athena, Apollon, Miltiades und den Phylenheroen und Neleus. Sichere Reste des Denkmals sind nicht wiedergefunden worden. Die Datierung ist ungewiß. »Die einzig sicheren Anhaltspunkte gibt die Schaffenszeit des Phidias« (Gauer 1968). Wegen der Anwesenheit des Miltiades nimmt man in der Regel eine Entstehung in Kimonischer Zeit an. Die Darstellung von Kodros und Neleus, die nicht zu den Phylenheroen gehörten, weist aber auf die jonische Kolonisation hin, die von Nachfahren dieser beiden Heroen geleitet wurde. Das spricht eher für Entstehung der Gruppe in der Zeit des attischen Seebundes. In diese Zeit gehört, wie oben dargelegt, das Vorbild der Kodros-Gemme.

Jedenfalls geht der Kodroskopf auf ein statuarisches Vorbild phidiasischen Stils zurück. Die Inschrift dürfte dort auf der Basis gestanden haben. Wenn sie hier auf der Kopfbinde steht, so handelt es sich wohl um eine Eigenheit – eine Art Notbehelf – des Gemmenschneiders, die auch auf Münzen griechischer und römischer Zeit ihre Entsprechungen hat. Es handelt sich bei der Binde nicht etwa um ein Königsdiadem (mit hinten herabhängenden Bandenden), wie es erst für hellenistische Herrscher üblich wurde. Wir kennen solche Binden vielmehr aus Darstellungen von Kriegern und Amazonen im 5. Jh. v. Chr. Sie dienten den Kriegern dazu, das Haar, auf das man den Helm setzte, zusammenzuhalten. Hat die Statue des Kodros in der delphischen Gruppe, die sich vermutlich in unserer Gemme spiegelt, den Helm in der Hand gehalten? Auch die Chlamys mit Rundfibel würde zum kriegerischen Habitus passen. Haarbinden als künstlerisches Ausdrucksmittel waren in der Kunst des Phidias beliebt.

Es bleibt noch zu erklären, warum der Name des letzten Königs von Athen hier mit Ω geschrieben ist. Wir dürfen dies keineswegs als Argument neuzeitlicher Fälschung, etwa des 18. Jahrhunderts, auffassen. Daß gegenseitige Verwechslungen der Quantitäten, von ω und ο, von η und ε seit dem 3. Jh. v. Chr. auf Inschriften und Papyri häufig begegnen, war im 18. Jh. noch nicht so bekannt. Bei E. Schwyzer, Griechische Grammatik I (1939) 392f. wird auf dieses Phänomen eingegangen, und bei Meisterhans-Schwyzer in der Grammatik der Attischen Inschriften[3] (1900) 24 werden Beispiele aufgeführt, etwa Ἀντιγώνῳ (Anfang des 3. Jhs.), oder gar Σώλωνος (174/178 n. Chr.), κομῳδεια usf. Wenn solche Verschreibungen – mangels gedruckter Texte und Nachschlagewerke – so häufig waren, wenn selbst so berühmte Namen wie Solon falsch geschrieben wurden, dann wird verständlich, daß auch einem Gemmenschneider der spätrepublikanischen Zeit eine Verschreibung im Namen Kodros unterlaufen konnte. Das ω in Κώδρος ist daher ein Argument für Echtheit.

Wir sind zwar davon überzeugt, daß manche Gelehrte beim Auftauchen einer Heius-Inschrift – im Banne der oben skizzierten Forschungsgeschichte – a priori sagen werden »Fälschung« und daß sie auf das 18. Jh. verweisen werden. Ihnen sei entgegengehalten, was Reinach schon 1895 treffend forderte: »Ils devraient nous expliquer comment, au dix-huitième siècle, on a pu avoir l'idée de graver le nom d'un amateur romain sur une pierre, alors que tout le monde y cherchait des signatures d'artistes.« – Wie halten die Gemme, von der die Heidelberger Glaspaste abgeformt wurde, für ein Werk der spätrepublikanischen Zeit nach einem phidiasischen Vorbild aus der 2. Hälfte des 5. Jhs. v. Chr.

147 Inv. 61/7. – H. 2,1 cm; Br. 1,7 cm. – Aus Privatbesitz. Rückseite glatt mit einigen Kratzern, die wohl vom Prüfen, ob Glas oder Edelstein, stammen. – [Die Literatur zu Gemmen mit Heius-Inschriften (Auswahl) findet sich, chronologisch geordnet, S. 115 f. des Katalogs].

Verschiedene Buchstabentypen bei demselben Gemmenschneider: Aspasios, Vollenweider a. O. 31 f.; Thamyras, Vollenweider a. O. 37 f.
Zur Berliner Münze mit dem Zeuskopf aus Elis: J. Liegle, Der Zeus des Phidias (1952) 114 ff.
Zum Marathondenkmal des Phidias in Delphi: W. Gauer, Weihgeschenke aus den Perserkriegen, Istanbuler Mitteilungen, Beiheft 2, 1968, 25 f., 65 ff. mit Lit.; T. Hölscher, AA. 1969, 418 f.
Binden mit Inschriften begegnen vereinzelt schon im späten 5. Jh. v. Chr., etwa auf den Münzen von Syrakus. Stempelschneider setzen ihren Namen oder eine Abkürzung desselben als Signatur auf die Binde der Arethusa, Kraay-Hirmer, Greek Coins (1966) Taf. 41 ff. – Einzelne Buchstaben auf Haarbinde der Artemis, Tetradrachmon von Eretria (2. Jh. v. Chr.), Kraay-Hirmer Taf. 122, 373. – Inschrift Numa auf Haarbinde, E. A. Sydenham, The Roman Republican Coinage Taf. 27, 1032 (ca. 49 v. Chr.); Vergrößerung der Münze: Bollettino d'Arte 34, 1949, 104 Abb. 6.
Binde unterm Helm: Athena auf Kelchkrater aus Spina in Ferrara, Alfieri- Arias-Hirmer, Spina (1958) Taf. 71. 72; Beazley, ARV. 1680 f. – Sich rüstende Krieger auf der Schale des Duris in Wien, CVA. Wien, Kunsthist. Mus. 1 Taf. 10; Beazley ARV. 427, 3. – Gepanzerter Schlichter in der Mitte der Streitszene auf der großen Schale des Penthesilea-Malers aus Spina in Ferrara, Alfieri-Arias-Hirmer, Spina (1958) Taf. 30. 31 und 32 oben; Beazley ARV. 882, 35. – Penthesilea und gefallene Amazone auf der Penthesileaschale in München, Shefton-Hirmer, Taf. 168. 169; Beazley, ARV. 879, 1 [hier S. 304, Abb. 80]. – Vgl. auch A. Krug, Binden in der griechischen Kunst. Diss. Mainz 1967, 131 Anm. 75.
Binden als künstlerisches Ausdrucksmittel in der Kunst des Phidias: E. Langlotz, Phidiasprobleme (1947) 81.

Statuette eines jungen Nubiers
1976

Die vorzüglich gearbeitete Bronzestatuette (Abb. 74 und 75) zeigt einen jungen, nackten Nubier, der in der rechten Hand einen Gegenstand von rundem Querschnitt hielt, wohl einen schweren Elefantenzahn, der hier aus Elfenbein eingesetzt war. Dessen Gewicht bestimmt die durchgebogene Haltung seines Trägers. Die Neigung des Kopfes, der lockere Stand mit der ausschwingenden Hüfte, die verschobenen Schulterblätter, die Falten im Rücken zeugen ebenso von scharfer Naturbeobachtung wie die ethnischen Merkmale, die der Künstler fein herausgearbeitet hat; die zottigen Haare, das breite Gesicht mit seinem dumpfen, leidenden Ausdruck, den grazilen Körperbau. Und dennoch liegt hier kein krasser Realismus, sondern eher eine Idealisierung vor, ein Hinausheben über das Zufällige des Augenblicks zu sinnbildlicher Bedeutung. Das kleine plastische Werk hat keine Ansichtseite, ist rundum zu betrachten, ist in sich geschlossen; nur der Blick dringt jäh heraus, eröffnet einen weiten Raum. Diese Merkmale weisen in die hohe Zeit der hellenistischen Kunst im 3. Jh. v. Chr. Damals dürfte diese Statuette von einem Künstler in Alexandria geschaffen worden sein.

Abb. 74 und 75 Paris, Cabinet des Médailles. Bronzestatuette eines jungen Nubiers. ▷
Höhe 20 cm. 3.-Jahrhundert v. Chr.

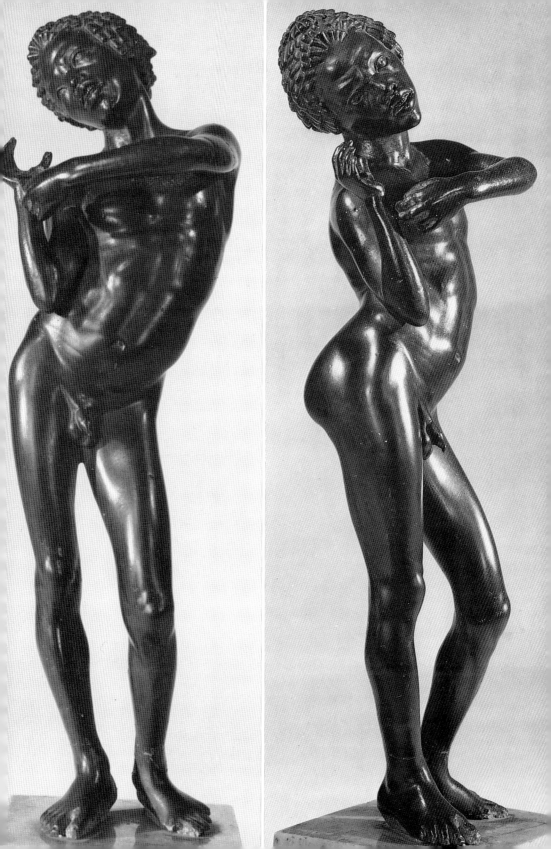

Zur Laokoongruppe
1972

Daß einige Interpreten es als sicher erachten, der ältere Sohn werde der tödlichen Umschlingung noch entgehen, andere dies unentschieden lassen,[1] ist verständlich, denn die rhodischen Künstler haben diese Frage offenbar bewußt in der Schwebe gelassen. Der Grund hierfür mag einmal in der gewandelten Fassung des Mythos liegen. Nach Vergil (Aen. 2, 213 ff.) werden beide Söhne (vor dem Vater) getötet. Die in der vatikanischen Gruppe (Abb. 76) gestaltete Situation läßt beim Betrachter die Auslegung nach der alten epischen wie nach der neuen vergilischen Version zu. Vor allem aber wird die ästhetische Wirkung ungemein erhöht. Durch die Ungewißheit, ob der ältere Sohn dem Verderben entrinnen wird oder nicht, wird die Anteilnahme des Betrachters verstärkt, wird die »dramatische Zuspitzung« der Szene erreicht. Goethe hat dies stark empfunden und klar ausgedrückt: »Der älteste Sohn ist am leichtesten verstrickt; er fühlt weder Beklemmung noch Schmerz, er erschrickt über die augenblickliche Verwundung und Bewegung seines Vaters, er schreit auf, indem er das Schlangenende von dem einen Fuß abzustreifen sucht; hier ist also noch ein Beobachter Zeuge und Teilnehmer bei der Tat, und das Werk ist abgeschlossen.«[2] Die Gestalt des älteren Sohnes hat eine Mittlerrolle zwischen Darstellung und Betrachter, bezieht den Betrachter gleichsam als Mitteilnehmer in die Handlung ein.[3]

Eine solche illusionistische Wirkung auf den Betrachter erstrebten die Künstler auch durch die Behandlung der Oberfläche, die durch ihre pointiert vorgetragenen Details »Naturwirklichkeit« vortäuscht, während sie durch bewußte Auswahl dieser Mittel »Kunstwahrheit« erreicht. Ist es erlaubt, hier von einem »Scheinnaturalismus« zu sprechen, dessen »künstlerische Schöpfung ganz von der Oberfläche her« bestimmt sei (Gross 1966, 113), oder hier eine »ganz von der Oberfläche her gestaltete malerische Plastik« zu sehen (Andreae 1967, 86)? Malerisch? Alle Formen der Laokoongruppe im großen wie im kleinen sind plastisch vorgetragen, nicht unbestimmt verschwommen, sondern bestimmt und akzentuiert; sie sind nicht nur dem Auge wahrnehmbar; sie wären auch dem Tastsinn eines Blinden faßbar.[4] Wer wollte leugnen, daß in dieser Gruppe die Natur organisch erfaßt, daß

Abb. 76 Rom, Vatikan. Laokoongruppe. 3. Viertel des 1. Jahrhunderts n. Chr.

jede Bewegung vom Motiv – und das heißt vom »Wesenskern« her – durchempfunden und rundum plastisch durchgestaltet wäre.⁵ Dies, obwohl die drei Dargestellten in ihrer Größe und in ihren Bewegungen so verschieden, in der Art ihrer Verstrickung und dem Grad ihres Leidens so differenziert sind.

Man kann von einer gewissen »Einansichtigkeit« der Gruppe sprechen; aber man darf dabei nicht vergessen, daß sie neben der Hauptansicht von der Mitte der Vorderseite auch andere mögliche Ansichten, vor allem die der plastisch voll ausgeführten Rückseite bietet. Nur mit dieser Einschränkung kann man von »Relieftiefe« sprechen, wobei erstaunlich ist, mit welch nuancenreichen Kontrasten jede einzelne Gestalt in ihrem Sich-Bücken, Sich-Winden, -Drehen und -Recken durch die verschiedenen »Reliefebenen« hin und her wechselt.

Das Gesicht des älteren Sohnes sei die Übernahme eines im Späthellenismus gebräuchlichen Typus, der seinerseits lysippische Formen wieder aufnehme. Was ist daran verwunderlich? Hat man doch schon mehrfach hervorgehoben, der Laokoon sei ein Zitat nach dem Alkyoneus des Pergamonaltars.⁶ Also auch der Laokoon eine Zutat? Es bliebe nur der jüngere Sohn als »ganz individuelle Schöpfung«.

Vielleicht sollte man erinnern an eine Notiz aus Goethes Nachlaß zur Restauration des Laokoon aus Paris 1801: »Die Köpfe müssen alle ganz allein in der Lage beurteilt werden, in der sie stehen; einzeln tut keiner seinen Effekt. Der Kopf des jüngeren Sohnes ist abscheulich, wenn man ihn abgenommen auf den Tisch vor sich hinlegt. Der ältere just das Gegenteil. Der Alte steht in der Gruppe und will auch so stehend gesehen sein. Furcht und Streben sind herrlich miteinander verbunden. Man schaue den übertriebenen Stirndrang des Knaben. Man schaue die über die Stirn vorstrebende Locke. Es ist Angst in dem Munde. Aber feste Angst. Teilnehmende gegenwirkende Angst. Der Kopf schon jugendlich beschoren. Der Jüngere hat die Haare noch weiblich, hinten aufgebunden und über der Stirn in einen Knoten vereinigt. Er will notwendig zurückgelehnt angesehen sein.«⁷

Läßt der Umstand, daß der Kopf des jüngeren Sohnes in der Regel aufrecht anstatt zurückgelehnt abgebildet wird,⁸ ihn individueller erscheinen als gemeint ist? Vielleicht sind Fundlücken daran schuld, daß wir nicht auch ihn als im Hellenismus vorgeprägten Typus erkennen können. Auch wüßten wir vermutlich mehr, wenn hellenistische

Dreiergruppen wie die der drei Satyrn, die mit Schlangen kämpfen, im Kapitolinischen Museum[9] und in Graz[10] nicht nur in Bruchstücken erhalten wären.

Aber nicht nur der Gesichtstypus, auch das Gewand des älteren Sohnes wird kritisiert: »Steif und tot fällt es herab in konventionell parallelen Falten, nichts als eine notdürftig maskierte Stütze.« Es unterscheide sich in seiner Qualität von den »lebendigen Falten im Mantel des Laokoon« und erweise den älteren Sohn als Zutat (Blanckenhagen 1969, 260). Gewiß, der ältere Sohn, der seinen linken Fuß anhebt und nur auf dem Ballen und den Zehen des rechten Fußes steht, braucht eine Stütze. Aber ist es eine »notdürftig maskierte Stütze«? Betrachten wir daneben die rigorosen, langen, kantigen nicht einmal maskierten Stützen, wie sie ein anderes Werk derselben Meister aufweist, der Palinurus der Schiffsgruppe, oder wie sie mehrfach an den Gestalten der Polyphemgruppe von Sperlonga begegnen, und vergleichen wir damit die Laokoongruppe. Trotz ihres komplizierten Aufbaus wurden hier solch unorganische Stützen fast ganz vermieden, da organische Elemente wie Gewand und Schlangen die Funktion des Stützens erfüllen. Der Vergleich führt zu dem Schluß, daß die rhodischen Künstler sich in diesem Meisterwerk, dem Laokoon, selbst übertroffen haben.

1   Vgl. P. H. v. Blanckenhagen AA 1969, 261 Anm. 14.
2   Goethe, Über Laokoon, Gedenkausgabe ed. E. Beutler 13, 170.
3   Mit Recht sagt Magi, Il ripristino del Laocoonte (1960) 31, der ältere Sohn habe eine Funktion, die der des Chores in der griechischen Tragödie vergleichbar sei.
4   Herder, Plastik, Sämtl. Werke ed. Suphan 8. Band, 1892; vgl. B. Schweitzer, J. G. Herders »Plastik« und die Entstehung der neueren Kunstwissenschaft (1948).
5   Wie man die fast übertrieben plastische Durchführung der Oberfläche des Laokoon als »flache Modellierung« oder als »flaches Oberflächenspiel« (W. H. Gross, Nachrichten der Gießener Hochschulgesellschaft 35, 1966, 113) bezeichnen kann, ist mir unverständlich.
6   Zuletzt B. Andreae, Gnomon 39, 1967, 86. Daran mag richtig sein, daß Laokoon und Alkyoneus etwa durch ein gemeinsames hochhellenistisches Vorbild angeregt wurden.
7   Goethe, Über Laokoon, Gedenkausgabe 13, 336.
8   So auch Blanckenhagen (oben Anm. 1) 262 Abb. 5 und 6.
9   Helbig II[4] Nr. 1467.
10 A. Schober, RM 52, 1937, 83 ff. Taf. 23 ff.

KAPITEL 5

Übertragungen antiker und neugriechischer Dichtung

Probekapitel aus griechischen Heldensagen

Abb. 77 Roland Hampe mit Enkel nach der Homervorlesung in der Buchhandlung Weiss am 25. 11. 1979 in Heidelberg.

HOMER, ILIAS 13, 10ff.

Poseidon

Blind nicht hielt der mächtige Erdenerschütterer Ausschau,
Und voll Staunen betrachtete er den Krieg und das Schlachtfeld
Hoch vom höchsten Gipfel herab der waldigen Samos
Thrakiens; sichtbar waren von dort die Berge des Ida,
Sichtbar auch des Priamos Stadt und die Schiffe Achaias.
Dorthin setzte er sich, dem Meere entstiegen, in starkem
Zorn auf Zeus, voll Mitleid mit den bedrängten Achäern.
Plötzlich stieg er herab über Klüfte des Felsengebirges,
Eilend ging er dahin, die weiten Berge und Wälder
Bebten unter dem Tritt der unsterblichen Füße Poseidons.
Dreimal schritt er nur aus, beim vierten war er am Zielort
Aigai, wo ein berühmter Palast in den Tiefen des Salzsees
Ihm in strahlendem Gold und unvergänglich erbaut ist.
Dort schirrt' er zwei Rosse, ein Wundergespann, vor den Wagen:
Schnellhinfliegend, mit goldenem Haar und ehernen Hufen.
Er selbst hüllte den Leib in Gold und faßte den goldnen
Schöngefertigten Riemen, und so bestieg er den Wagen,
Fuhr dann über die Wogen, und überall her aus den Klüften
Sprangen die Ungeheuer heran und kannten den Herrscher.
Voller Freude teilte das Meer sich; die aber flogen
Rasch, nicht wurde benetzt von unten die eherne Achse.

Homer, Odyssee 6, 85 ff.

Odysseus und Nausikaa

Als sie zum Flußlauf dann, dem überaus schönen, gelangten,
Wo übers ganze Jahr die Tröge sich füllten – viel schönes
Wasser quoll da hervor, auch ganz Verschmutztes zu säubern –,
Spannten die Mädchen aus die Maultiere unter dem Wagen.
Und sie trieben sie hin zum Ufer des strudelnden Flusses,
Süße Kräuter zu fressen. Dann trugen sie selbst mit den Händen
Die Gewänder vom Wagen ins dunkle Wasser der Tröge,
Stampften rasch in den Gruben und machten daraus einen Wettstreit.
Aber nachdem sie den Schmutz ganz weggespült und gereinigt,
Breiteten sie nach der Reihe die Kleider am Ufer der See aus
Dort, wo das Meer die Kiesel am meisten dem Lande zu reinspült.
Und sie badeten sich und salbten sich mit dem Salböl,
Nahmen sodann die Mahlzeit ein am Ufer des Flusses,
Wartend, bis die Gewänder vom Strahle der Sonne getrocknet.
Als sie sich nun an der Speise gelabt, sie selbst und die Mägde,
Spielten sie mit dem Ball und nahmen die Schleier vom Kopfe;
Und mit den weißen Armen Nausikaa führte das Spiel an.
So wie Artemis geht in den Bergen, Pfeile verschießend,
Auf des Taýgetos oder Erýmanthos hohem Gebirge –
Und sie hat ihre Lust an Ebern und hurtigen Hirschen –,
Mit ihr schreiten zugleich Zeus' Töchter, des Schüttlers der Ägis,
Nymphen in ländlichem Spiel, und Leto freut sich im Herzen,
Denn ihr Kind überragt sie alle an Haupt und an Antlitz
Und ist leicht zu erkennen, so schön die anderen alle.
So überragte die Mägde die unbezwungene Jungfrau.
Aber als sie nun wieder zurückgehn wollte nach Hause
Mit geschirrtem Gespann, die schönen Kleider gefaltet,
Sann auf andres Athene, die Göttin mit strahlenden Augen,
Daß Odysseus erwache und sähe das liebliche Mädchen,
Welches ihn führen sollte zur Stadt der phäakischen Männer.
Einer der Mägde warf die Königstochter den Ball zu,
Und sie verfehlte die Magd und traf in den Strudel, den tiefen.
Die aber schrieen laut; da erwachte der hehre Odysseus,

Setzte sich auf und erwog im Sinn und in seinem Gemüte:
»O mir, in welcher Sterblichen Land bin ich wieder gekommen?
Sind es frevelhafte und wilde und gar nicht gerechte
Oder den Fremden freundliche, gottesfürchtige Leute?
Wie von Mädchenstimmen umfing mich ein weiblicher Aufschrei –
Ob von Nymphen, welche die steilen Häupter der Berge
Und die Quellen der Flüsse und grasigen Wiesen bewohnen?
Oder bin ich vielleicht hier nahe bei redenden Menschen?
Aber wohlan, ich werde es selber erkunden und nachschaun.«
Sprach's und tauchte aus dem Gehölz, der hehre Odysseus,
Brach mit kräftiger Hand aus dem dichten Gebüsch einen Laubzweig,
Um sich damit am Leibe die Blöße des Mannes zu decken.
Und er ging, wie ein Löwe vom Berg seiner Stärke vertrauend
Geht durch Regen und Wind, ihm brennen die Augen, die beiden;
Aber er geht auf Raub von Rindern oder von Schafen
Oder von wilden Hindinnen aus; es treibt ihn der Magen,
Selbst in festes Gehöft zu dringen, trachtend nach Kleinvieh.
Also trieb es Odysseus nun, zu den lockigen Mädchen
Hinzutreten, nackt wie er war; denn es kam ihn die Not an.
Gräßlich erschien er denen, entstellt vom Salze des Meeres.
Auf die Klippen am Ufer stoben sie hierhin und dorthin.
Nur des Alkinoos Tochter blieb; ihr legte Athene
Kühnen Mut in den Sinn und nahm ihr die Furcht aus den Gliedern.
Und sie stand ihm entgegengewandt; da besann sich Odysseus,
Ob er, die Knie des schönen Mädchens umfassend, sie anflehn
Solle oder mit sanft einschmeichelnden Worten auf Abstand,
Ob sie den Weg zur Stadt ihm zeige und Kleider ihm gebe.
Als er sich so bedachte, erschien ihm nützlicher dieses:
Abstand haltend zu flehn mit schmeichelnden Worten, damit nicht,
Falls er die Knie umfasse, ihm zürnen könne die Jungfrau.
Alsbald sprach er die schmeichelhaften, berechnenden Worte:
»Herrin, ich flehe dich an, bist Göttin du oder sterblich?
Falls eine Göttin du bist, die den weiten Himmel bewohnen,
Möcht ich der Artemis dich, der Tochter des Zeus, des großen,
Wohl an Aussehn, Größe und Wuchs am meisten vergleichen.
Bist du der Sterblichen eine, welche die Erde bewohnen,
Dreimal selig der Vater dir dann und die Mutter, die hehre,

Dreimal selig die leiblichen Brüder! Muß sich ihr Herz doch
Immerzu deinetwegen in Wohlgefallen erwärmen,
Wenn sie sehn, wie ein solches Reis hin schreitet zum Reigen.
Der aber wird von Herzen der seligste, weit vor den andern,
Der in sein Haus dich führt und mit Brautgeschenken dich aufwiegt.
Denn noch nie einen solchen Sterblichen sah ich mit Augen,
Weder Mann noch Frau; ich staune bei deinem Anblick.
Ja, in Delos sah ich einmal am Altar des Apollon
Solch ein junges, aufgeschossenes Reis einer Palme –
Denn auch dorthin kam ich, von vielem Volke begleitet,
Jenes Wegs, wo an schlimmen Leiden mir vieles bevorstand –,
Ganz so, wie ich auch jenes sah und im Herzen erstaunte,
Denn noch nie stieg solch ein Sproß empor aus der Erde,
So bewundre ich, Frau, dich staunend und fürchte mich schrecklich,
Deine Knie zu berühren; denn schweres Leid überkam mich.
Gestern am zwanzigsten Tage entfloh ich dem weinroten Meere;
So lang trieb die Woge mich um und die wirbelnden Stürme
Von der Insel Ogýgia, her nun warf mich ein Dämon,
Daß ich auch hier noch Schlimmes erleide; ich fürchte, es hört nicht
Auf; mir werden die Götter zuvor noch vieles vollenden.
Aber erbarme dich, Herrin; denn dich nach schrecklichen Mühen
Traf ich zuerst hier an, jedoch von den anderen Menschen,
Die hier Stadt und Land bewohnen, kenne ich niemand.
Zeige die Siedlung mir und gib mir ein Laken zum Umhang,
Etwa ein Einschlagtuch von der Wäsche, mit der du hierherkamst.
Mögen die Götter dir geben, soviel du im Sinne dir ausdenkst,
Mann sowohl als Haus, und mögen auch Eintracht sie schenken,
Treffliche; denn nichts Stärkeres und nichts Besseres gibt es,
Als wenn Mann und Frau mit gleicher Gesinnung in Eintracht
Walten im Haus, gar sehr zum Leide von Übelgesinnten,
Wohlgesinnten zur Lust; doch am meisten spüren sie's selber.«

HOMER, ODYSSEE 23, 153 ff.

Odysseus und Penelope

Aber den großgesinnten Odysseus im eigenen Hause
Badet' Eurynome nun, die Wärterin, salbte mit Öl ihn,
Legte darauf um ihn den schönen Mantel und Leibrock.
Aber vom Haupte herab goß ihm viel Schönheit Athene,
Machte ihn größer und voller zu schaun und sandte die Haare
Ringelnd vom Haupte herab, Hyazinthenblüten vergleichbar.
Wie wenn ein Mann eine Hülle von Gold um Silber herumlegt,
Kundig, ihn haben Hephaistos gelehrt und Pallas Athene
Mancherlei Kunst – zustande bringt er entzückende Werke –,
So goß lieblichen Reiz Athene um Schultern und Haupt ihm.
Und er stieg aus dem Bad, an Gestalt Unsterblichen ähnlich,
Und auf denselben Thron, von dem er zuvor sich erhoben,
Setzte er sich gegenüber von seiner Gemahlin und sagte:
»Seltsame, mehr als anderen weiblichen Wesen erschufen
Dir ein unerbittliches Herz des Olympos Bewohner,
Hielte doch keine andere Frau so standhaften Mutes
Von dem Manne sich fern, der so viel Übel erduldet
Und im zwanzigsten Jahr ihr heim ins Vaterland käme.
Auf denn, Mütterchen, richte mein Lager, daß ich mich selber
Niederlege; denn ihr ist das Herz wahrhaftig von Eisen.«
Ihm erwiderte drauf die kluge Penelopeia:
»Seltsamer, nein, ich bin durchaus nicht stolz und verachtend
Oder zu sehr befremdet; ich weiß sehr gut, wie du aussahst,
Als du im langberuderten Schiff aus Ithaka fortgingst.
Auf denn, Eurykleia, richte das stattliche Bett her
Vor der festgegründeten Kammer, die selbst er gebaut hat;
Habt ihr heraus es gestellt, das Lager, das feste, dann legt auch
Bettzeug auf, wie Felle und Decken und schimmernde Laken.«
So sprach sie, den Gemahl erprobend; aber Odysseus
Fuhr da auf und sagte zur treugesonnenen Gattin:
»Frau, da hast du wahrhaftig kränkende Worte gesprochen.
Wer denn stellte das Bett mir anders? Es wäre ja schwierig
Auch für einen, der es versteht, es sei denn, ein Gott selbst

Käme und setzte es leicht, wie er wollte, an andere Stelle.
Von den Männern könnte kein Sterblicher auch mit der Jugend
Kräften hinweg es wuchten; es ist ein besonderes Zeichen
In dem kunstvollen Bett; ich hab es gemacht und kein andrer.
Drin im Gehege wuchs ein blätterbreitender Ölbaum,
Ausgewachsen und voll, an Umfang wie eine Säule;
Rings um diesen erbaut ich das Schlafgemach, bis es vollendet,
Aus dicht schließenden Steinen, es oben gut überdachend;
Türen setzte ich ein da, dichtgefügte, verbundne,
Schnitt dann ab das Laub des blätterbreitenden Ölbaums,
Hieb den Stamm zurecht von der Wurzel her, glättete rings ihn
Fachgerecht mit dem Erz und machte ihn grad nach der Richtschnur,
Kunstvoll zum Pfosten am Bett, ihn ganz mit dem Bohrer durchbohrend.
So begann es, so schuf ich das Bett, bis ich es vollendet,
Zierte es noch mit Gold, mit Elfenbein und mit Silber
Und zog ein einen Gurt aus purpurnem Leder vom Rinde.
So, dies geb ich dir kund als Zeichen, aber ich weiß nicht,
Steht mir das Bett noch am alten Platz, Frau, oder hat einer
Anderswohin es gestellt, der von unten her durchschnitt den Ölbaum?«
Sprach's. Da lösten sich ihr auf der Stelle das Herz und die Knie,
Als sie die Zeichen erkannte, die sicher ihr nannte Odysseus.
Weinend eilte sie hin zu ihm und schlang ihre Hände
Um seinen Hals und küßte sein Haupt und sagte die Worte:
»Zürne mir nicht, Odysseus, da du auch sonst von den Menschen
Der verständigste bist; die Götter bescherten uns Jammer,
Die uns beiden mißgönnt, daß, beieinander wir bleibend,
Wir der Jugend uns freuten und kamen zur Schwelle des Alters.
Du aber zürne nun nicht darüber und nimm es nicht übel,
Daß ich dich nicht beim ersten Anblick liebend begrüßte.
Denn mir schauderte immer das Herz im Busen, es könne
Irgendein Sterblicher kommen und mich mit Worten betrügen;
Denn so viele gibt's, die sich üble Gewinne ersinnen.
Auch die zeusentsproßne Argeierin Helena hätte
Nicht sich fremdem Manne vereint in Liebe und Lager,
Hätte bereits sie gewußt, daß die streitbaren Söhne Achaias
Einst sie wieder nach Haus ins liebe Vaterland brächten.
Wahrlich, sie trieb ein Gott, das schändliche Werk zu vollbringen;

Und sie war sich zuvor im Herzen des traurigen Frevels
Nicht bewußt, aus welchem auch uns der Jammer erwachsen.
Nun, nachdem du bereits die Erkennungszeichen genannt hast
Unseres Bettes, das sonst kein Sterblicher jemals erblickte,
Sondern nur du und ich und einzig eine Bediente,
Aktoris, die mein Vater mir mitgab, als ich hierherkam,
Die uns beiden die Türen des festen Gemaches bewahrte,
Hast du mein Herz überzeugt, so abgeneigt auch es gewesen.«
Sprach's und erregte in ihm noch mehr das Verlangen zur Klage;
Weinend hielt er die liebe, treugesonnene Gattin.
So wie sehr ersehnt das Land vor Schwimmenden auftaucht,
Denen Poseidon auf See das Schiff, das trefflich gebaute,
Das von Wind und starkem Gewoge bedrängte, zerschmettert;
Wenige nur entflohn aus dem grauen Salze ans Festland
Schwimmend – die Haut umgibt eine dicke salzige Kruste –,
Und sie steigen ans Land, das ersehnte, dem Übel entronnen;
So ersehnt war ihr der Gatte, als sie ihn ansah.
Und sie hielt seinen Hals mit den weißen Armen umschlungen.
Und den Klagenden wäre erschienen das rosige Frührot,
Hätte Athene mit strahlenden Augen nicht andres ersonnen;
Hemmte sie doch den Lauf der Nacht am Ende und hielt auch
Am Okeanos auf die golden thronende Eos,
Ließ sie die Pferde nicht schirren, das Licht zu bringen den Menschen,
Lampos und Pháëthon, die als Fohlen fahren die Eos.

KYPRIEN (FR. 4 Allen)

Aphrodite

Hüllte sich nun in Gewänder, die ihr die Chariten und Horen
Machten und färbten in Frühlingsblüten, wie sie die Jahres-
Zeiten selber tragen, in Krokos und Hyakinthos,
Und in üppigen Veilchen, und in der nektarisch süßen
Blüte der Rose und in den ambrosischen Kelchen der Blüten
Des Narkissos, des schönumflossnen.
                                    In solche Gewänder,
Jahreszeitendurchduftete, hüllte sich Aphrodite.

HESIOD, THEOGONIE, 319 ff.

Die Chimaira

Furchtbar war sie und groß und stark und schnell mit den Füßen,
Und sie besaß drei Köpfe, den Kopf eines grimmigen Löwen,
Und den Kopf einer Ziege und den einer mächtigen Schlange,
Vorn der Löwe und hinten die Schlange, die Ziege inmitten;
Fürchterlich schnob sie heraus die Glut des lodernden Feuers.
Pegasos tötete sie und der tapfere Bellerophontes.

III. HOMERISCHER HYMNUS 140 ff.

An Apollon

Doch du, Herr, Ferntreffer mit silbernem Bogen, Apollon,
Wanderst immer umher. Bald auf den felsigen Kynthos
Steigst du, bald auch ziehst du hin zu den Inseln und Menschen.
Viele Tempel sind dein und viele waldige Haine,
Alle die Warten und ragenden Gipfel der hohen Gebirge
Sind dir lieb und lieb die meerwärts strömenden Flüsse.

V. Homerischer Hymnus 68 ff.

An Aphrodite

Und sie kam zum Idagebirge, der Mutter des Wildes,
Voll von Quellen, und stieg gradwegs zum Gehöfte den Berg hoch.
Mit ihr zogen mit wedelnden Schweifen Rudel von grauen
Wölfen, Löwen mit funkelndem Blick und Bären und schnelle
Panther, hirschkalblüsterne. Die aber freut es im Herzen,
Sie zu sehn, und Liebesverlangen regt sie in ihnen;
Und bald ruhten sie alle zu zweit in den schattigen Schluchten.

XXVIII. Homerischer Hymnus

An Athena

Pallas Athene besinge ich nun, die ruhmvolle Göttin,
Eulenäugig und findig, mit unnachgiebigem Herzen,
Züchtige Jungfrau, Städteerhalterin, stark in der Abwehr,
Tritogeneia, die selber gebar der Meister im Rat, Zeus,
Aus dem heiligen Haupt; sie trug die Waffen des Krieges,
Golden und ganz voll Glanz; ein Staunen erfaßte sie alle,
Die es sahn, die Unsterblichen. Stürmisch sprang sie herunter
Aus dem unsterblichen Haupt des Zeus, des Schüttlers der Ägis,
Schwingend den scharfen Speer; da bebte der große Olympos
Mächtig unter der Wucht der Eulenäugigen. Ringsum
Brüllte entsetzlich die Erde, das Meer geriet in Bewegung
Schwellend von Purpurwogen. Doch plötzlich stockte die Salzflut,
Und der strahlende Sohn Hyperions ließ eine Weile
Halten der schnellen Rosse Gespann, bis daß von den Schultern,
Den unsterblichen, nahm die göttlichen Waffen das Mädchen
Pallas Athene. Es freute sich drob der Meister im Rat, Zeus.
Und so sei mir gegrüßt, Zeus' Kind, des Schüttlers der Ägis.
Aber ich werde deiner und anderen Sanges gedenken.

ARCHILOCHOS (FR. 30 UND 31 WEST)

Sie hielt den Myrtenzweig und freute sich daran
Und einer Rose schöne Blüte, doch das Haar
Fiel schattend auf die Schultern und den Rücken ihr.

ALKMAN (FR. 56 PAGE)

An Artemis

Man sieht dich häufig auf den Bergeshäuptern,
So oft den Göttern loderndes Fest gefällt,
Einen goldnen Humpen haltend,
Groß wie ihn die Hirten haben,
Gießt du Löwenmilch hinein,
Mit den Händen einen großen,
Magern Käse zu bereiten
Für den Argostöter Hermes.

ALKAIOS (FR. 362 LOBEL/PAGE)

Doch es lege einer um Hals und Nacken
Uns aus Fencheldolden gewundne Kränze
Und er gieße liebliches Myrrhensalböl
Über die Brust uns.

ANAKREON (FR. 348 PAGE)

An Artemis

Hör mich flehen, Hirschtrefferin,
Blonde Artemis, Kind des Zeus,
Herrin der wilden Tiere,

Die am Strudel des Lethaios
Nun auf mutiger Männer Stadt
Voller Freude herunterblickt,
Denn nicht Bürger von grober Art
Hast du in deiner Herde.

ANAKREONTISCHE VERSE · VIII 5–10 (PREISENDANZ)

Mich lockt es, mit Rosen
Das Haupt zu bekränzen,
Mich lockt es, mit Salben
Das Barthaar zu tränken.
Das Heute, das lockt mich,
Das Morgen, wer kennt es?

ANAKREONTISCHE VERSE · XXII (PREISENDANZ)

Einst ward des Tantalos Tochter
Am phrygischen Felsen zu Stein,
Es wurde zum Vogel, zur Schwalbe
Verwandelt Pandions Kind.
Ich möchte ein Spiegel sein,
Drin immer dein Auge sich weide;
Drin immer dein Leib sich kleide,
O wär ich ein schönes Gewand.
Zu Wasser möchte ich werden,
Ich wüsche dich, kühlender Tau;
Zu myrtenduftender Salbe,
So dürft ich dich salben, o Frau.
Am Halse ein feines Geschmeide,
Am Busen ein haltendes Band,
Sandale möcht ich dir werden,
Nur Sohle dem Fuße zu sein.

Pindar, Hymnus (Fr. 33 Snell)

Delos

O gottgebaute Insel, sei gegrüßt,
Der glanzgelockten Leto Kindern liebstes Reis,
Tochter des Meeres, unserer weiten
Erde stetes Wunder,
Welche die Sterblichen »Delos« nennen,
Doch im Olymp die Seligen droben
»Weithinleuchtenden Stern der dunklen Erde«.

Denn vormals ward die Insel hin und her getrieben
Auf Wogen unter mannigfacher Winde Stoß.
Doch als Koios' Tochter
Nah der Geburt, hinstürmend in Wehen
Sie betrat, vom Grunde der Erde
Hoben sich da vier Säulen empor, die hielten
Steil auf unvergänglichem Fuß
Mit ihren Häuptern den Fels.
Da gebar sie und sah die gesegnete Frucht ihres Leibes.

PINDAR, DITHYRAMBOS (FR. 70b, 19ff. SNELL)

Und Artemis naht
Rasch von einsam schweifender Fahrt
Und schirrt in bacchischem Wahn
Der Löwen wildes Geschlecht dem Bromios.
Den bezaubert die Schau,
Wie auch der Tiere Rudel im Reigen gehn.

PINDAR, PARTHENION (FR. 94b SNELL)

Sirenensang

Während das jungfräuliche Haupt mir im Schmucke der Kränze blüht,
Ahme ich nach in meinen Gesängen Sang der Sirenen
Unter dem Tönen der Flöten von Lotosholz –
Solch ein Singen, das die geschwinden Winde des Zephyrs stillt,
Das, wenn in Winters grimmiger Kälte starrender Nordsturm tost,
Dann den Südwind jenem entgegen treibt und der Fluten wogenden
Anprall bricht.

EURIPIDES, HIPPOLYTOS 215ff.

Phaidra:

Schickt mich fort ins Gebirg, ich will in den Wald gehn
Und zu den Föhren,
Wo die Meute den Fährten des Wildes folgt,
Aufstöbernd die fleckigen Hirsche.
Bei den Göttern, wie gern ruf ich den Hunden zu,
Werf ich den Thessalerschaft
Am blonden flatternden Haar vorbei,
In der Hand behaltend den Wurfspeer.

VERGIL, AENEIS 5, 833 ff.

Palinurus

An der Spitze führte den dichten Zug Palinurus
Allen voran; ihm nachzufolgen war ihnen befohlen.
Und schon hatte die feuchte Nacht die Mitte des Himmels
Fast erreicht, in wohliger Ruh entspannte die Glieder
Unter die Ruder gestreckt auf harten Bänken das Schiffsvolk,
Als sich leicht der Schlaf von der Sternen im Äther herabließ
Durch das Dunkel der Luft, vor sich die Schatten zerteilend,
Auf dich zu, Palinurus; er brachte dir traurige Träume,
Dir schuldlosem; dem Phorbas gleichend setzte der Gott sich
Nieder aufs hohe Heck und sprach dich an mit Worten:
»Jasos-Sproß Palinurus, die See trägt selber die Flotte;
Günstig wehen die Lüfte – das ist die Stunde zum Ausruhn.
Lege das Haupt, entzieh die ermüdeten Augen der Arbeit.
Ich selbst werde ein Weilchen für dich dein Amt übernehmen.«
Kaum den Blick aufhebend erwiderte ihm Palinurus:
»Heißt du mich zu verkennen die Miene des friedlichen Meeres
Und die ruhige Flut, auf diesen Unhold zu bauen,
Gar den Äneas anzuvertraun dem tückischen Südwind,
Mich, den so oft getäuscht der Trug des heiteren Himmels?«
Solches sprach er und fest an den Griff des Steuers geheftet
Hing er und ließ nicht ab, den Blick zu den Sternen gerichtet.
Siehe da schüttelt der Gott den Zweig vom Taue der Lethe
Triefend und voll von stygischer Kraft ihm über den beiden
Schläfen und löst dem Zögernden so die schwimmenden Blicke.
Kaum ließ unerwartete Ruh die Glieder erschlaffen,
Als er, sich über ihn stürzend, mit abgerissenem Heckteil
Samt dem Steuer ihn niederstieß in die flutenden Wogen
Hals über Kopf, der umsonst um Hilfe rief die Gefährten.
Doch in die leichten Lüfte entschwebte er selber geflügelt.
Sicher setzt indessen die Flotte den Weg auf dem Meer fort,
Unbeirrt zieht sie, wie Vater Neptun es verheißen.
Und schon fuhr sie unter den Klippen vorbei der Sirenen,
Einst so schwer zu bestehn und weiß von Vieler Gebeinen –

Weithin tönten die heiseren Felsen vom dauernden Anprall –
Als Äneas den schwankenden Kurs nach des Steuermanns Ausfall
Merkte und selber lenkte das Schiff in den nächtlichen Wogen
Vielmals seufzend und tief vom Lose des Freundes erschüttert:
»Der du allzu vertraut dem heiteren Meere und Himmel,
Nackt wirst du, Palinurus, nun liegen an fremdem Gestade«.

VERGIL, AENEIS 6, 337 ff.

Siehe da nahte sich ihm der Steuermann Palinurus,
Der auf der Fahrt von Libyen jüngst beim Warten der Sterne
Stürzte vom Heck, herausgeschleudert inmitten der Wogen.
Kaum daß er diesen Betrübten im dichten Düster erkannte,
Sprach er ihn also an: »Palinurus, wer von den Göttern
Riß dich hinweg von uns und tauchte dich ein in die Fluten?
Sag mirs an, denn mich hat, der nie zuvor täuschte, Apollo
Mit diesem Antwortspruch allein zum besten gehalten,
Der da sang, du werdest Ausoniens Grenzen erreichen
Unversehrt vom Meere. Ist das des Versprechens Erfüllung?«
Jener jedoch: »Weder dich hat Phöbus' Kessel betrogen,
Herr, Anchises-Sohn, noch stieß mich ein Gott in die Fluten.
Denn das Steuer bei wuchtigem Stoß durch Zufall gebrochen,
Dem als Wächter gegeben den Kurs zu regieren ich anhing,
Zog ich im Sturz kopfüber mit mir...

Georgios Drosinis (1859–1951)

Auf eine Kore der Akropolis
(Abb. 78)

Jahrtausende hast du, eh sie dich fanden,
Im Schutt der alten Welt gelegen
Und tratest doch, kaum daß du auferstanden,
Nicht als Fremde mir entgegen.

In deines Grabes aufgedeckte Stätte
Hielt ich voll Sehnsucht meine Hände,
Als ob ich dich voreinst verloren hätte
Und dich plötzlich wiederfände.

Wann waren wir, in welchem früheren Sein,
Wie, wo geschwisterlich Verwandte,
Da ich noch nicht vergänglich Fleisch und Bein
Und dich noch nicht der Marmor bannte?

Aus der Erinnerung verworrenen Zeichen
Läßt sich nur dieses noch erkunden:
Wir haben irgendwann einmal den gleichen
Schönen großen Schmerz empfunden.

Und diesen Schmerz, den tiefen, unheilbaren,
Der haften blieb an meinem Wesen,
Ihn hab ich ebenso auf deinen klaren
Marmorlippen abgelesen.

Abb. 78 Athen, Akropolis. Euthydikoskore. Marmor. Höhe des Abgebildeten 58 cm. ▷
Um 490 v. Chr.

Zwei Kapitel aus Ion Dragumis (1878–1920), Samothrake

Das Meer

An einem einsamen Gestade Thrakiens, um die Mittagsstunde, gehe ich auf und ab, gerade dem herbstlichen schon kühlen Meer entstiegen. Und mir scheint das Meer wie eine geliebte Frau, die ich mir zu eigen machte und aus deren Umarmung ich mich eben trennte. Und nun sitze ich am uralten und bekannten Strand unter einer großen Eiche, deren Blätter der kühle Seewind regt, so daß sie unaufhörlich flüstern. Ich sehe vor mir Meer, das flimmernd leuchtet wie ein königliches Kleid, durchwirkt mit goldenen Sternen, und ich bin bezaubert. Links sehe ich Meer, das sich mit warmen wollüstigen violetten Farben schmückt, ganz Leidenschaft, und ich erinnere mich einer launenreichen Frau, die ich einmal kennenlernte. Ich blicke dann, zum ersten Male aufmerksam, weiter nach rechts und ich gewahre, in diesem aus der alten Zeit bekannten und so sehr geliebten Meer, einer hohen Insel edlen Umriß, deren Namen die Menschen noch aus den alten Zeiten kennen und der sich anhört wie Musik. Vom Hören kannte ich sie auch und hatte sie auch auf der Karte manchmal schon betrachtet. Zum ersten Male erschien sie jetzt vor mir in Wirklichkeit. Ich sehne mich danach, nur immer so zu bleiben, so verzaubert, und immerfort und mit der gleichen Kraft mein gegenwärtiges Glück zu spüren. Und dann will ich mein Glück ausrufen, ihm ewige Gestalt verleihen, da ich es anders doch nicht allezeit in meinem Innern halten kann. Und doch gelingt es nicht, dem was ich fühle, Form zu geben; ich quäle mich und ich zerstöre so mir selbst mein reifes Glück, indem ich es in Aufruhr bringe mit Wünschen, die doch nicht erfüllbar sind.

Des andern Tags, ein grauer Nachmittag, an fremdem Strand. Es war bewölkt; ich stand an der Küste und schaute auf die angeschwollene See und heftig blies der Südwind, als wollte er mich mit sich nehmen. Mich ergriff die Furcht, jene unerklärliche, die jedesmal mich überkommt, wenn ich so spüre, daß ich allein bin auf der Welt, und wenn ich kein Band erkenne zwischen mir und einem andern Menschen. Ich fühle mich, wie sich vielleicht die Erde manchmal fühlt, die in dem Chaos kreist, ganz abgesondert von den andern Himmelskörpern, die selbst im Chaos kreisen, ohne daß ein Band sie unter sich verbände. Und ich bin ausgestoßen aus der Gemeinschaft, ein verloren Ding auf dieser Welt, und schaudere. Dann möchte ich, daß irgendeine liebe Stimme zu mir sage: Und wenn du einsam bist auf dieser Welt, ich bin es auch, ich komme mit. Aber an jenem so grauen Nachmittage vernahm ich keine Stimme; und so machte ich mich wieder auf den Weg und ging am Strand entlang, bis meine Unruhe allmählich Trauer wurde, dann Fühllosigkeit.

Wieder ein sonnengebadeter Mittag. Ich ging auf einer hohen Küste und sah, drunten im Sand, ein Mädchen mit kurzem Rock, mit aufgestecktem Haar und bloßen Beinen; die wusch im Meere orientalische Teppiche. Einige lagen am Boden in den Sand geworfen, andere auf einem Mäuerchen zu einem Haufen aufgeschichtet. Ein Junge, etwa siebzehn Jahre alt, schön, barfuß, stand hinter diesem Mäuerchen, die Hände in den Taschen, und sah bald nach dem Meer, bald nach dem Mädchen. Ich stand am hohen Strande, sah drüben Meer und Insel und unter mir die schöne Küste, sah auch das Mädchen, das barfüßige, das jetzt bis zu den Knien ins Meer stieg, die Teppiche ausschwenkte und wieder herausstieg; und das Wasser tropfte vom Saume ihres schwarzen Kleides und ihre Beine waren naß. Nach einer Weile ging der Junge, als er sah, wie ich ihn beobachtete, langsam ein wenig weiter weg bis zu den Fischerbooten, die auf den Sand gezogen waren. Das Mädchen war mit seiner Arbeit fertig; sie setzte sich aufs Mäuerchen und nahm vom Boden ihre schwarzen Strümpfe auf; um sie anzuziehen, legte sie ein Bein über das andere und hob dabei den Rock so hoch, daß ihre bloßen Beine bis weit hinauf zu sehen waren; hin und wieder hob sie ihren Kopf zu mir her, um zu schauen, ob ich sie auch sähe. Das Meer leuchtete in seinem ganzen Staate in der Mittagssonne. Und das Mädchen stand auf und nahm, nachdem es sich die Schuhe angezogen hatte, den Unterrock vom Boden auf, zog ihn von oben über ihren Rock, lockerte den Rock und schob den Unterrock darunter und machte den Rock darüber wieder fest und schaute dabei unentwegt zu mir herüber. Dann ordnete sie ihre Haare mit erhobenen Armen. Ihr Mieder ließ sie vorn halb aufgeknöpft. Ganz langsam, die Hände in den Taschen, wie gleichgültig kam der Junge jetzt heran, der arme Junge, der eben erst erwachsen wurde und krank war vom ersten sehnenden Verlangen nach einem Frauenkörper. Als das Mädchen ihn erblickte, rief sie, er solle kommen und die Sachen in einen Karren packen, der dort stand. Sie band ihre Schürze um, ordnete nochmal ein wenig an ihren Haaren und ging dann ein Stück oben auf dem Mäuerchen entlang, damit ich sie auch sähe. Und nachher stieg sie langsam an dem Abhang, auf mich zu, hinan. Der Junge lief zum kleinen Karren hin; anstatt aber die Teppiche hineinzutun, legte er sich selbst hinein, die Füße draußen im Sand aufgestützt. Er sah uns an und hatte irgendein unbestimmtes Mißbehagen von erotischem Verlangen und von bitterer Eifersucht. Das Mädchen schaute, während es heraufstieg, unentwegt mich an, der unbeweglich auf der hohen Küste stand. Die See leuchtete in der Mittagsonne. Das Mädchen spürte, daß es zwei bereite Männer um sich hatte. Mich kümmerte indessen mehr der Junge, der ganz krank war von unbestimmter Sehnsucht. Und die See, die wollüstige, lachte wie unbeteiligt; doch sie war nicht unbeteiligt, sondern stachelte voll Hohn satanische Begierden an.

Danach schwamm ich in ihr bis weit hinaus, auf der Brust und auf dem Rücken, tauchte auf und unter, sah mir ganz nah die Wellen, die mich erst streichelten und nachher schlugen – ich lebte mit den Möven, die neben mir und über mir flogen, und mit dem Tang, der mit mir in dem Wasser schwamm, weil ihn der Sturm entwurzelt hatte.

Und nachher war es Nacht und die See kroch mir bis zu den Füßen, breitete unablässig ihre gleichen Reize aus und murmelte ganz leise. Es kümmerte sich nicht, wer ich und wie ich war. Sie war immer dieselbe, kam mir bis an die Füße und breitete unaufhörlich vor mir ihre Schönheit aus, die keinen Makel hat. Klagen sagte sie keine, auch keine Lieder, sie brachte einzig ihre Reize dar, wie um sie mir zu schenken. Sie verlangte nichts von mir und wollte auch nichts nehmen, sie gab allein und war gleichgültig und es kümmerte sie nicht, was ich dann machen, wie ich werden würde.

Zur gleichen Zeit schmolz das Gestirn, das große grüne, in der See; sie nahm es in sich auf und sandte seinen Widerschein zu mir, der aussah wie geschmolzene Perlen. Sie war nicht Spiegel, sondern war wie das Gestirn lebendiges Wesen, und beide einte die Liebe.

Eines Tages sah ich auf meinem Weg die Dinge alle eindringlich, ganz für sich und voneinander abgesondert, das Gras, die Steine, den Sand, das Meer, die Inseln, die Schluchten, die Häuser und die Menschen. Ihre Formen prägten sich gewissenhaft mir ein. An einem abgelegenen Ort am Strande, diesen Abend, fraß ein Hund an einem

Aas und riß sich gierig Brocken aus dem Fleisch, und zwei Raben aßen auch davon. Ich ging näher und erkannte den Kadaver eines Hundes. Kaum war ich dicht heran, als die Gesellschaft sich auflöste; die beiden Raben flogen auf und der Hund, als er gewahrte, daß ich mein Auge auf ihn richtete, sah mich scharf an, zog seinen Schwanz ein und lief fort. Ob er sich schämte, weil ich sah, wie er von seinesgleichen aß? Oder glaubte er, ich wolle ihm den Bissen streitig machen? War ihm vielleicht die menschliche Neugier, die immer sich zur Unzeit einmischt, unerträglich?

An einem Wintermorgen stand ich mit der Sonne auf und sah hinunter auf das Meer. Die Insel war ganz weiß bis unten hin und selbst der Sandstrand war beschneit. Und ich sah zum ersten Male, wie von der Sonnenwärme das Meer ganz ruhig atmete.

Dies selbe Meer hat bei dem Südsturm in den letzten Tagen vorn am Kap einen Dreimaster auf den Fels geworfen und zertrümmert, und die Menschen sind ertrunken. Es ist unberechenbar.

An jenem Tage hörte ich im Hafen ein Gespräch:
– Wie geht's dem Kranidiotis?
– Er ist nicht mehr Kapitän.
– Weshalb, hat er denn kein Schiff mehr?
– Er hat sein Schiff noch, aber er säuft und da machte man ihn vom Kapitän zum einfachen Matrosen.
– Aber er hat doch ein gutes Herz, der Kranidiotis, und ist ein braver Kerl.
– Was nützt das? Das Meer läßt nicht mit sich spielen.

Gewiß, das Meer läßt nicht mit sich spielen. Mag der Kranidiotis auch ein argloses Herz haben und ein braver Mann sein, das Meer duldet keine betrunkenen Kapitäne. Wenn sie sich aufs Trinken werfen, so stellt es sie an einen Platz, der wieder für sie paßt, macht sie vom Kapitän zum einfachen Matrosen oder läßt sie gar samt ihrem Schiff ertrinken. Ach wäre doch so streng und unnachgiebig auch das Vaterland!

Heimkehrend von der »Roten Erde«, wo in der Nähe sich die Wasser eines Bachlaufs in das Meer ergießen, sah ich ein Fischerboot, das sich dem Lande näherte, klein und an beiden Enden spitz. Zwei ruderten darin dem Wind entgegen, der aus der Levante blies. Mit Mühe langten sie am Strande an und einer – ein barfüßiger Bub von etwa sechzehn Jahren – sprang heraus und hielt das Ende eines Seiles, das mit dem andern Ende am Bug des Bootes angebunden war. Der Ältere, ein Bursch von etwa dreiundzwanzig Jahren, blieb drinnen sitzen. Gleich einem Pferd schirrte sich der Bub das Seil um seine Schulter, zog das Boot dem Winde fast entgegen und lief geschwind dem Dorfe zu. Der andere drinnen half ab und zu ein wenig mit dem Ruder nach, indem er es am Grund des seichten Meeres im Sande abstieß. Ich folgte hinten nach. Der Bub lief an dem einsamen Gestade immer weiter und übertraf mich an Geschwindigkeit. Licht eines Frühlingsabends, eh die Sonne untergeht, beschien die Küste, die Stadt da drüben und die Felder, bald rot und frisch gepflügt, bald grün, mit Eichen hier und dort bestreut. Schließlich kamen sie zum Ort, wo sie die Netze werfen wollten. Der Bub hielt an, zog die Barke etwas auf den Sand, stützte sie dann mit dem Ruder ab, damit sie nicht zur Seite kippte, sprang hinein, griff gierig nach dem Wasserkrug und trank, trank bis ihn nicht mehr dürstete. Dann setzte er sich und seine Hände hingen vor Ermüdung schlaff herab. Der andere blieb wortlos an der gleichen Stelle und machte sich träg daran die Netze herzurichten.

Der Sommer kommt. Nichts anderes mag ich mehr als mittagsüber zu Fuß oder zu Pferd an einsamen Gestaden entlang zu streifen. O Meer, erhaben über jeden Preis, wollüstiges, so süß und auch so bitter, bezauberend und betörend, ich sehe dich und sehne mich nach dir, mein ganzer Körper dürstet, ich brenne vor Begierde mich in dich zu stürzen, um meinen unlöschbaren Durst zu löschen und eins mit dir zu werden.

Kleine Mädchen spielten am Strand. Eines hielt sein Kleidchen sehr weit hochgehoben und ging im Wasser auf und ab nach Muscheln suchend. Dann kam es heran, setzte sich auf das hölzerne Brückchen hin und ließ die schlanken Beine frei herunterbaumeln. Es freute sich seiner Freiheit und die Scham war ihm noch unbekannt.

Auf der Mole saßen zwei Buben, vierzehn bis siebzehn Jahre alt etwa. Der eine, bereits nackt, sah nach den Kleidern, die er ausgezogen hatte, und bedeckte sich ein wenig, als ich vorüberging. Der andere zog sich gerade aus. Beider Kleider waren alt und abgetragen. Der nackte Knabe hatte einen wundervollen runden Kopf mit feiner Nase und schwarzen klugen Augen, der auf einem schlanken Körper saß, einem wohlgebauten, braun wie Bienenwachs verbrannten. Das

Nackte und das Schöne bezauberte die alten Griechen, die ein Gefühl für Körper hatten; aber sie stellten es nicht in Worten und Versen dar, sondern ausgehauen in Marmor, dem harten, stummen und doch so lebendigen. Der nackte Knabe war der Ephebe eines alten griechischen Reliefs und er wußte es selbst nicht.

Bei Sturmwetter reise ich an irgendeinen Ort. Wütend bläst der Nordwind und die Wogenkämme sind voll Schaum. Auf dem Verdeck gehe ich auf und ab und blicke ruhig auf das ewige Meer. Der wilde Nordwind reißt mich beinah mit sich fort und droben leuchtet ein Stern. Auch ich bin ein Wesen wie die andern, wie der Stern, das Meer und wie der Wind, einsam wie sie auch und frei und sieghaft. Nichts fürchte ich, es lastet nichts auf mir. Lachend tanze ich auf dem Verdeck, da auch die Wellen lachend tanzen. Die See ist toll geworden, toll geworden bin auch ich. Und heute habe ich die See besiegt. – An einem späten Nachmittage fuhr mein Schiff durch die vertrauten Inseln. Drüben vorm bewölkten Himmel war eben noch zu unterscheiden eine dunkle Insel, die ich kenne. Ach wäre ich dort oben!

Bei schönem Wetter fährt mein Schiff wieder durch die gleichen Inseln und jene Insel, die ich im Winter so im Dunkeln liegen sah, die schlagen jetzt ganz zart der Seewind und die Wasser, und die Sonne badet sie und beim Sonnensinken sind die Schluchten voller Schatten und die kahlen Rücken sind beleuchtet, veilchenfarben. Wieder sehnt sich meine Seele der Insel nah zu kommen, sie zu streicheln. Ich ersehne jene erste Stunde, wo ich den Fuß auf diese Insel setze, den ersten Augenblick, wo ich ganz leicht, wie ein Erinnern, das Duften ihrer Kräuter, ihrer Erde spüre.

Und es ist die Insel ein lebendiger Felsen rings von vielem Meer umgürtet.

Die Nike
(Abb. 79)

Die kunstvolle Nike, die marmorne, das Standbild von Samothrake, ist der letzte griechische Sieg, die späteste Blüte dieses Volkes, eine Blüte, die sich auftut in einem Augenblick, wo schon das Volk von allen seinen Siegen müde wird.

Der Sieg geht immer mit der Macht und steht ihr bei. Auf der Welt gibt es Stärke und Schwäche, stark, stärker oder weniger stark, und zu allerletzt kommt der Ohnmächtige. Geraten der Starke und der Schwache aneinander, so werden sie binnen kurzem Sieger und Besiegter. An ihrem Kampfplatz fliegt zwischen den Kämpfenden hin und her die Nike – darum hat sie Flügel – und späht, wo sie sich niederlassen soll. Sie wartet bis sie sieht, wer stärker ist. Und je heftiger der Kampf ist, um so mehr berauscht die Nike sich und jubelt. Die Anstrengung macht sie berauscht, der Wettkampf, der die Kämpfenden erwärmt und immer mehr in Feuer bringt. Sie wartet ab, schaut ungeduldig zu, wer Sieger, wer Besiegter wird. Und schließlich, o Freude, o unbeschreiblich große Wonne, sieht sie den Sieger vor sich, den unbändigen, und unaufhaltsam läuft sie zu ihm hin, schlägt mit den Flügeln, fliegt, nistet sich in ihn ein, wird eins mit ihm. Da beginnt die große Feier, tobt der Festestaumel. Der Leib des Siegers zittert und erschaudert, und unter seinen Füßen bebt die Erde.

So besiegt der Tag die Nacht und breitet seinen Glanz aus, prangt mit seinen tausendfältigen Kostbarkeiten auf der Welt. So besiegt nachher die Nacht den Tag und zeigt der Welt ihr ganzes nächtliches Geleuchte, öffnet ihre Himmel, die übersät sind mit Kleinodien.

Nike ist immer Schöpferin, Gesetzgeberin. Wer kann sie daran hindern? Sie ist die Freiheit, ist die große Freude.

Und es sprach der freie Mensch, jener der die Nike in sich trug, und sagte: »Ich will, daß diese Freude immerdar bestehen möge«, denn es ist die größte Freude des Lebens, die härteste, gegen andere erbarmungslos; die Freude, die den Sieger die ganze Kraft des Daseins spüren läßt, die Freude, die den Menschen ahnen läßt, was es bedeutet Gott zu sein.

Und der Sieger sagt:

»Ich bin frei, frei Dinge zu schaffen, die bis jetzt nicht waren, Dinge, die noch niemand sah und die vielleicht noch niemand sich erdachte. Ich kann die Welt so machen wie ich will, so wie ich mir sie denke. Ich bin nicht Sklave dieser Dinge, weder der alten noch der neuen, weder der vergangenen noch der gegenwärtigen, da ich sie alle schaffe und jeden Augenblick neu erschaffen kann. Von mir hängt alles ab, sogar die Schöpfung dieser Welt. Nichts scheue ich, frei bin ich und es lastet

Abb. 79   Paris, Louvre. Nike von Samothrake. Marmor. Höhe 2,45 m. Um 190 v. Chr. ▷

nichts auf mir. Hart bin ich, gleichgültig sind mir Leben und Tod. Dies Wissen berauscht mich und ich tanze und ich singe. Und wenn mir alles alt, allzu bekannt und zwecklos vorkommt und nichts mich mehr erstaunt auf dieser Welt und ich nichts mehr begehre, dann schaff ich eine neue Welt, die ganz verschieden ist von allen den vorausgegangenen Welten und wiederum zwecklos. Denn ich kämpfe nicht für irgendeinen Zweck. Ich kämpfe ohne Zweck, nur um den Sieg. Sklaven sind mir die Erinnerungen und der Menschen Handlungen und Worte, Sklaven auch meine eigenen Begierden, Freuden, Schmerzen. Ich liebe mein Ich nur soviel, als ich es für meinen Sieg und meine Größe brauche, und ich verachte dieses Ich danach. Mich dürstet nach der ganzen Welt und die ganze Welt ist mein.«

Und mit solchen Worten macht er Pläne für die künftigen Jahre, baut Türme, Burgen, Schlösser, reißt der Besiegten Tempel und Gebäude nieder. Und er macht sich eine eigene Moral und sagt: »Dies soll fortan Gesetz sein.«

Und er ergreift und saugt in sich hinein, macht sich zu eigen, was an Schönem, Hohem, Unvergleichlichem das Leben und die Welt besitzt. Er rafft an sich, was er nur vor sich sieht, was ihm gefällt. Denn wahrhaftig: die Welt ist sein! Vor ihm getraut sich keiner das Haupt aufzuheben, keiner findet oder äußert Widerreden. Der Glanz der Nike blendet und ihr Lärm betäubt und macht verstummen, ihre sieghafte Kraft bricht jeden fremden Willen, schlägt jede kleinere Kraft, die auch zum Siege kommen will, in Stücke. Denn alle Kräfte, so klein sie auch sein mögen, wollen siegen. Sie schauen nicht darauf wie sie leben, sie schauen wie sie siegen können. Sie kämpfen zu keinem anderen Zweck als um zu siegen. Sie kämpfen, weil sie Feuer in sich haben, und jede Flamme will sichtbar werden und sich offenbaren. Die Nike wollen sie, die suchen sie, für diese kämpfen sie und gehn sie in den Tod. Alles andere sind Vorwände, Worte und Ausflüchte. Und erst wenn sie erkennen, daß es unmöglich ist zu siegen, dann trachten sie mit Heimlichkeit und Unterwürfigkeit und mit Verschlagenheit danach, davonzukommen und ihr Leben zu erhalten. Nike setzt, als Ergebnis, ihre eigenen Ideen in die Welt. Zuerst ist es die ethische Theorie, aus der dann wieder andere Ideen und Theorien erwachsen, die der Menschen Erbgut werden, unzählige und nutzlose. Denn das Leben selbst ist rein und unberührt von Theorien, die nur der Mensch mit seinen Siegen, Niederlagen sich zum Zeitvertreib erfand. Und die Ideen, die der Sieger in die Welt setzt, schlagen ihn selbst in Bann, sofern er schwach wird, und dann quälen ihn seine eigenen Machwerke, die Theorien, bis er schließlich selbst ihr Sklave wird. Und wenn er seine große Kraft verliert, dann hört er auf Gesetzgeber zu sein. Dann werden die Ideen, die er schafft, Ergebnis und Abbild seiner Schwäche. Und dann verläßt ihn eines Tages Nike, schlägt mit den Flügeln, als wolle sie sich etwas wie Erstarrung aus den Schwingen schütteln, und zieht wo anders hin. So wie die einzelnen Menschen auch die Völker: Siegt eines, wird es frei, errichtet Bauten, Festungen und Theorien und freut sich seiner Freiheit, seiner Schöpfungen, bis es allmählich absinkt, verdunstet und versteinert und erstarrt, seinen Theorien, die es selbst geschaffen hat, sklavisch verfällt. Dann geht die Nike wieder fort und fliegt davon und zieht wo anders hin.

Nike ist Ausbruch einer stärkeren Macht, welche die Welt erschüttert und in Aufruhr bringt.

Nike ist Freude, Freiheit, ist Gesetzgeberin und Löserin, Königin.

Nike tut das, was ihr die Macht befiehlt, welche die Menschen »Gewalt« nennen; ihren Willen zwingt sie auf und fragt niemanden.

Nike, die berauschte, hat als ihr Königreich die Welt. Sie öffnet ihre Nüstern und saugt die ganze Luft ein, weil die Luft ihr eigen ist, so wie die Erde und der Himmel.

Nike hat des Adlers Augen und diese Augen blicken auf die Welt wie auf ein Paradies, das ihr gehört, und sehen die Menschen gleich Ameisen.

Nike hat Flügel und ist trotzdem nicht leicht. Sie ist leibhaft und dieser Leib ist fest und wahr aus Fleisch und Bein, ist weiblich. Wer sie gewahr wird, muß sie lieben.

Aber Nike ist nicht mein eigenes Sehnen, mein Verlangen nach der Nike. Sie ist selbst da, erlegt sich selber auf. Wenn ich sie liebe und noch Kummer habe, ist sie noch nicht mein.

Nike stürmt dem Winde gleich dahin. Kein Hindernis hemmt ihren Lauf, denn sie hat Flügel. Und der Wind hebt ihr Gewand, zeigt die vollkommene Bildung ihres Leibes.

Das Gewand vom Wind an ihren Körper angepreßt und unten feinste Falten werfend, zeigt ihre feste Brust und ihre Hüften und die geschwungenen Linien ihrer starken Beine.

Wenn Nike ihre Flügel öffnet, breitet sie vor sich ihre nackten vollen Arme aus, welche Trophäen und Siegeskränze halten.

Nike ist Hymnus, Schlachtgesang, Musik, ist Rausch, ist Lachen, Freude, ist Göttin – ein geflügelt' Weib.

Nike ist Licht und Glanz und Flamme. Nike leuchtet wie ein Stern, brennt wie glühend Eisen, dröhnt wie Donner. Nike ist wie Blitz.

Dennoch ist Nike nicht gleich Ruhm. Sie kümmert sich nicht um ihren Ruf, so großen Lärm auch ihr Vorüberziehen macht. Nicht sie ist schuld, wenn man sie sieht und hört. Sie selber will es nicht und kehrt sich nicht daran.

Die Nike, die irgendein Sieger als Wahrzeichen auf der hohen Felsenküste Samothrakes aufgerichtet hat, Thrakien und Makedonien gegenüber, stieg einst und stellte sich auf eines Kriegsschiffs Bug und fuhr hinaus aufs Meer. Sie verließ die Insel, zog wo anders hin. Fortgehend aber versteckte sie ihr Haupt, damit die Menschen sie nicht wiedererkennen sollten. Denn ihr Antlitz war seltsam bekümmert darüber, daß sie diese Insel, dieses schöne Volk verlassen mußte, das nicht mehr wert war sie zu besitzen. Es war zum ersten Male, daß ihr derartiges geschah. Es war, als wolle sie nicht mehr zu anderen Siegern gehn, oder als ginge sie wider ihren Willen. Aber sie vergaß auch ihre Flügel zu verbergen, vergaß, daß sie ja Flügel hatte, als sie von der Insel fortging und für immer in die Fremde zog. Und an ihren Flügeln hat man sie erkannt.

Die geflügelte Nike – solches ist ihr Schicksal – muß immer weiter ziehen und zu den Stärkeren gehen, seien sie auch roher, ungesitteter. Sie wertet nicht den Adel, nicht die Schönheit eines Volkes, sie mißt allein die Macht.

So sehr der Sieger weiß, daß Nike nie beständig ist, sondern geflügelt, und nie an einem Orte dauernd bleibt, vergißt dies doch der Sieger und er sagt:

»Ich will, daß dieser Tag mir bis zum Abend eigen sei, daß wiederum der nächste und die kommenden alle mir gehören, lebendige Tage, sieghafte Tage im ringsum sichtbaren Verfall. Ich möchte immer Sieger sein und bleiben.«

Und er errichtet ihr Abbilder, steinerne Standbilder, damit sie nie vergehen, nie aus seiner Nähe weichen möge. Aber es nützt ihm nichts, Nike geht immer fort. Einstmals schnitten die Athener ihr die Flügel ab, bauten ihr einen entzückenden Tempel am Rande der Akropolis, um sie in ihrer Stadt zu halten. Aber sie blieb nicht. Sie bekam neue Flügel und entwich. Denn die Athener waren nicht mehr wert sie zu behalten. So stürzte auch der Marmortempel ein und ward zu Trümmern und das Standbild ging verloren.

So altert unsere Jugend und die Blüte welkt, Eros verfliegt, unsre Geliebten sterben. Dennoch entsteht in jeder Stunde neues Leben, öffnen sich neue Blüten, auf welche Nike wartet. Nike ist immer auf der Jugend Seite, wie der Eros. Und wenn die Nike uns verläßt, geht sie zu andern oder stirbt sie gar? Wenn sie diejenigen verläßt, die schwächer werden, gehen sie zugrunde, gehen sie dem Tod entgegen. Sie aber wartet auf die Jungen, um die Guten auszuwählen und sich mit ihnen zu vereinen. Nike ist hart. Was sind ihr Kranke, Greise, Todesopfer? Sie muß diejenigen lassen, welche sterben. Denn sie selber ist unsterblich.

Aus Elias Venesis (1904–1972), Äolische Erde

Hast du wirklich ein Gespenst gesehen? fragte Kosmas.
Ich sagte dir doch: Ich bin einem Gespenst begegnet.
Und hast dich nicht gefürchtet?
Nein, ich habe mich nicht gefürchtet. In unserer Heimat, auf dem Meere, schrecken die Gespenster nicht. Man muß sie nur richtig anzureden wissen.

Und der Insulaner Manolis Lyras erzählte dann seine Begegnung mit dem Gespenst. Es war zu einer bösen Stunde im Ägäischen Meere, das der Südwind und der Regen peitschten. Es war bis Sonnenuntergang noch eine ganze Weile, gleichwohl legten die tiefen Wolken so trübe Finsternis aufs Meer, daß man vom Heck zum Bug des Segelschiffes nichts mehr unterscheiden konnte. Das Schiff war nur klein; des Lyras Vater saß am Steuer. Manolis, damals ein Junge von zehn Jahren, machte seine erste Reise zusammen mit seinem Vater.

Von Minute zu Minute stand es schlimmer um das kleine Segelschiff aus Tenedos, das mit dem Tode rang. Der Kapitän ließ sich seinen Jungen aus dem Kielraum bringen, wo er ihn geborgen hatte. Mit flinken Bewegungen der einen Hand, ohne seine Augen von dem Segel und den Wogen vor ihm abzuwenden, band er das Kind mit dem gleichen Tau, mit dem er selber angebunden war, neben sich fest, damit das Meer es nicht wegreiße. So würde sein Herz doch etwas ruhiger werden. Was auch geschehe, würde ihnen beiden zugleich zustoßen. Der Knabe kauerte sich dicht an seinen Vater. Der Sturm wurde immer stärker. Der Regen wurde zu Hagel und peitschte mit Gewalt die Hölzer und die Menschen. Die Wolken senkten sich immer tiefer, man konnte auf wenige Meter nichts mehr unterscheiden. Nur das furchtbare Brausen, das von hinten aus dem Nebel kam, bestätigte die Anwesenheit des Meeres, als eine riesige Woge das Schiff schlug und mit Wut über es hinwegging. Dann noch eine Woge. Der angebundene Knabe stieß ein, zwei, drei krampfhafte Schreie aus. Er heftete seine Augen auf seinen Vater, um dort Hilfe zu finden. Aber das einzige, was er unterscheiden konnte, war ein hartes, verzerrtes Gesicht, das damit rang, seinem Feind, der Woge, zuvorzukommen und auszuweichen, während das Wasser an ihm heruntertropfte und dies

Gesicht wie durch eine trübe Masse von ihm getrennt erscheinen ließ. Da wollte der Knabe, in seiner Einsamkeit, wieder zu weinen und zu schreien anfangen. Aber er brachte nicht den leisesten Laut aus seiner Kehle. Denn die große Furcht hatte sein Herz übermannt. Und wenn die kommt, dann schreien die Menschen nicht mehr wie bei den kleinen Schmerzen und den kleinen Ängsten. Die Seeleute rannten, in den Sturm verwickelt, wie finstere Untiere von Heck zu Bug hin und her, um ein Segel einzuziehen, den Mast aufzurichten, Ballast über Bord zu werfen. Sie schrien und brüllten. Aber als die entscheidende Stunde der Ägäis kam, die das Spiel des Todes mit dem Holz von Tenedos spielte, verstummten auch ihre Stimmen wie die Stimme des Knaben. Das Holz wurde in die Höhe geschleudert, auf den Gipfel der Woge, und war daran, sich wieder abwärts in das tobende Chaos zu stürzen, als etwas wie ein Geräusch im Brausen des Sturmes zu hören war. Und gleich darauf die brüllende Stimme des Kapitäns, der zu der Woge sprach: *Er lebt! Der große König lebt! Alexander der Große lebt!* Und wieder, voll Bangigkeit, während er mit der einen Hand den Griff des Steuers fest umspannt hielt und mit der anderen den Kopf seines Kindes an sich preßte, als wolle er ihn schützen: *Der große König lebt! Es lebt Alexander der Große!*

Das Knäblein, der kleine Manolis Lyras, erinnerte sich dann, wie er neben den Planken des Schiffes, in der trüben Finsternis des Wassers, einen Fisch, so dick wie ein Delphin, erblickte. Er glaubte einen grauen Körper zu sehen und zwei Augen, die wie Feuer leuchteten. Der Körper richtete sich auf, stand, für einen Augenblick, aufrecht auf dem Kamm der Woge, und tauchte dann mit dem Kopf urplötzlich wieder unter, um nicht mehr wieder zu erscheinen. Schwarze Haare wie Fangarme eines Tintenfisches spielten kurz im Wind, als das Haupt der Gorgone sich erhob. Und nachher hüllte der Schaum die Haare ein und nahm sie mit sich fort.

Plötzlich legte sich der Wind, der Sturm schwieg, und am Himmel verzogen sich die Regenwolken gegen Westen.

Der Abend kam. Die Sterne erschienen und das Ägäische Meer war wogenlos. Die Mannschaft des Schiffes ruhte sich, zerschlagen vom Kampfe mit dem Tode, aus. Nur der Kapitän blieb wach. Aufgeregt wachte neben ihm auch sein Bub, der kleine Manolis Lyras.

Merk dir das, was du gesehen hast, mein Sohn, murmelte der Kapitän, und seine Augen blickten in ekstatischer Versunkenheit aufs Meer.

Wieder, nach einer Weile, wie um eine plötzliche Furcht zu verscheuchen: *Hast du es sehen können?* fragte er. *Was, hast du's nicht sehen können? ... Hast du's doch sehen können?*

Was war das, Vater? fragte der Knabe. *Es war wie ein Fisch, der Haare hatte ...*

Es war das Gespenst des Meeres ... Es war die Gorgone, sagte der Kapitän.

Und den Kopf des Kindes fassend, wie um ihn zu streicheln, mit der rauhen Zärtlichkeit der einfachen Menschen: *Merk es dir,* sagte er, *und hab es lieb. Es rettet die Seeleute, wenn ihnen beschieden ist, daß es ihnen erscheint ...*

Und unter den Sternen, die in der friedlichen äolischen Nacht schienen, erzählte der Kapitän des Segelschiffes, das mit Holz vom Kas-Dag gezimmert war, seinem Sohn von der Herrin der Ägäis, seiner Herrin. Die Formen, die Farben, der Zauber der Sage kamen aus den alten Zeiten des griechischen Archipelagos, um in seinem Munde Bewegung und Schauer des Herzens zu werden:

Es lebte einmal im Land der Griechen ein junger König, Alexander der Große. Er hatte eine Schwester, die Gorgone hieß. Der Große Alexander zog in ferne Länder, über Berge und Meere, und als er heimkehrte, brachte er mit sich das Wasser der Unsterblichkeit. Das würde er trinken, wenn seine Stunde da sei, und er würde niemals sterben. Er würde alle die Burgen der Welt beherrschen und er würde regieren, soweit die Erde reicht. Aber er kam nicht dazu. Seine Schwester sah das Wasser der Unsterblichkeit und trank es, ohne zu ahnen, was es sei. Da ergrimmte der Große Alexander sehr, packte sie bei den Haaren und warf sie ins Meer. Seitdem lebt die Gorgone im Meer. Ihre Augen sind rund, sie hat Schlangen im Haar, ihre Hände sind aus Erz und an den Schultern hat sie goldene Flügel. Von der Hüfte abwärts ist sie Fisch, und alle die Fische des Meeres haben sie zur Königin. Immer gedenkt sie des Großen Königs, ihres Bruders, der so früh sterben mußte. Immer fragt sie die Seeleute, die sie auf ihrem Wege trifft: *Lebt der Große Alexander noch? Er lebt und herrscht,* antworten sie ihr. Dann freut sich die Gorgone, wenn sie ein solches hört, und trägt den

Wogen auf, das Segelboot durchzulassen. Wenn aber ein Seemann nicht Bescheid weiß und ihr sagt, der König sei gestorben, dann gibt es keine Rettung mehr für ihn: dann läßt sie eine Sturzwoge sich erheben und reißt den Seemann und sein Schiff mit sich hinunter in den Grund. Später kommt sie wieder an die Meeresoberfläche, um einen anderen Seemann zu treffen, der ihr bestätigen kann, daß ihr Bruder, der Große Alexander, lebt und nicht gestorben ist ...

Brief an C. Weickert vom 20.1.45
und unveröffentlichtes Probekapitel aus
»Griechische Heldensagen«

Sehr verehrter Herr Professor Weickert,

Gerade erhalte ich den Abberufungsbefehl und soll mich am 22.1. in Pleschen (zwischen Lodz und Posen) melden, vermutlich, um dort als Lückenbüßer mit in das große Loch gestopft zu werden. Über Griechenland und die letzten Tage von Athen habe ich ausführlich an Schede berichtet. Er wird Ihnen gewiß den Brief zum Lesen geben. (Schede meint, daß ich auch hier im Zusammenhang mit Griechenland eingesetzt wäre. Das wäre aber zu sinnvoll und logisch, um wahr zu sein).

Es war merkwürdig: Ich hatte mich gerade intensiv mit Friedrich Thiersch beschäftigt und seiner Vermittlerrolle, und fand mich selbst plötzlich als Vermittler zwischen den streitenden Parteien. Der Dank des Vaterlandes...?????

Anbei ein Manuskript mit der Bitte zur Aufbewahrung. Es sind die ersten Kapitel eines Buches »Griechische Heldensagen« (Verlagsvertrag mit Rütten und Löning, Potsdam). Sollte mir etwas zustoßen und sollte es klar werden, daß ich nicht zur Fortsetzung komme, so bitte ich um Veröffentlichung dieser Probekapitel, damit ein anderer dieses notwendige Buch fortsetzen kann. Meine Grundsätze waren:

1. Lesbar, für *eine* Version entscheiden.
2. Möglichst nach den Originalquellen, schriftlichen und bildlichen.
3. Möglichst die Fassung der Frühzeit.
4. Einbeziehung der griechischen Landschaft, die dem antiken Leser ja selbstverständlich war.

In Eile mit herzlichen Grüßen   Ihr R. Hampe

Die Troja-Sage · Nach den bildlichen und schriftlichen Quellen der griechischen Frühzeit

neu erzählt

Die Vorgeschichte des Trojanischen Krieges
Ratschluß des Zeus

Zeus, der König der Götter und der Menschen, blickte auf die Erde nieder und gewahrte, daß die Menschen sich zu Tausenden und Abertausenden vermehrten und mit ihrer Überfülle die breite Erde drückten. Da ergriff ihn Mitleid mit der Mutter Erde, und er überlegte, wie er ihr die schwere Bürde leichter machen könne. Er rief Themis, die Walterin des Rechtes und Hüterin der Ordnung, zu sich, um mit ihr Rat zu halten. Dies erschien ihm schließlich das Beste: Streit zu erregen unter den Göttern und unter den Menschen einen großen Krieg zu entfachen. Der Tod sollte aufräumen unter den Sterblichen, und viele tapfere Helden sollten im Kampfe fallen. So beschloß er, und sein Ratschluß ging in Erfüllung.

Botschaft an Chiron

Die Götterbotin Iris flog zur Erde nieder; sie hatte eine Botschaft von Zeus an Chiron, den Kentauren, auszurichten. Aus Mensch und Roß war er geschaffen, halb Gott, halb Tier. Er hauste auf dem Pelion, dem meerumrauschten Felsgebirge mit seinen dichten Wäldern, tiefen Schluchten, wilden Tieren. Einst hatten auch die anderen Kentauren, rauhe ungesittete Gesellen, dies Jagdgebiet bewohnt, doch waren sie in Streit geraten mit den Menschen, waren dem Lapithenvolk im Kampf erlegen und nach dem Pindos fortgezogen. Nur Chiron war geblieben; denn er war gut und milde, fromm und weise, ein Meister in der Heilkunst und ein Freund der Götter und der Menschen.

Ihn suchend ließ sich Iris auf der Bergesspitze nieder. Wo dem Göttervater, dem die Gipfel heilig sind, von frommer Hand ein einfacher Altar errichtet war, dort hielt sie Ausschau. Bald erspähte sie die Höhle drunten und sie sah ihn selber, den Kentauren, der gerade von der Jagd heimkehrte; rasch wie ein Gedanke flog sie hin. Eben hatte er den Fichtenstamm, an dem als Wildbret zwei erlegte Hasen und ein Rehkitz hingen, von seiner Schulter abgenommen und an das Felsentor gelehnt. Das war von feuchtem Efeu überwuchert, beinah zugewachsen; ringsum standen Buchen, Tannen, Ahornbäume, in deren Zweigen viele Vögel nisteten, und warfen dunkle Schatten, und ein Gießbach strömte, über Felsen springend, in die Tiefe. Nun löste er ein Bündel Kräuter, die er unterwegs gesammelt hatte – heilsame und schmerzlindernde, betäubende und gefährlich giftige, die er allein zu unterscheiden wußte und bei Namen kannte –, und machte sich daran, die einzelnen zum Trocknen auszubreiten. Da trat sie auf ihn zu; er erkannte sie sofort – denn auch er selber war kein Sterblicher und den olympischen Göttern wohlvertraut – und sagte:

»Was führt Dich zu mir, liebe Götterbotin? Als unverhoffter Gast erscheinst Du hier. Wohl habe ich Apollon und Artemis, die beiden göttlichen Geschwister, schon oft bei mir begrüßt; sie selber lehrten mich mit sicherem Bogenschuß den flüchtigen Hirsch zu jagen; Dich sah ich hier bei meinem Felsgemach noch nie. Kommst Du von Zeus gesandt und überbringst mir seine Wünsche? Was er begehrt, will ich ihm gern erfüllen, wenn es überhaupt erfüllbar ist. Doch zuvor tritt ein und lasse Dich bewirten.«

Ihm entgegnete die Götterbotin:

»Sohn des Kronos und der Philyra, weiser Chiron! Heiß mich nicht verweilen; ich bin eilig und muß weiterziehen. Auch ward den seligen olympischen Göttern irdische Kost zu speisen nicht vergönnt. Zeus, der allmächtige Herrscher, sendet mich, Dir seinen Ratschluß mitzuteilen; doch vernimm erst, wie sich alles zugetragen: In Thetis, die Tochter des alten Nereus, der in des Meeres Tiefen wohnt, war Zeus verliebt. Er warb um ihre Gunst und suchte sie mit allen Mitteln zu gewinnen. Sie weigerte sich, seinen Wünschen zu willfahren, und entzog sich ihm, verbarg sich in den Ufergrotten und den undurchsichtigen Meerestiefen. Nicht besser erging es dem Poseidon, der mit Zeus wetteiferte, um sie zu werben. Schon wollten beide

Brüder sie mit ihrem Zorn verfolgen, da horchten sie auf Themis, die einen vorbestimmten Schicksalsspruch verkündete; »Laßt ab von ihr« so sprach sie; »denn wenn sie euer Lager teilt, so wird ihr Sohn dereinst noch stärkere Waffen als Blitz und Dreizack schwingen; wenn ihr sie aber einem Sterblichen vermählt, so wird ihr Sohn nach großen Heldentaten einst im Kriege fallen und bei den Menschen unvergänglichen Ruhm erlangen. Ich rate euch, gebt sie dem Peleus, dem Sohn des Aiakos, zum Weibe. Er ist fromm und edel und stammt aus gottgeborenem Geschlecht.«

So riet sie, und die Götter folgten ihrem Rat. Dich aber hat Zeus auserkoren, dem Peleus helfend beizustehen und ihm zu raten, wie er sich die Braut gewinnt. Dies vertraut er deiner Sorge an. Du kennst den Peleus, weißt der Thetis heiligen Bezirk, bist klug und vielerfahren, ja, man sagt, sogar der Zukunft kundig. Wisse, auch Hera, des Zeus erhabene Gemahlin, ist dem künftigen Paare wohl gewogen, weil es sie herzlich freute, daß Thetis des Zeus Werbung widerstand. Großes hat Zeus sicherlich im Sinne; dies aber mag er selber alles wissen. Mir geziemt nur, meinen Auftrag auszurichten.«

Da erwiderte ihr Chiron:

»Wohl kenne ich Peleus, der hier in meiner Nachbarschaft in Phthia herrscht. Hab ich ihm doch das Leben selber einst gerettet. Das war damals, als er in Jolkos bei Akastos weilte. Mit Blutschuld beladen war er dorthin gekommen; er hatte seinen Halbbruder versehentlich beim Diskoswurf getötet. Akastos hatte ihn vom Mord gereinigt und gastfreundlich bei sich aufgenommen. Des Akastos Gattin entbrannte heimlich in frevelhafter Liebe zu dem Gaste; doch Peleus war ihr nicht zu Willen. Da verleumdete sie ihn beim König und bezichtigte ihn des versuchten Ehebruchs mit ihr, der Königin. Akastos scheute sich, den Gastfreund gleich zu töten, doch beschloß er spätere Rache. Man war beim Jagen; alle Jäger waren schon mit ihrer Beute zum Versammlungsplatz gekommen; nur Peleus fehlte noch. Endlich erschien er; er trug auf seinem Rücken kein erlegtes Wild; da verhöhnten und verlachten ihm die anderen Jäger. Er aber zog aus seiner Jägertasche die Zungen der erlegten Tiere, die er ihnen abgeschnitten hatte, und wies sie vor; es ward offenkundig, daß er tüchtiger als alle anderen gewesen war. Seine Jagdgefährten wurden neidisch und sannen darauf, ihm etwas Böses anzutun. Auch Akastos hielt den Tag der Rache für gekommen. Peleus war vor Ermüdung auf dem Rastplatz eingeschlafen. Da raubten sie ihm seine Waffe, das Zauberschwert, das einst Hephaistos selbst geschmiedet hatte, und versteckten sie; dann machten sie sich leis davon und ließen ihn alleine liegen; sie hofften, daß die wilden Tiere ihn zerreißen würden. – Schon hatte er sich, von Wölfen angefallen, auf einen Baum geflüchtet und rief die Götter um ihren Beistand an, als ich des Weges kam und ihn befreite und ihm das Leben wiederschenkte, das er schon verloren glaubte. Auch seine Waffe reichte ich ihm wieder; ich hatte sie, nicht ganz zugedeckt vom Kuhmist, worunter sie versteckt lag, blinken sehn und aufgehoben. – Nun zog Peleus rachedürstend gegen Jolkos. Zeus, der das Gastrecht schirmt, verlieh ihm überirdische Kräfte. Ungehindert drang er in die Stadt, – niemand wagte seinem Zauberschwert zu widerstehen. Im Palast erschlug er den Akastos und sein böses Weib mitsamt dem falschen Hofgesinde. Fortan herrschte er in Phthia als angesehener König, war seither mein Nachbar und mein Freund und oft mein Jagdgenosse. Ich will ihn gleich besuchen und ihn auf sein künftiges Schicksal vorbereiten.«

Peleus gewinnt Thetis

Chiron machte sich auf den Weg, stieg vom Gebirge nieder und gelangte, über fette Weiden, fruchtbestandene Felder sprengend, bald nach Phthia, der volkreichen Stadt, wo Peleus herrschte. Er lud ihn zu sich ein in seine Höhle. Sie gingen auf dem Pelion jagen. Als der Vollmond nahe war, weihte er ihn ein in das, was Iris ihm von Zeus verkündet hatte. Peleus wollte erst verzagen; er aber sprach ihm zu und riet ihm also:

»Thetis und die anderen Nereïden werden in der Vollmondnacht ans Ufer kommen. Du lauerst ihr im heiligen Bezirke auf und überfällst sie plötzlich. Sie wird sich wehren – denn nicht gern läßt eine Göttin sich von einem Sterblichen bezwingen. Doch wie sie sich auch wehren und verwandeln mag, du darfst sie nicht loslassen, eh' sie nicht ihre ursprüngliche Gestalt zurückgewinnt. Dann wirst du mit der Götter Willen sie als Braut heimführen, und sie wird dir ihren Gürtel lösen.«

Da faßte Peleus Mut. Als es Vollmond war, stiegen sie hinunter zum Gestade, das man Sepiasküste nennt. Dort war der heilige Bezirk der Thetis. Peleus verbarg sich hinter dem Altar in dichten Büschen. Zedern und Zypressen hüllten ihn mit ihrem Schatten vollends ein. Um Mitternacht, im hellen Mondschein, tauchten Thetis und die Nereïden wie Nebel aus dem Wasser auf und stiegen eine nach der anderen ans Gestade. Erst tanzten sie im heiligen Bezirk den Reigen. Aber als sich Thetis zum Altare wandte, um eine Spende darzubringen, brach Peleus vor aus dem Versteck und fing sie und umfaßte sie mit beiden Armen. Mit lautem Aufschrei stoben ihre Schwestern nach dem Ufer und verschwanden in den Meereswogen, um zu ihrem Vater Nereus hinzueilen. Thetis aber setzte sich zur Wehr, wie Chiron es vorausgesehen hatte, und verwandelte sich nacheinander in Schlange, Löwe, Panther, schließlich in Feuer und in Wasser, um sich aus der Umklammerung zu befreien. Peleus hielt standhaft aus und ließ, der Worte Chirons eingedenk, nicht locker. Endlich nahm die Göttin wieder ihre ursprüngliche Gestalt an und ergab sich ihm; er führte sie als Braut nach Phthia; die Bewohner seiner Stadt empfingen ihn mit einem Hochzeitslied, so feierlich und schön, daß man es seit der Zeit bis in die spätesten Geschlechter noch bei jeder Hochzeit sang.

Hochzeit des Peleus und der Thetis

Inzwischen sandten Zeus und Hera Boten aus, um alle Götter zu der Hochzeit einzuladen. Die einen stiegen vom Olymp hernieder, andere tauchten aus des Meeres Tiefen auf. Sie versammelten sich am Pelion, wo Chiron auf sie wartete. Von dort zogen sie in prächtigem Zuge gegen Phthia, allen voran Chiron; er war dort wegeskundig. Ihm zur Seite schritt auf Flügelschuhen leicht dahin die Götterbotin Iris. Ihnen folgte Chariklo, Chirons Gattin mit Hestia und Demeter, der Hüterin des heimischen Herdes und der Spenderin des Brotes; es galt ja einen neuen Hausstand einzuweihen. Auf goldenen Wagen fuhren Zeus und Hera, ihm zunächst der Erderschütterer Poseidon mit seiner Gattin Amphitrite. So reihte sich Wagen an Wagen: Ares und Aphrodite, Apollon mit seiner Schwester Artemis, Hermes mit seiner Mutter Maia, Athena mit ihrem Lieblingshelden Herakles – denn er war schon unter die olympischen Götter aufgenommen. Die anderen Götter gingen nebenher, alle in reichen Festgewändern, Themis und die Horen, die Musen und die Moiren und wie sie alle heißen. Auch die Eltern der Thetis, Nereus und Doris, waren aus dem Meeresgrund gekommen und hatten sich dem Zuge angeschlossen. Dionysos schleppte einen großen Krug voll alten honigsüßen Weines, den die Satyrn selbst gekeltert hatten; den wollte er dem Peleus schenken. Zum Schluß des Zuges aber ritt Hephaistos, der krummfüßige, kunstfertige Schmied, auf einem Maultier und trieb es mit der Peitsche an. Neben ihm wälzte Triton seinen schuppigen Drachenleib; beide hatten ihre Mühe nachzukommen.

Im Palast saß Thetis, in den Brautschleier gehüllt, mit köstlichem Geschmeide angetan und erwartete die hohen Gäste. Peleus empfing sie draußen auf der Schwelle. Sie überreichten ihm die kostbaren Geschenke: Chiron gab ihm eine lange, schwere Eschenlanze, die er auf dem Pelion selbst gefällt und zubehauen und geglättet hatte; Athena und Hephaistos reichten ihm eine prächtige von ihnen selbst gefertigte Rüstung, die anderen Götter andere Geschenke. Das Kostbarste aber schenkte ihm Poseidon, ein Gespann unsterblicher, windschneller Rosse, Balios, den Schecken und den Falben Xanthos. Dann setzten sich die Götter in der Halle nieder; Zeus und Poseidon thronten auf ganz goldenen Sesseln. Als sie von Nektar und Ambrosia, der Speise der Olympischen, genug gekostet hatten, stand Apollon unter ihnen auf und spielte auf der siebensaitigen Leier. Nachher sangen auch die Musen, sangen von Thetis, wie sie des Zeus und des Poseidon Werbung widerstand, und von Peleus, wie er der bösen Gattin des Akastos nicht willfährig war. Als der Gesang geendet hatte, entstand – niemand wußte wie – mit einem Mal ein Streit, wer von den Göttinnen die schönste sei, Hera, Athena oder Aphrodite. Während nun die Meinungen hierhin und dorthin gingen und von den Göttinnen auch keine der anderen den Vortritt lassen wollte, erklärte plötzlich die Göttin des Zwistes Eris – sie hatte Zeus zu Willen den ganzen Streit erregt –, das beste sei, das Urteil einem Königssohn zu übertragen, der fern in Asien als Hirte im Gebirge lebe, rein, makellos, wie die Natur ihn schuf; eben erst Jüngling sei er, fast noch ein Kind; Hermes, der Götterbote, könne ja die Göttinnen zu ihm geleiten. Alle waren einverstanden, und das Fest nahm seinen Fortgang. Später stimmten sie das Brautlied an und geleiteten das Paar zur Kammer. Hera selbst trug die Hochzeitsfackel.

Jugend des Achilleus

Thetis gebar nach einer Weile einen schönen Knaben, den man Achilleus nannte. Als er sieben Jahre alt war, brachten seine Eltern ihn zu Chiron ins Gebirge. Der sollte ihn erziehen und zu einem tüchtigen Helden machen; hatte er doch schon manche Helden großgezogen. Chiron behielt ihn gern bei sich in seiner Höhle und unterwies ihn mit Geduld in allem, was einem edlen Manne ziemt. Erst lehrte er ihn all die guten und die giftigen Kräuter des Waldes und die Wurzeln mit ihren mannigfaltigen Eigenschaften kennen und unterwies ihn in der Heilkunst. Dann nahm er ihn oft mit sich auf die Jagd, um seinen Körper abzuhärten. Den Hasen Schlingen zu legen, mit Hunden umzugehen, des Wildes Fährten aufzuspüren und seine Wechsel zu erkennen – wie man das junge Hirschkalb fängt, die scheue Hindin einholt, Fußangeln für die Hirsche legt, das Wildschwein mit der Meute aus dem Dickicht aufstört und mit Spießen und Fangeisen zur Strecke bringt, das alles war dem Knaben bald geläufig. Zur Nahrung gab ihm Chiron Herz und Leber von Löwen und von Ebern und das Mark von Bären, um ihn mutig, stark und ausdauernd zu machen. Nicht lange währte es, und er sollte über des Achilleus Schnelligkeit und Kraft und unerschrockenes Wesen selbst erstaunen. Die Hasen holte er im Laufe ein und fing sie ohne Schlingen. Mit seiner Füße Ausdauer und Kraft ereilte er den schnellen Hirsch auch ohne Hunde, Fußangeln, hinterhältige Netze. Auf seinen Schultern brachte er in des Kentauren Höhle bald Löwen oder mächtige Eber heim, die er alleine mit dem Speer bezwungen hatte. Wenn aber im Winter des Wildes Fährten tiefer Schnee verwehte, dann saßen sie zusammen in der Höhle beim Schein der Kiene, um des Feuers Flamme, und Chiron spielte auf der Leier und sang vom Ruhm der großen Helden, um in des Kindes Seele die Sehnsucht nach gewaltigen Taten wachzurufen: von Herakles, der den Nemeischen Löwen niederrang, von Theseus, wie er den stierköpfigen Minotauros übermannte, von Meleagros, der den grimmigen Eber zwang; von der kühnen Fahrt der Argonauten, von Perseus, der die grausige Medusa köpfte, von Bellerophon, wie er die feuerschnaubende Chimära überwand, und noch von vielen andern Abenteuern.

Auch ließ ihn seine Mutter Thetis manchmal nach Pharsalos kommen, wo Peleus ihr – einsam, im Schatten hoher Bäume – ein eigenes Haus errichtet hatte, da sie als Meergeborene die Kühle liebte und den Lärm der Menschen mied. Die Leute nannten dieses Haus, das einem Tempel glich, das Thetideion. Dort wohnte sie, so oft sie nicht bei ihren Eltern und Geschwistern in der Meerestiefe weilte. Sie erzählte ihrem Sohn von des Nereus schimmerndem Palast am Meeresgrunde oder vom Olymp und von den seligen Göttern und wie sie selber einst den Göttervater vor arger Schmach errettete, als Hera, Pallas Athena und Poseidon sich gegen ihn verschworen und ihn gefesselt hatten. Da löste Thetis heimlich seine Bande und rief Briareos, den hundertarmigen Riesen, zum Olymp empor. Der setzte sich dem Zeus zur Seite; die anderen erschraken und getrauten sich nicht mehr, sich gegen seine Herrschaft aufzulehnen. Solches und anderes erzählte sie ihm damals.

So wuchs der Knabe wohlbehütet auf gleich einer jungen Pflanze, die eines kundigen Gärtners Hand im wohlgepflegten Garten hegt, und fast vergaßen seine Eltern selbst den dunklen Schicksalsspruch, der ihm ein frühes Todeslos beschieden hatte.

Urteil des Paris

»Als Hekabe dem Priamos schon mehrere Nachkommen geschenkt hatte und wiederum mit einem Kinde schwanger ging, wurde sie eines Nachts durch ein furchtbares Traumbild aufgeschreckt. Ihr war im Traum, als gebäre sie einen hundertarmigen Riesen, der in seinen Händen brennende Fackeln trug. Er schritt durch Trojas Straßen und zündete Haus um Haus mit seinen Fackeln an; das Feuer fraß begierig um sich, bis die ganze Stadt ein Raub der Flammen wurde. Erschrocken fuhr sie auf und weckte Priamos. Sie ließen einen Traumdeuter kommen. Der weissagte, die Frucht ihres Leibes werde großes Unheil über Troja bringen, und riet, das Kind nicht großzuziehen, sondern beizeiten fortzuschaffen.

Als das Kind zur Welt kam – es war ein ganz besonders wohl

geratenes Knäblein –, scheuten sich die Eltern, es geradewegs umzubringen. Sie übergaben es einem alten Diener, der er aussetzen sollte. Der brachte es ins Idagebirge und legte es im Waldesdickicht nieder, im Glauben, daß es dort des Hungers sterben oder von wilden Tieren zerrissen werden würde. Aber das Schicksal wollte es anders. Eine Bärin, die im Dickicht Zuflucht suchte, fand das Knäblein und nährte es an ihren Zitzen, bis am fünften Tage Hirten auf der Suche nach der Bärin in das Waldesinnere drangen und das Kind entdeckten. Sie erbarmten sich seiner, zumal es ihnen wohl gefiel, nahmen es mit sich nach Hause, zogen es bei sich auf und hielten es wie ihr eigenes Kind. Der Knabe, den sie Paris nannten, wuchs unter ihnen heran und wurde selbst ein tüchtiger Hirte und ein wackerer Helfer, wenn es galt, die wilden Tiere oder Räuber von den Herden abzuwehren. Er war noch nicht erwachsen, da schlug er einmal eine ganze Räuberbande alleine in die Flucht, weshalb die Hirten ihm auch den Namen Alexandros ›Wehrmann‹ gaben.«

So erzählte Hermes den drei Göttinnen, als sie vom Idagipfel niederstiegen. Der Boden war in zitternder Bewegung und aus dem Bergesinnern scholl ein Brausen und ein Schwirren, das immer stärker wurde. Nun standen sie vor einer weißen Marmorwand. Dort brach aus einer Öffnung ein gewaltiger Quell, der seine Wasser in die Tiefe warf, wo sie sich donnernd und zu Schaum verwandelt talwärts wälzten. Wohin sie blickten, als sie weiterstiegen, gewahrten sie, wie aus den Falten des Gebirges Quellen rannen. Das war der quellenreiche Ida, wie ihn die Menschen nannten – der Ursprung des Skamanderflusses, der in der Ebene bei Ilion vorüberströmte, der Stadt, von wo der Königssohn und Hirtenknabe stammte, den sie suchten, um sein Urteil anzuhören. Weiter drunten an einer wärmeren Quelle, die unter Schlinggewächsen aus dem Felsen sprudelte und von Platanen überschattet war, machten sie kurz Rast. Nur das Brausen in der Tiefe und das Rauschen in den Wipfeln war dort hörbar. Dort wuschen sich die Göttinnen im Quell. Dann gelangten sie in lichtere Wälder von Eichen, Fichten, Haselstauden. Vogelstimmen schollen ihnen dort entgegen, worein sich die der Nymphen und Chariten mengten, die ihre Herrin Aphrodite, Blumen pflückend und Kränze windend, mit Gesang geleiteten. Bald wechselten die Wälder mit sorgsam angebauten Hängen und mit Weideplätzen ab. In den Gebüschen sangen Nachtigallen. Zuweilen ließ sich auch der Kuckuck hören. Dort erreichten sie den Weideplatz, wo Paris seine Rinder hütete.

Hermes ging voraus, um den Hirten auf so hoher Gäste Ankunft vorzubereiten; die Göttinnen blieben zurück und ordneten noch einmal ihren Schmuck und ihre kostbaren Gewänder. Hera trug ein purpurfarbenes Kleid mit breiten goldgestickten Borten, das ihre lilienweißen Arme sehen ließ. Auf ihrem Haupte ragte eine feine Krone, und in der Hand hielt sie ein goldenes Zepter. Sie wollte zeigen, daß sie Zeus, des gewaltigsten Herrschers, Gattin war. Athena hatte ihre kriegerische Rüstung abgetan und auch die furchtbare Ägis mit dem Gorgohaupte und den vielen Schlangen sich nicht umgehängt, um den jungen Hirten, der ihr den Preis der Schönheit zuerkennen sollte, nicht zu schrecken. Aphrodite hatte wunderbare Gewänder angezogen, welche die Chariten und die Horen ihr angefertigt hatten. Sie waren in Frühlingsblüten bunt gefärbt, in Krokos und in Hyazinthen, in Veilchen und in Rosenblüten und in den Knospen von Narzissen und von Lilien; und von den vielen Frühlingsblüten dufteten die Kleider wie Nektar und Ambrosia.

Unterdessen war Hermes vor den Hirten hingetreten. Paris erkannte gleich den Gott an seinen Flügelschuhen und dem Heroldstabe und an dem überirdischen Glanz, der von ihm ausging. Er wagte kaum die Augen aufzuheben. Als ihm aber Hermes das Ansinnen vortrug, er solle den Schönheitsstreit der Göttinnen entscheiden, erschrak er derart, daß er sich umwandte, um auf und davonzulaufen. Doch Hermes hielt ihn an: »Fürchte dich nicht«, sprach er. »Zeus des Allmächtigen Willen ehrend kommen wir zu dir. Kein Leid wird dir geschehen; aber große Ehre soll dir künftig widerfahren.« Da blieb der Hirte und erwartete die Göttinnen. Zuerst nahte sich Hera und sagte: »Ich bin Hera, des erhabenen Zeus Gemahlin. So du mir den Preis der Schönheit gibst, will ich dir Macht und Reichtum geben, wie sie nie zuvor ein Sterblicher besaß.« Da fiel Athena ein: »Was nützen dir Macht und Reichtum, wenn du nicht Kenntnisse besitzest, sie zu verwalten, nicht Tüchtigkeit, sie zu verteidigen? Mir, der Athena, gib den Preis, so will ich dich mit Weisheit segnen, und deine Tapferkeit soll unvergänglicher Ruhm belohnen.« Als dritte sagte Aphrodite: »Der Liebe Göttin bin ich, Aphrodite. Auch ohne gleißendes Gold und ohne blutige Waffen zwinge ich die Götter und die Menschen, so es mir gefällt.

Weh dem, der mich mißachtet; bittere Qualen muß er leiden. Glück dem, der mir gehorcht; er erntet süßen Lohn. Gib mir den Preis, so will ich dir das schönste Weib versprechen, das jemals unter dieser Sonne lebte.«

Da entschied sich Paris, und er lobte Aphrodites Schönheit.

Heimkehr des Paris

Als Paris das Urteil zu Aphrodites Gunsten ausgesprochen hatte, gingen Hera und Athena zürnend fort, entschlossen, sich für die erlittene Kränkung späterhin zu rächen. Aphrodite blieb und sagte zu dem Hirten:

»Laß dir verkünden, was du für dein künftiges Schicksal wissen mußt. Im unteren Skamandertale, nicht mehr fern der Meeresenge, liegt von Mauern rings umschlossen Troja oder Ilion, die mächtige Veste. Du hast schon oftmals ihre weißen Häuser in der Ferne schimmern sehn. In dem Palast, der auf des Hügels Kuppe alle anderen Gebäude überragt, herrscht König Priamos. Ehrwürdigem Geschlecht entstammt er. Einst wurde Dardanos von Zeus gezeugt. Er gründete Dardania am quellenreichen Ida, zu einer Zeit, da Troja in der Ebene noch nicht bestand. Sein Sohn war Erichthonios, der an Reichtum alle Menschen übertraf. Auf seinen Weiden zählte man allein dreitausend Stuten. Boreas, der Nordwind selber, hatte sich in sie verliebt und sie als Hengst besprungen; sie aber warfen ihm ein Dutzend Fohlen von besonderer Art: dem Wind gleich stoben sie dahin; sie flogen über Weizenfelder, auf den Ährenspitzen, ohne einen Halm zu knicken, oder über des Meeres Rücken, auf dem Schaum der Wogen, ohne sich den Huf zu netzen. Dem Erichthonios entstammte Tros, nach dem die Heilige Veste Troja und das Volk Trojaner heißen. Tros hatte dann drei Söhne, den Ilos, den Assarakos und den Ganymedes, der um seiner Schönheit willen zum Olymp entführt ward, um Zeus als Mundschenk zu bedienen. Ilos aber hatte den Laomedon zum Sohne, der unter anderen den Priamos zeugte, der nun über Ilion herrscht.

Priamos hatte von seinen verschiedenen Gemahlinnen schon viele Söhne und Töchter; auch von Hekabe, seiner rechtmäßigen Gattin, waren ihm bereits mehrere Kinder geschenkt worden, darunter der stolze Hektor, den die Hirten dir gewiß schon nannten. Als sie wiederum ein Kind erwartete, störte sie ein böses Traumgesicht; der Seher ward befragt, weissagte Unheil – wann hätte auch ein Seher jemals Gutes prophezeit? –, und als das Kind zur Welt kam, setzte man es auf dem Ida aus. Wenn auch den Eltern später noch ein Sohn, Deïphobos, geschenkt ward, sie vergaßen doch des ausgesetzten Knaben nicht. Sie sehnten ihn umsonst zu sich zurück, und sie betrauerten den Totgeglaubten. Er aber war nicht umgekommen. Mitleidige Hirten hatten ihn gefunden und zu sich genommen: unter ihnen wuchs er, unkundig seiner Herkunft, auf. Doch der Tag der Heimkehr und des Wiedersehens ist gekommen. Hirtenknabe, der den Streit der Göttinnen entschied, langvermißter Königssohn, dem zeusentsprossenen Geschlecht des Dardanos entstammt, kehr heim in deiner Väter Stadt, nach Ilion! Dort gib dich zu erkennen, Kind des Priamos! Ein freudiger Empfang wird dir bereitet werden. Vom Vater fordere ein Schiff, um Helena, das schönste Weib, aus Hellas zu entführen. Zum Gefährten wähle des Anchises Sohn Aineas, der mich seine Mutter nennt. Er wird dich gut geleiten. Einer Gottheit Fügung hat dich einst bewahrt; auf Zeus, des höchsten Herrschers, Ratschluß findest du jetzt heim. Die Gunst der Götter möge dich auch fürderhin behüten!«

Paris wußte kaum, wie ihm geschah. Als er die Augen aufzuschlagen wagte, war die Göttin schon verschwunden. Sollte er, was ihm soeben widerfahren war, für Wahrheit oder für ein Traumbild halten? Unsicher, was er glauben solle, zog er abends heim in seine Hütte und legte sich zum Schlafen nieder. Doch es senkte sich kein Schlummer auf die Lider. Unablässig wirkte die Verheißung in ihm nach. Noch vor Morgengrauen schlich er sich von seinem Lager, ohne daß die Hirten es bemerkten, hängte sich die Ledertasche um, nahm seine beiden Speere in die Hand und machte sich auf den Weg nach Troja. Unterwegs durchquerte er Dardania, die Stätte seiner Ahnen, die nun verlassen und verfallen lag. Mit seinen rüstigen Hirtenschritten wandernd gelangte er vor Abend noch nach Troja und betrat die Stadt durch das Dardanische Tor. Durch breite Straßen stieg er aufwärts, bis er droben auf des Hügels Kuppe vor dem größten Hause stand. Das mußte der Palast des Vaters sein. Nun trat er in den Vorhof. Als er dort unschlüssig wartete, ob jemand komme, dem er sich erklären könne, stürzte plötzlich Kassandra, seine ältere Schwester, aus dem Tempel des Apollon, dessen Priesterin sie war. Apollon hatte ihr die Gabe der Weissagung verliehen. Voll dunkler Ahnung kam sie auf den Hof, sah dort den jungen Hirten stehn und brach in lautes Jammern und Wehklagen aus, indem sie auf den Jüngling wies. Jetzt kamen auch die Anderen aus dem Haus, um zu erfahren, was vorgefallen sei. Als sie nun aus Kassandras rasendem Gestammel einzelne Worte verstanden wie »Fehl schlug die Vorsicht ... Die langverborgene Fackel kehrte heim ... Unheil seh ich kommen ... Trojas Untergang«, als sie gleichzeitig aus des Jünglings Mund vernahmen, was die Göttin ihm verkündet hatte, und als sie seine strahlende Gestalt ansahn, die seine edle Abstammung bezeugte, da zweifelten sie nicht mehr, daß ihr Sohn und Bruder heimgekehrt sei, den sie längst verloren glaubten, und sie begrüßten ihn in stürmischer Freude. Überglücklich fiel ihm seine Mutter um den Hals; sein Bruder Hektor schüttelte ihm froh die Hand; Polyxena ließ ihre Hausarbeit im Stich und eilte ihm entgegen; auf des Hauses Schwelle aber wartete der Vater und schenkte Wein in eine Spendeschale, um den heimgekehrten Sohn den Willkommtrunk zu reichen. Man sandte auch ins Gebirge nach den Hirten, die den Knaben aufgezogen hatten, fand in ihren Aussagen all das bestätigt, was der Jüngling schon berichtet hatte, und entließ die guten Leute dann mit reichem Lohn. Das ganze Haus war voller Freude. Kassandras Warnung ging im Jubel unter [oben S. 169ff., Abb. 57–59].

Der Bau des Schiffes

Nach einer Weile gedachte Paris der Verheißung Aphrodites und forderte vom Vater das Schiff zur Fahrt nach Hellas. Hekabe war stolz und voller Freude über ihres Sohnes Kühnheit, Priamos erstaunt und anfangs zögernd. Als er aber Aphrodites Worte, die einen günstigen Verlauf zu künden schienen, aus des Paris Munde hörte, gab er dem Schiffsbaumeister Phereklos den Auftrag, einen Fünfzigruderer zu bauen. Dieser hatte die Kunst des Schiffbaus von seinem Vater Harmon, der hatte sie bereits von seinem Vater Tekton übernommen. Vater und Großvater waren schon Handwerker von Ruf gewesen, Phereklos aber galt als der beste Schiffsbaumeister seiner Zeit. Er war in Ilion nicht weniger geachtet als die Seher, Weissager und Ärzte.

Da nur die kalte Jahreszeit sich zum Schlagen des Holzes für den Schiffsbau eignet, wartete Phereklos den Winter ab. Bei abnehmendem Mond stieg er mit seinen Leuten ins Gebirge und suchte selbst die besten Stämme aus. Eichen und Weißpappeln, Tannen und Fichten fielen unter den wuchtigen Schlägen des Doppelbeiles. Mit Maultieren schleiften sie die Hölzer über Schnee und Dorngestrüpp herab zum Meeresstrand, gruben sie im feuchten Sande ein und ließen sie dort bis zum Sommer lagern.

Ein gutes Schiff will in der heißen Jahreszeit gebaut sein; denn die Hölzer, im feuchten Grunde aufgequollen, lassen sich dann leichter bearbeiten. So regte sich im Sommer, an einem abgelegenen Platz am Strande, im Schatten mächtiger Platanen, emsiger Betrieb.

Als erstes wurde der Kiel, ein langer gerader Eichenstamm, mit Doppeläxten grob geschlichtet. Dann spannte der Meister seine Richtschnur, rieb sie mit feuchtem mennigrotem Erdstaub ein und ließ sie auf den Balken schnellen. Entlang den schnurgeraden roten Linien wurden die Kanten und die Flächen mit Beilen regelrecht gehauen und geglättet. Inzwischen wurde in den Boden, genau in einer Reihe und genau gleich hoch, eine Anzahl Pflöcke eingerammt und auf der Oberfläche eingekerbt. Auf diese Pflöcke, in die breite Kerbe, legten sie den Kiel auf Stapel. Als nun die Stevenhölzer, vorn und hinten wie Rinderhörner hochgebogen, am Kiel befestigt waren, wurden die gekrümmten Spanten, nach des Meisters Zeichnung angefertigt, an den Kiel gelegt. Phereklos überprüfte jedes Holz und seine Lage; als die Spanten alle richtig saßen, wurden sie mit einer oberen dicken Abschlußleiste ringsherum verbunden. Sie sollte als Auflager für die fünfzig Ruder dienen, auf jeder Seite fünfundzwanzig. Nun erst wurden die Spanten mit großen hölzernen Nägeln festgenagelt. Das kostete manchen Schweiß, wenn die Gesellen mit breiten Lederriemen den großen Drillbohrer in drehende Bewegung setzten, und der Meister sich mit seiner ganzen Kraft auf das Kopfende des Bohrers stemmte, um ihn an das Holz zu pressen.

Als das äußere Gerippe fertig war, schmückten sie den Bug des Schiffes mit Bändern und mit Zweigen und brachten der Schirmherrin der Handwerker, Pallas Athena, ein Opfer dar. Denn mit des Menschen Fleiß allein ist nichts getan, wenn nicht die Götter ihren Beistand leihen.

Da ein Schiff nur wohl gerät, wenn es mit Lust gebaut wird, sparte Priamos nicht am Lohn und ließ den Werkleuten am Strand auch reichliche Verpflegung bringen. So arbeiteten sie voll Eifer und mit Emsigkeit. Wenn sie einmal nachzulassen und zu erlahmen drohten, lieh ihnen Aphrodite neue Kräfte. Dann machten sie sich wieder rüstig an die Arbeit und ahnten nicht, daß sie ihr eigenes Unglück zimmerten.

Bald waren die Querbalken von Bord zu Bord auch eingezogen. Von ihnen war allein der Balken, der vorm Maste lag, sehr stark und dick; er hatte den ganzen Druck des Mastes und des Segels aufzufangen. Die anderen waren dünner, leichter; sie waren zugleich Bänke für die Ruderer. Nun wurden die Planken mit Pech abgedichtet und, vom Kiel her angefangen, außen angenagelt. Als der Rumpf des Schiffes so vollendet war, ließen sie das Schiff vom Stapel laufen. Über hölzerne Bohlen rollte es hinab ins Meer. Dort schwamm es gleichgewichtig, ausgewogen, ein wahres Kunstwerk anzuschauen. Mast und Rahe, Steuer und Ruder wurden aus leichterem Holz, aus Tannen und aus Fichten, sorgfältig gezimmert. Die Frauen und die älteren Männer nähten unterdessen unermüdlich an dem großen Leinensegel und flochten rindslederne Riemen für das Tauwerk.

Endlich war man mit der Ausrüstung des Schiffes fertig. Nun galt es eine tüchtige Mannschaft aufzutreiben, Vorräte und Geschenke auf das Schiff zu bringen und nach einem Opfer an die Götter Abschied zu nehmen.

Paris wandte sich, dem Rate Aphrodites folgend, an Aineas. Der war von Assarakos her, dem Bruder des Ilos und des Ganymedes, mit dem Haus des Priamos verwandt und stand in hohem Ansehn. Neben Hektor galt er als der beste Kämpe der Trojaner. Auch durch seine Schönheit war er ausgezeichnet. Durfte er doch Aphrodite seine Mutter nennen. Sein Vater Anchises war in seiner Jugendzeit so schön gewesen, daß Aphrodite, die Liebesgöttin selber, sich in ihn verliebte. Anchises war beim Rinderhüten im Gebirge, da gesellte sich Aphrodite, als Sterbliche verkleidet, zu ihm und wohnte ihm in Liebe bei. Erst danach gestand sie, daß sie eine Göttin war. Er erschrak, den Zorn der Götter fürchtend, doch sie beruhigte ihn, versprach ihm einen Sohn von götterähnlicher Gestalt und gebot ihm, das Geheimnis ihrer Liebe treu zu hüten. Lange Zeit behielt Anchises das Geheimnis bei sich. Eines Tages aber plauderte er, vom vielen Wein redselig geworden, alles aus. Da traf ihn Zeus mit seinem Blitzstrahl, und er war seitdem gelähmt. Aineas aber war herangewachsen, wie Aphrodite es versprochen hatte, von blühendem Wuchs und götterähnlich anzuschauen. In ihm fand Paris einen treuen Helfer und erfahrenen Gefährten. Er suchte auch die Mannschaft für die Seefahrt aus.

Priamos wählte aus seiner Schatzkammer die schönsten Kostbarkeiten aus, neben goldenen und silbernen Geräten und Gefäßen, geschnitztes und gefärbtes Elfenbein und wunderbar gewirkte und gestickte Tücher. Die gab er Paris mit als Gastgeschenke. Dann holten sie als Reisezehrung reichlich Weizen aus den Vorratskammern, füllten ihn in Schläuche und schleppten eine Menge irdener Krüge voll honigsüßen Weins zum Strand heran. Das alles brachten sie an Bord des Schiffes, verstauten es unter dem erhöhten Achterdeck und unter den Ruderbänken und banden es zur Sicherung vor dem Seegang fest.

Paris nahm Abschied von den Seinen. Eltern und Geschwister entließen ihn mit frommen Segenswünschen. Hatte man bei seiner Heimkehr auf Kassandras Warnrufe nicht geachtet, so überhörte man jetzt auch den Seher Helenos. Er hatte das Opfer dargebracht. Es war ungünstig ausgefallen. Nun riet er von dem Unternehmen ab. Doch wozu brauchte man des Sehers Opferschau? Hatte denn nicht Paris aus Aphrodites Munde die Verheißung selbst vernommen?

Unbekümmert stiegen Paris und Aineas auf das Schiff. Aineas übernahm das Steuer. Die Mannschaft hatte ihre Ruder an die Dollen angebunden. Mit starken Ruderschlägen legten sie vom Ufer ab. Nun hoben sie den Mast, stellten ihn aufrecht in den Mastschuh, der im Kiele eingelassen war, und banden ihn mit starken Ledertauen an Topp und Steven fest. Dann spannten sie mit den geflochtenen Lederriemen das große, schimmernd weiße Leinensegel.

Schwellender Wind blies von hinten in das Segel und blähte es voll auf. Die Wogen rauschten um den Kiel des Schiffes, das die Fluten rasch durchfurchte. So fuhren sie bei stetigem Wind gen Hellas, umfuhren das gefürchtete Kap Malea bei mildem Wetter und legten schließlich wohlbehalten an Lakedaimons Küste an.

Einkehr bei den Tyndariden

In Lakedaimon herrschte damals Menelaos. Er war mit Helena, der schönsten Frau, vermählt. Sie hatte ihm ein Töchterchen, Hermione, geboren, das, wie die Leute sagten, so schön war wie die »goldene Aphrodite«. Sie lebten in Sparta in Wohlstand, Glück und Frieden.

Wieviele Freier hatten sich einst um Helena beworben! Welche Gaben hatten sie Tyndareos, ihrem Vater, als Brautgeld angeboten! Der eine wollte alle Schaf- und Rinderherden aus den Nachbargauen rauben und zu Tyndareos treiben, ein anderer bot Gold und kostbare Gefäße, ein dritter Sklavinnen, geschickt in Handarbeiten, deren jede eine goldene Schüssel in den Händen halten sollte. Doch Menelaos, Atreus' Sohn und Pelops' Enkel, hatte alle überboten. Denn sein Bruder war König Agamemnon, der sich rühmen durfte, über die gesamte Pelopsinsel und über viele Inseln des Ägäischen Meeres zu gebieten.

Er wohnte »im Winkel von Argos«, in der festen Burg Mykene, welche im Volksmund die »goldreiche« hieß. Mit seiner Hilfe hatte der blonde Menelaos, dem es selbst an edlem Mute und an schönem Wuchse nicht gebrach, die schönste Frau von Griechenland gewonnen.

Seltsam war, was man sich über ihre Herkunft sagte. Ihrer Mutter Leda sei einst Zeus als Schwan genaht. Später habe man in Ledas Kammer ein großes Ei gefunden, das Leda zu verbergen suchte, Tyndareos aber doch entdeckte. Diesem Ei sei Helena entstiegen. Doch in Wahrheit war es, ohne daß die Menschen darum wußten, anders. Zeus war unsterblich in die Göttin Nemesis verliebt. Sie floh vor seinen Nachstellungen, sich immer neu verwandelnd, über Land und Meer. Zeus erreichte sie jedoch am Ende, als sie sich gerade in eine Gans verwandelt hatte. Von ihr stammte das Ei, das Helena enthielt. Mit Absicht hatte Zeus dies Ei, die Frucht der Nemesis, der Göttin der strafenden Vergeltung, in Ledas Kammer legen lassen. Denn Helena sollte geboren werden, damit der Krieg entstünde, den Zeus beschlossen hatte. Und sein Ratschluß ging in Erfüllung.

Im Hause des Tyndareos wuchs Helena mit ihren beiden Brüdern, den Tyndariden Kastor und Polydeukes auf. Polydeukes war, von Zeus gezeugt, unsterblich, Kastor, des Tyndareos leiblicher Sohn, dagegen sterblich. Polydeukes hatte sich im Faustkampf Ruhm gewonnen, so damals, als er auf der kühnen Fahrt der Argonauten den Amykos, den starken König der Bebryker, im Faustkampf überwand. Kastor aber war ein gewandter Rossetummler, der auch die feurigen und wilden Rosse zu bändigen und zuzureiten wußte.

Bei ihnen kehrte Paris auf dem Weg nach Sparta ein. Er hatte sich nach der Ankunft an der Küste mit Aineas auf den Weg gemacht. Auf Maultiere verladen folgten ihnen die Gastgeschenke. Die sumpfigen Niederungen an der Mündung des Eurotas, wo Sonnenglut auf Weizenfeldern brannte, hatten sie bald hinter sich gelassen, und sie durchwanderten – entlang dem roten Ufer des Eurotas – das reichbewachsene, hügelige Tal, das zwischen den Gebirgen ausgebreitet lag, im Osten dem langgestreckten Parnon mit seinen Waldungen und Weideplätzen, im Westen dem gewaltigen Taygetos mit seinen schneebedeckten, waldumhüllten Gipfeln. Welch ein Wachstum hatte sich hier unten, am quellenreichen Fuße der Gebirge, wo heiße Sonnenglut mit kühler Bergesbrise wechselten, entfaltet. Die Quitten, Äpfel, Feigen, gediehen hier voller, üppiger als anderswo. Die Reben trugen reichlicher, ja selbst das Rohr im Flußtal war hier kräftiger und höher aufgeschossen. Durch Getreidefelder, die von Ölbäumen beschattet waren, hin und wieder unter Pappeln und Platanen am Eurotasufer rastend, gelangten die zwei Wanderer nach Amyklai und wurden von den Tyndariden dort gastfreundlich aufgenommen.

Man war beim Zechen und beim Schmausen. Eben waren die Tyndariden mit Idas und Lynkeus, den Söhnen des Aphareus aus Messenien, von einem Raubzug heimgekommen. Sie waren in das benachbarte arkadische Bergland eingedrungen und hatten eine ganze Rinderherde von dort weggetrieben. Nun saßen sie beim Mahle und gedachten früherer gemeinsam durchgemachter Abenteuer, der kalydonischen Eberjagd und der Fahrt der Argonauten. Dann trat, beim Wein, die Frage auf, wie man die jetzt gemachte Rinderbeute teilen solle. Idas zerlegte ein Rind in vier gleiche Teile und schlug vor, wer seinen Teil zuerst gegessen habe, dem solle die Hälfte der Herde gehören. Sie waren einverstanden. Da schlang Idas seinen Teil zuerst hinunter und, ehe die Tyndariden fertig waren, auch noch den des Lynkeus. So gehörte die ganze Herde den Apharetiden. Es war von Rechts wegen nichts dagegen einzuwenden; aber von nun an herrschte Mißmut beim Gelage. Da fingen die Söhne des Aphareus auch noch wegen der Leukippostöchter an zu sticheln. Vater Leukippos forderte einst von den Freiern seiner Töchter, Phoibe und Hilaeira, ungeheures Brautgeld. Mit keinem Angebote gab er sich zufrieden. Da brachen die Tyndariden bei ihm ein und raubten sich die Töchter ohne Brautgeld. Als Idas und Lynkeus nun über solch billige Art, zu einer Frau zu kommen, lästerten und höhnten, wurde es den Tyndariden doch zu viel. Aus Mißmut wurde Zorn. Sie sannen insgeheim auf Rache. Die Heiterkeit des Festes war vorüber. Die Söhne des Aphareus brachen auf und trieben ihre Herde nach Messenien. Auch Paris und Aineas nahmen Abschied und zogen ihrem Ziele Sparta zu, das man vom Hügel von Amyklai bereits liegen sah.

Raub der Helena

Paris und Aineas kamen nicht mehr unerwartet. Die Kunde ihrer Ankunft war ihnen schon vorangelaufen. Sie wurden von Menelaos aufgenommen, wie es sich für fremde Gäste von so hoher Abstammung geziemt. Bei der ersten Mahlzeit sahen sie Helena. Paris überreichte ihr die kostbaren Geschenke. – Neun Tage waren sie bereits geblieben und waren königlich bewirtet und unterhalten worden. Am zehnten Tage reiste Menelaos fort nach Kreta. Seiner Mutter Vater, Katreus, war gestorben, und er mußte hin, um an der Totenfeier und den Leichenspielen teilzunehmen. Vor seinem Abschied trug er Helena die Sorge für die fremden Gäste auf.

Doch Paris achtete das heilige Gastrecht nicht. Als Menelaos abgereist war, nahte er sich Helena. Schon seine prächtigen Geschenke hatten ihren Sinn betört. Aphrodite aber lieh ihm überirdischen Reiz. Da gedachte Helena nicht mehr des Gatten, nicht der guten Eltern, noch des kleinen Kindes. Von Liebe überwältigt ließ sie sich verführen. Sie raffte die kostbarsten ihrer Schätze zusammen, floh mit dem Fremden nachts zum Meeresufer, bestieg das Schiff und segelte mit ihm nach Troja. Bei günstigem Winde kamen sie schon nach drei Tagen ans trojanische Gestade.

Sehnsüchtig hatte man in Troja des Schiffes Wiederkehr erwartet. Unablässig hielt ein Späher auf dem Dache des Palastes Ausschau. Endlich ward das Segel sichtbar, überbrachte er die frohe Kunde.

Selbst der greise Priamos sprang freudig von dem Sitze auf, um sich für den Empfang zu rüsten. Im Fluge drang die Kunde durch die Straßen Ilions. Eilends holten nun die ilischen Frauen ihre zierlichen Maultierwagen, spannten an und fuhren in hellen Haufen hinunter an den Strand. Abgesondert vom Volke zogen des Priamos Töchter aus. Die Männer aber schirrten Rosse vor die Wagen, und allenthalben hörte man den lauten Ruf der Wagenlenker. Alles strömte aus der Stadt zum Meeresufer.

Als Paris und Helena das Schiff verlassen hatten und den Wagen bestiegen, um nach Ilion hinaufzufahren, da zog das ganze Volk mit ihnen. Klingendes Saitenspiel und schriller Ton der Flöten vermengten sich da mit dem dumpfen Schlag der Tamburine. Klare Mädchenstimmen sangen heilige Weisen.

Priamos hatte seine Vorratskammern aufgetan. An diesem Freudentage sollte niemand darben. Kein Weinkrug blieb da leer, kein Becher ungefüllt. Es war ein allgemeiner Freudentaumel. Myrten- und Lorbeerzweige warf man vor dem Wagen auf die Straße, Weihrauch dampfte auf. Oben vorm Palaste erwarteten die würdigsten Frauen Ilions des Paares Ankunft und jubelten und jauchzten ihm entgegen. Die Männer aber stimmten ein feierliches Danklied an Apollon an. Es war, als ob ein Paar von Göttern seinen Einzug hielte.

Idas und Lynkeus und die Dioskuren

Während Menelaos fern in Kreta weilte, Paris Helena raubte, brach über des Tyndareos Haus noch weiteres Mißgeschick herein.

Nach dem Aufbruch der Söhne des Aphareus und des Paris hatten es Kastor und Polydeukes nicht mehr lange in Amyklai ausgehalten. Sie überquerten das Gebirge westwärts durch die lange wilde Schlucht, die den Taygetos durchschneidet, und fielen in Messenien ein, jenes gesegnete, von vieler Wasser Lauf durchströmte Land, das kaum den Winterwinden ausgesetzt ist und das die Sommersonne auch nicht allzusehr versengt. Leicht zu beackern ist es, gut zum Pflanzen, an Korn und Früchten reich, für Rinder und für Schafe bestes Weideland. Dort raubten sich die Tyndariden ganze Rinderherden, auch die des Idas und des Lynkeus, um sie Leukippos, ihrem Schwiegervater, nachträglich als Brautgeld auszuzahlen, wie sie höhnend sagten. Sie hatten die Herden bereits über das Gebirge nach Lakonien weggetrieben, da hörten sie, daß des Aphareus Söhne sie verfolgten. Sie versteckten sich in eine hohle Eiche und glaubten sich dort gut geborgen. Die Apharetiden aber bestiegen den Gipfel des Taygetos und Lynkeus, »Luchsauge«, hielt dort Umschau. Kein anderer Sohn der Erde hatte je ein schärferes Gesicht. Er sah durch Steine, Bäume, durch die Erde, sah selbst, was in ihr verborgen war. Bald erspähte er die beiden Brüder in der hohlen Eiche. Im Sturmschritt eilten sie den Berg herab. Idas durchstieß mit seinem Speer die Rinde und erstach den Kastor. Polydeukes setzte ihnen nach. In der Ebene bei Amyklai, am Flusse Knakion, hielten sie und stellten sich zum Kampf. Sie rissen einen Grabstein aus dem Grunde und schleuderten ihn gegen Polydeukes' Brust. Unzermalmt blieb Polydeukes, er wankte nicht einmal, hob seinen Speer und warf ihn Lynkeus in die Hüfte. Den Idas aber traf Zeus mit dem Blitzstrahl. Beide verbrannten in des Blitzes Flamme.

Polydeukes eilte zurück zu seinem Bruder. Er traf ihn eben noch am Leben, wie er aus der Brust schwer röchelte. Da flehte er zu Zeus: »Vater Kronion, erlöse mich von meinem Gram. Laß mich zugleich mit meinem Bruder sterben. Ruhm und Ehre sind dahin, wenn ein Mann allein und ohne Freund dasteht. Und es gibt nur wenige treue Freunde, die Gefahr und Mühsal ehrlich mit uns teilen.« Da trat Zeus nahe hin zu dem von ihm Erzeugten, und er sagte: »Du bist mein Sohn. Den Kastor zeugte Held Tyndareos, deiner Mutter sterblichen Samen spendend. Willst du dem Alter und dem Tode fern die olympische Wohnung mit den anderen Göttern teilen, sei dir dies vergönnt. Willst du aber deines Bruders Leid und Schicksal teilen, sei dir gewährt, die eine Hälfte der Zeit im Schoße der Erde zu weilen, die andere im goldenen Hause des Himmels.« Polydeukes schwankte nicht. Er war entschlossen, seines Bruders Los zu teilen. Da öffnete Zeus des Kastor Mund und Augenlider.

Seitdem wechselten die beiden Brüder miteinander ab, verbrachten jeweils einen Tag bei Vater Zeus, einen in ihrem Grabe bei Therapne. Die Menschen aber verehrten sie fortan wie Götter, brachten ihnen fromme Spenden, flehten sie in Not und Fährnis an und nannten sie Zeussöhne: »Dioskuren«.

KAPITEL 6

Jugendbriefe, Erinnerungen, Nachrufe

Briefe zwischen 1926 und 1935

Salem, 8.III.1926

Lieber Vater!

Ich lege das Zeugnis diesem Brief bei. In Mathematik ist es leider sehr schlecht, was hauptsächlich durch das mehrmalige Fehlen kommt.

Jetzt an Semesterschluß war hier recht viel los. Vor zwei Tagen führten wir den Zerbrochenen Krug auf. Gestern abend war Messiaschor und vorher eine kleine Orchestersache von Corelli. Ich habe nämlich endlich ein kleines Orchester zusammengebracht, mit dem ich am Anfang natürlich viel Mühe habe. Wir spielten neulich schon an einem Chorabend ein Orchester-Trio von Stamitz in C-dur.

Dann haben wir ein herrliches Quartett einstudiert, Du kennst es sicher, aus dem Rigoletto das berühmte : »Bella figlia del amore«, wobei ich als Tenor mitwirken mußte. Es ist stellenweise barbarisch hoch. Mit diesem Quartett haben wir riesige Erfolge erzielt. Ich glaube, es ist ungefähr das Schönste, was überhaupt geschrieben ist.

Es wurden hier kürzlich mehrere Vorträge gehalten. Von Paul Rohrbach und von Siegmund Schulze. Auch Hahn sprach öfters über den Verlauf des Krieges und Kriegsschuldfrage.

Ich mußte neulich in der Klasse einen Vortrag über Oliver Cromwell halten. Man sollte eigentlich Geschichte immer so lernen, daß man über die Gebiete, mit denen man sich gerade beschäftigt, sprechen kann, erst dann lernt man sie richtig.

Es wird schon langsam Frühling hier. Überall drängen grüne Spitzen hervor, die sich fächerartig entfalten. In unserem Zimmer steht ein schöner Strauß gelber Cornellkirschen. In unserem Alpengarten blühen Primeln, leuchtend gelb. Die schönen roten Seidelbaste sind schon verwelkt. Die Lärchen treiben ihre Nadeln sachte aus den Zweigen, an denen eigentümliche rote Puschelblüten sitzen. Die Drosseln üben schon hie und da ihre traurigen Melodien. Frieden überall, und ein frischer Hauch weht. Kuhgespanne pflügen neu die Felder, aus dem Boden sprießen unzählige Blumen.

Viele Grüße – Dein Roland
Ich gratuliere zu Herrmann Dieners Erfolg in Berlin.

Salem, 25. IV. 1926

Lieber Papi,

Die Schule hat nun schon einige Tage angefangen. Ich habe Deinen wie auch Muttis Brief erhalten und danke dafür. Die letzte Zeit auf dem Lugenhof war recht schön. Nach dem langen Hagelwetter brach die Sonne durch, trieb die Blüten heraus. Das Kartoffelstecken war allerdings ermüdend, ein guter Most war zwischendurch immer recht angenehm. Morgens mußte ich in den letzten Tagen immer schon um 4 Uhr aufstehen. Mein erster Melkversuch war nämlich so zufriedenstellend (ich hatte gleich gut ausgemolken), daß ich morgens und abends immer zwei Kühe melken mußte, was mir auch bei den Praktikanten Ansehen verschaffte, die es nicht konnten. Ich habe einen recht anständigen Lohn bekommen, nämlich schon in drei statt vier Wochen 30 M., die ich Baumann hier geben werde. Die letzten zwei Tage vor Schulanfang habe ich hier noch im Garten viel geschafft.

Wir haben Baumann jetzt in Geschichte, seine Stunden sind recht interessant. Auch Zeichenunterricht haben wir jetzt, was ich sehr begrüße. In der Musik ist hier ein großer Übelstand, nämlich daß zu viele Leute Klavier spielen. Das ist die reinste Unsitte, jeder dritte Mensch muß herumklimpern. Man sollte viel mehr Wert legen auf Gesang und Streichinstrumente.

Mit besten Grüßen

Roland

Salem, 19. VI. 1926

Liebe Mutter!

Ich habe eben das Päckchen erhalten, danke vielmals für das Hemd und für den Brief. Ich will Dir schnell erzählen, wie die Tage bisher verlaufen sind. In den ersten Tagen hatte ich eine unglaubliche Zeichenleidenschaft, habe recht viel und z. T. gute Sachen gearbeitet. Darauf ging ich in die Schule. Nachmittags mußte ich erst schlafen, darauf die Tage über die ganz Kleinen beschäftigen, die gerade geimpft waren. In Mathematik muß ich unglaublich viel nachlernen.

Üben darf ich noch nicht, dafür bin ich um so mehr engagiert bei kleinen Chören und Aufführungen. Für Hahn ist in Englisch eine riesige Arbeit vorzubereiten. Zum Lesen bin ich nicht mehr gekommen, habe noch Lektüre genug.

Dann die Hauptsache: Während meiner Abwesenheit hat man Frau Straube zum Dirigieren des Orchesters gerufen. Sie soll es und will es behalten. Für dieses Orchester habe ich gekämpft, habe die Mühe davon gehabt, auf der anderen Seite viel Freude, und ich hänge daran. Das Orchester will von mir dirigiert werden. Und nun soll ich auch das noch von dem Blinddarm gehabt haben, daß ich das so auf einmal verliere. Das hat mich wahnsinnig aufgeregt, ich konnte nachts nicht mehr richtig schlafen. Aber ich lasse mich nicht so schnell kleinkriegen. Habe in den letzten Tagen fast täglich Orchesterprobe gehabt für eine Aufführung im Betsaal gestern, die ganz gut glückte. Ich muß die Sache so deichseln, daß ich das Orchester leite, Frau Straube bei den Proben wegen geigentechnischer Sachen dabei ist. Es regnet in einer Tour, das Wetter sieht fast so aus wie Frau Straube. Ich bin abends immer sehr müde. Sonst geht es mir körperlich ausgezeichnet, darf wieder rennen. Dann kam Dein Brief, hat mich beinahe rasend gemacht. Ich habe noch nicht geschrieben, nicht weil ich vielleicht keine Zeit gehabt hätte, sondern weil ich von den anderen Sachen so eingenommen und aufgeregt war. Es mag an meiner Unreife liegen und Unfertigkeit. Aber wird man denn jemals fertig? Hat man nicht im Alter nur seine feste eigene Meinung und hat nie ausgelernt? An Convention und dergleichen habe ich nicht gedacht. Habe Dir sofort geschrieben, um das Versäumte nachzuholen, und hoffe, daß Du mich nicht mißverstehst. Ich bin furchtbar kribbelig zurzeit.

Mit besten Grüßen an alle – Roland.

Salem, 19. VII. 1926

Lieber Vater!

Die letzten Tage sind außerordentlich anstrengend gewesen. Nachmittage-lange Proben für die Antigone, die gestern aufgeführt wurde. Sie hat mir wieder, wie letztes Jahr der Oedipus, recht großen Eindruck gemacht. Ditel hätte ihre Freude gehabt an den Gewändern, die aus einfachen, schöngefärbten Tüchern, meistens Bettvorhängen, bestanden. Besonders beim Chor, der ganz gleichmäßig gekleidet war, nahmen sie sich sehr dekorativ aus. Die Übersetzung von Kuchenmüller und Glassen ist ausgezeichnet. Das ist kein trockenes Philologendeutsch.

Neulich war der Philosoph Ziegler hier. Es entspann sich abends eine lange Debatte zwischen ihm und Paul Rohrbach über den Ober- und Untermensch. Es erinnerte mich an die Sophistendebatten, auch in Fragestellung und Scheinantworten. Paul Rohrbach ist etwas roh und grob und scheint durch allerlei Witze in der Debatte überlegen. Auch Golos Vater hat wieder vorgelesen. Er war mit Familie hier. Wir haben eine recht schöne Fahrt mit seinem Auto nach Meersburg gemacht. Ich wiederhole übrigens meine Anfrage wegen der Ferien. Es ist für mich wichtig, weil ich ja auch hier noch verhandeln muß. Ich bekomme in Physik einen Fünfer und muß in den Ferien intensiv arbeiten.

Mit besten Grüßen

Dein Roland.

Salem, 15. X. 1926

Liebe Mutti!

Ich habe lange nicht geschrieben und lange nichts gehört. Es scheint also, daß auf beiden Seiten die Zeit sehr knapp ist. Ich muß mich bei Dir persönlich noch einmal hiermit für die Hemden bedanken, die eigentlich fast zu fesch sind. Dabei möchte ich so nebenbei einen

Geburtstagswunsch äußern, nämlich ein etwas weniger vornehmes Hemd mit einigen Kragen und dann Socken. Dann möchte ich noch gleich erinnern an die verschiedenen Scheine, um die ich gebeten habe:
1.) Geburtsschein   2.) Staatsangehörigkeitsnachweis
3.) Leumundszeugnis bis Ostern 1925.
Ich habe furchtbare Angst, daß die Sachen nicht pünktlich kommen und dann kann ich das Abitur ein Jahr später machen. Die Bücher von Papi schicke ich heute oder morgen noch fort.

Inzwischen bin ich hier zum Helfer für geistige Arbeiten ernannt worden, und zwar besonders für zeichnerische oder musikalische Interessen. Da kann man sehr viel tun, und ich bin ganz begeistert. Ebenso begeistert bin ich selbst im Malen drin. Gestern habe ich mein zweites Bild an die Wand gemalt. Es ist etwas kühn, die Flucht des Aeneas, im Hintergrund das brennende Troja.

Im allgemeinen ist es aber hier sehr eintönig. Eine sehr schöne Unternehmung möchte ich noch erwähnen. Es stiften die Schüler hier für die Lungenkranken in Arosa einen selbstgemachten Radioapparat; leider ist noch sehr fraglich, ob der Plan ausgeführt wird, dort oben die Antigone aufzuführen.

Ich lege noch ein ganz witziges Blatt aus der Münchner Illustrierten bei, auf dem ich täuschende Ähnlichkeit mit K.L.H. feststellen muß.

Hat Herrmann das Examen mit »summa« bestanden?? Ist Mai noch da, etc. etc.??

Mit besten Grüßen

Roland

Kitzeberg, 11. VI. 1928

Lieber Papi,

Daß ich in den Pfingsttagen so wenig von mir hören ließ, war das schöne Wetter schuld. Die ganzen Ferien über war der Himmel blau und die Luft fast windstill; ein Tag war sogar wolkenlos, was ich noch nie hier gesehen habe. Da Kitzeberg bei solchem Wetter der schönste

Fleck in der ganzen Umgebung ist, fiel es nicht schwer, zuhause zu bleiben. Die Gärten sind voller Goldregen und Fliederbüsche, die jetzt in voller Blüte stehn, und das Gras ist hier hoch und fett, man sieht keine von der Sonne verdorrten Halme wie im Süden. Ich war die Tage über meistens im Freien, morgens vor dem Frühstück wurde auf dem nahen Golfplatz Sport getrieben, nachdem ich mich mit dem Aufseher über die Benutzung des Platzes geeinigt hatte. Später wurde gerudert oder geschwommen, und man konnte zuweilen sogar in der Sonne liegen, was hier sonst kaum vorstellbar ist. Unangenehm war beim Baden oft nur, daß große Quallenzüge sich vorm Ufer in Millionenzahlen versammelten, die man mit Feuer und Schwert bekämpfte, was freilich mehr Vergnügen als Nutzen brachte, oder wenn die Strömung und der Wind von Kiel herüberkamen, die allen Auswurf mit sich brachten, der unangenehm ist wie die Stadt selbst. Ich meide die Stadt – die inneren Viertel – soviel ich kann, sie sind zu trostlos.

Daß ich nur so wenige Kollegs hörte, ist keine ganz richtige Annahme, so neben den beiden historischen Seminaren noch ein philologisches Proseminar: »Olympia und Delphi«, in dem ich »kühnerweise« ein Referat übernommen habe, da sich sonst niemand meldete: »Über die Themen der Weihgeschenke in Delphi«. Dann höre ich die zwei geschichtlichen Kollegs, die Palaiographie, Deutsche Rechtsgeschichte und Finanzwissenschaft bei Landmann, der die sämtlichen Oekonomen hier bei weitem überragt, was sich auch in der Hörerzahl ausdrückt.

Deine Geldsendung wollte ich noch abwarten, bevor ich schrieb, ich habe sie gestern mit vielem Dank erhalten. Ebenso bin ich dankbar dafür, etwas aus dem Hause erfahren zu haben, und hoffe, daß das neue Mädchen aus Konstanz eine Entlastung sein wird.

Mit den besten Wünschen und Grüßen an alle
Dein Roland

München, 9. V. 1930

Lieber Papi,

Ich möchte Dir schreiben, was ich in diesem Semester vorhabe. Belegt habe ich die drei Vorlesungen von Buschor, Weickert und Diepolder und werde mich ganz auf das Archäologische beschränken. Die Vorlesungen sind ganz vorzüglich, die von Buschor sehr stark besucht. Ein Privatseminar bei Buschor wird es wohl kaum geben, er hat seine unendlich vielen Leute schon in zwei Abteilungen gesondert und hat an zwei Anfängerseminaren genug zu tun. Bei Weickert habe ich ein sehr umfangreiches Referat übernommen: »Die Homerköpfe in Klassischer und Hellenistischer Zeit«, ein Thema, über das sich die Pfuhls und Studniczkas schon seit Jahren herumstreiten, ohne zu einem Ergebnis gekommen zu sein. Das ganze Seminar besteht aus Referaten über einzelne Stücke, meist aus der hiesigen Glyptothek, über die es entweder noch keine Literatur gibt oder die Meinung der Archäologen vielgespalten ist.

Das Wetter ist äußerst garstig, und bei dem unermüdlichen Regen hat mein Mantel seine Wasserprobe bestehen müssen. Umziehen mußte ich mich freilich doch ganz, da in den unteren Regionen kein Faden mehr trocken war. Die Schuhe versaufen schon gleich in dem Atlantischen Ozean, der sich vor der Gartentüre angesammelt hat, allerdings ohne dabei getonfilmt zu werden, dazu geht es auch zu rasch. Ich wäre dankbar für Zusendung meiner Hüte für ähnliche Regengüsse. Die Temperatur bewegt sich um den Nullpunkt, die Eisheiligen melden sich an.

Alle sehr herzlich grüßend   Dein Roland

München, 23. V. 1930

Lieber Papi,

Ich bin sehr froh, daß ich mir das Semester so eingeteilt habe, ohne Philologie. Denn einmal ist es schon schwer, allein die Stücke wieder aufzufinden in den verschiedenen Publikationen, welche der Buschor im Kolleg zeigt, ohne irgendeine Literaturangabe zu machen; und dann ist es nötig, jede Arbeitsstunde vor allem in der Frühe auszunutzen, da in späteren Tageszeiten das Seminar mehr einem Schlachtfeld als einem Arbeitsraum gleicht. Zu den nun auf die Zahl 75 gewachsenen Anfängern, die Buschor in drei Seminaren unterrichtet, kommen noch etwa 20 bei Weickert und ebensoviele bei Diepolder – und das Institut ist für *höchstens* 30 Leute eingerichtet.

Ich habe unter diesen Umständen neulich gleich zugepackt bei einem Gelegenheitskauf, der sich bot, und mir das große Tafelwerk von Bulle: Der schöne Mensch, die zwei Bände für 20 statt für 60 M gekauft, und wäre Dir dankbar, wenn Du mir dies Geld von meinem Sparkonto im nächsten Monat mitschicken würdest. Einen Sommeranzug habe ich noch nicht gekauft. Es war zu kalt bisher, nun scheint es endlich wärmer zu werden. Der Flieder und die Kastanien blühen gerade, und ich werde in den nächsten Tagen einmal auf Anzugkauf ausziehen.

Ich möchte Dich bitten, mir die drei Bände Aristophanes möglichst bald zu schicken. Ich möchte die Stücke bis zum Referat wenigstens in Übersetzung gelesen haben, um die Behauptung vielleicht danach widerlegen zu können, daß ein Porträtkopf am Ende des 5. Jh. geistig unmöglich wäre.

Ich habe meine Wäsche vor zwei Tagen abgeschickt und hoffe, sie kommt noch rechtzeitig an. Für ein oder zwei kleine Handtücher wäre ich sehr dankbar, zum Baden und vor allem Abtrocknen nach der Dusche nach dem Fechten.

Wie geht es zu Hause. Welche allgemeinen Spielzeuge haben den Klingelberg und die Rutschbahn abgelöst?

Alle grüßend   Dein Roland

München, 6. XII. 1931

Lieber Papi,

Eben kamen mit dem Wäschesack auch die Tiberius-Bände, die ich sehr gerne behalte. Diese Art Ausgaben sind für die Nichtfachphilologen doch sehr angenehm, vor allem weil man nicht immer ein Lexikon mitschleppen braucht; also meinen Dank! Vor allem auch für Deinen langen Brief und die sehr angenehme Wunschbeigabe. – Jetzt muß ich gleich noch etwas nachholen, was ich in dem Brief an Mutti vergessen habe: nämlich, daß mir die Kravatte sehr gut gefällt und steht, Mutti hat ganz meinen Geschmack getroffen.

Daß Du die ganze Zeit über noch im Freien auf dem Balkon lagst, ist hier kaum vorzustellen. Es war recht kalt schon, häufig Frost und fast immer Nebel, sehr unfreundlich! Heut ist zum ersten Mal wieder etwas Sonne durchgekommen.

In Augsburg war es ganz wunderbar. Wir waren zu dritt schon nachmittags herübergefahren und haben uns die Stadt gründlich angesehen, den Dom und das Münster, Fuggerei und Rotes Tor, vor allem aber das Rathaus hat es mir angetan, und die breite Heer- und Marktstraße mit der großen Kurve. Die Leute waren überall freundlich und höflich, sehr stolz auf ihre Stadt, etwas herabsehend und neidisch zugleich auf München. Der Vortrag abends war in der Aula des Anna-Kollegs, einem hübschen alten Raum. Die samischen Bildwerke waren freilich aus einer sehr anderen Welt als der Raum, in dem sie gezeigt wurden, und die Reichsstädter, die zuhörten; vielleicht ist aber doch einiges hängengeblieben.

Die Vorlesung von Kantorowicz scheint nach Bertas letztem Bericht nach den Einleitungsstunden jetzt doch etwas leichter geworden zu sein. Ich glaube auch, daß ganz gründliche Ausarbeitung besser für Bücher und vielleicht Vorträge als für Kollegstunden geeignet ist. Man soll ja auch »nicht alles Wissende« in einer Vorlesung belehren.

Ich möchte in den nächsten Tagen meine Priamus-Vergil-Proklos-Sache zu Papier bringen und sie dann Buschor geben. Zum Durchsprechen hat er wohl keine Zeit; eher, wenn man es ihm schriftlich ganz knapp abfaßt und die Abbildungen bereitlegt.

Hoffentlich tust Du an der Kürzungsarbeit nicht zu viel; ich fürchte es fast. Die »Weltgeschichte« sollte sich um ein paar Wochen früher oder später nicht kümmern.

Herzlich grüßend   Dein Roland

München, 7. II. 1932

Liebe Mutti,

zunächst sehr viele Grüße und dann gleich eine »aufregende« Nachricht. Ich bekam vor zwei Tagen von der Bank eine Nachricht, es seien 1.000,-- M auf mein Konto überwiesen worden. Ich traute meinen Augen nicht, las den Zettel noch einmal, dann einen anderen, der dabei lag, fand auf diesem zweiten allerdings die Adresse Dr. ing. Robert H., da aber Robert gewöhnlich aus meinem Namen gemacht wird und ing. sehr zeitgemäß ist, ging ich also voll etwas zweifelnder Hoffnung geradewegs zur Bank – um im Falle eines Irrtums das Geld wenigstens vor der Entdeckung abgehoben und die Reise nach dem Süden angetreten zu haben – hier freilich wurde man auf den Fehler leider aufmerksam, und so war ich dann sehr froh, als ich gestern Papis Brief mit dem inliegenden Wechsel bekam. Aus der Südenreise wurde nun freilich auch nichts; dafür bin ich wenigstens mit zwei Neu-Griechen, mit denen ich jetzt öfter zusammen bin, um etwas neugriechische Aussprache zu lernen, einen Abend zum Fasching losgezogen. Hier in München ist das so einfach und herzlich, daß man das auch jetzt noch gut machen kann, ohne unzeitgemäß zu sein. Das Netteste waren freilich wieder die beiden Griechen, ein Musiker und ein Archäologe, und der Eindruck, den ich schon damals von den beiden Archäologen-Freunden bekommen hatte, hat sich mir wieder bestätigt. An kindlicher Freude über das Einfachste und an anständiger Bescheidenheit könnten die Deutschen von diesen Südländern viel lernen. Das Thema des Balles war: Götz von Berlichingen. Ich überlegte erst, ob ich nur eine Fensterscheibe unter den Arm nehmen sollte in Anspielung auf die viel zitierte Götzstelle, habe mich aber dann als mittelalterlicher Bauer zurecht gemacht mit wunderbar geschminktem Stoppelbart und mit einem großartigen (natürlich abgezogenen und ausgekochten) vergoldeten Ochsenschwanz; war allerdings in diesem Kostüm der einzige meiner Art unter lauter quasi Vornehmen, Beschärpten, Blechbeohrringten und Bespangten. Umso mehr habe ich mir wenigstens erlauben können, und der sehr elastische Ochsenschwanz, den ich mir notabene von meinem Hausmeister geliehen hatte, trat des öfteren in Tätigkeit. Auf dem Rückweg schaute ich noch im Wiesenwirt herein, wo es mit Ziehharmonika, einem Spaßmacher und einem Gaukler eigentlich viel netter war. Von den Liedern, die dort alle im Chorus gesungen wurden, verstand ich nur zuweilen den Refrain,: z. B. und saufa – und saufa – und saufa däa ma doch! Aber es war mit dem Saufen dabei ganz harmlos, ebenso wie mit den Witzen: z. B. zum Wirt sagt einer: Wer nix wird, wird Wirt etc.

Mit dem einen Griechen habe ich einmal einige sehr schöne Bach'sche Orgelfugen vierhändig gespielt. Vielleicht könntest Du mir beim nächsten Wäscheschicken das eine Bach-Orgelkompositionen-Heft (Lisa kennt es) einmal mitschicken. Er kennt es noch nicht, und ich könnte es ihm ausleihen.

Für Papis Brief und die Nachrichten bin ich sehr dankbar. An Ditel werde ich heut auch noch schreiben. Hoffentlich ist es nichts Ernsteres. Lang genug hat es ja gedauert, bis sie zum richtigen Arzt ging.

Für Lisa habe ich ein Heft, das kürzlich bei Hirth erschienen ist, in Heidelberg bei Braun bestellt, hoffentlich hat er es geschickt. Es ist ganz einfach geschrieben, und vielleicht wird sie es, wenn auch nicht jetzt gerade, doch nach dem Abitur einmal lesen. Ich habe es selbst erst flüchtig durchgeschaut, es schien mir sehr im Wolterschen Sinne geschrieben.

In die Hindenburg-Liste werde ich mich natürlich eintragen. Hoffentlich tun es genug Leute. Sonst ist es ein schlechtes Omen.

Wird bei der neuen Einquartierung an Ostern für mich überhaupt Platz sein, oder soll ich die Berliner Pläne wieder einmal erwägen? Wann sind denn die Großeltern in Heidelberg?

Hier wird bis zum 14. März gelesen, so daß ich mein Zimmer ohnehin den März über behalten muß. Ich habe schon überlegt, ob ich für den Sommer in ein anderes Zimmer ziehen soll, ich kann mir aber jetzt noch kein anderes aussuchen. 10,–– M ist die Frl. Thiersch jetzt mit dem Preis heruntergegangen.

An alle sehr viele Grüße

Dein Roland

München, 2. VII. 1932

Lieber Papi,

Ich habe eben schon an Mutti geschrieben, wie gern ich gerade in Bayern den Sommer mit Euch zusammen wäre, daß ich aber einen anderen, mir sehr wichtigen Plan habe, der vielleicht zu kühn scheinen mag, aber wohlerwogen ist und als ausführbar gelten darf: Ich habe nämlich für diese Sommerferien eine Einladung von meinem hiesigen griechischen Freund Georgiadis, bei ihm in Athen zu wohnen, wohin er selbst in den Ferien fährt. Dieser Einladung, die es für mich erst möglich machte, an eine Fahrt nach Griechenland zu denken, möchte ich unbedingt folgen, da es einmal fraglich ist, wann überhaupt eine solche Gelegenheit wiederkommt, und zum zweiten, weil auch Buschor mir wegen der Doktorarbeit sehr dazu geraten hat. Ich war mit ihm am Peter- und Paultag wieder am Ammersee, und wir haben lange über die Arbeit gesprochen. Den Korfugiebel als Hauptthema zu wählen, hält er für nicht ratsam im Augenblick, wo Rodenwaldt an der Publikation der Giebel arbeitet. Aber meine Deutungen des Korfugiebels können als Teil in die Arbeit aufgenommen werden, die ungefähr so betitelt würde »Frühe Sagendarstellungen«, d.h. im wesentlichen die des 7.Jhs. Zu fragen ist, wo die einzelnen Sagendarstellungen aufkommen, von denen es nur wenige bestimmte Zyklen im 7. Jh. gibt, wie sie dann entwickelt werden, und viele Stücke sind neu zu deuten, was aber bei den schlechten Abbildungen dieser Kleinkunstwerke nur an den Originalen möglich ist, von denen ein großer Teil sich in Athen befindet. Die philologische Arbeit über Vergils Verhältnis zum Epischen Kyklos würde sich als Anhang an die archäologische anschließen.

Für die Finanzierung der Reise treffen nun mehrere günstige Umstände zusammen: 1.) daß die Griechen jetzt eine sehr schlechte Währung haben; 2.) daß ich als Archäologe von der griechischen Grenze ab Fahrpreisermäßigung erhalte; 3.) daß die Donaudampfschiffahrt für Studenten 50% Ermäßigung gibt. Die Fahrt von Passau bis Belgrad kostet auf diese Weise (ohne Verpflegung, die man sich im Rucksack mitnehmen kann) 20,-- M! Und die ganze Reise von München nach Athen 50,-- M. In Wien würde ich kurz bleiben und bei Kämpf wohnen. Für Hin- und Rückreise kann ich also mit meinem Sparkassengeld selbst aufkommen und würde Dich nur bitten, daß ich das Geld, was ich sonst hier zum Leben bräuchte, nun für Athen verwenden darf, um von dort aus auch Ausflüge nach Delphi oder Korinth unternehmen zu können. Von Bekannten sind in Athen jetzt gerade Schefold, in Aegina Kraiker, in Theben Karusos als Ephoros der Altertümer des Delphischen Bezirks und seine Frau Semni im selben Amt für den Argivischen Bezirk. Dieses Netz von Freunden wird vielleicht noch durch Buschor erweitert, der, wenn Geld bewilligt wird, in Samos graben will. Die Fahrt von Athen nach Samos kostet nur 6,-- M.

Für den Eintausch von deutschem in griechisches Geld haben wir hier das einfache und bewährte Verfahren, daß die hiesigen Griechen, die ja auch aus Athen keine Devisen bekommen dürfen, von uns deutsches Geld bekommen, um hier leben zu können, und daß wir in Athen von ihren Anverwandten oder Banken denselben Betrag in griechischer Währung bekommen.

Diesen Plan heut nur in Kürze – über einzelnes läßt sich ja noch reden, aber im ganzen glaube ich, daß Du ihm zustimmen wirst, da er nicht unbedacht und nicht ohne Absicht auf die Arbeit gemacht ist. Bald mehr.

Alle grüßend   Dein Roland

Nauplion, 24. Oktober 1932

Liebe Mutti,

Ich bekam gestern Deinen Brief von Karo mitgebracht, der aus Athen hierher zurückkam. Ich halte mich nämlich gegenwärtig in Nauplion auf als Standquartier und habe in der letzten Woche, leider in zu großer Gesellschaft, unter Karos Führung die vielen Plätze in der Argolis besucht – Epidauros mit dem wunderbaren Theater, dann Mykene, das Heraion von Argos, Argos selbst und die Burg auf dem steilen Felsen, Tiryns und Asine und habe so auch gleich einen ersten und starken Eindruck von der vor- oder frühgriechischen Zeit bekommen, von der ich bisher so gut wie noch nichts gesehen hatte (und wußte, außer den Führungen, die Karo im Nationalmuseum gab). Nun verweile ich mit weniger Leuten in Nauplion, dem alten Nauplia, und studiere im Museum die geometrisch-argivischen Vasen, meist indem ich zeichne. Das Zeichnen ist die einzige Art, anzuschauen, da man keinen Strich auslassen oder nur flüchtig betrachten darf. Da die Semni Karusos, die damals in München war, hier Ephorin ist, hab ich's natürlich hier leichter als anderswo (in Korinth z. B., wo die Amerikaner graben, durfte ich nicht einen Strich im Museum zeichnen). Dann ist hier noch Herr Kunze, der nun seit langen Jahren in Athen wohnt, auch eine Griechin geheiratet hat, und gerade über die Frühzeit durch seinen ständigen Verkehr mit den Originalen sehr viel weiß. Ich mag ihn auch als Menschen gern, und wir sind häufig zusammen. Schließlich, außer K. Müller, einem langjährigen Mitarbeiter bei der Ausgrabung in Tiryns und Privatdozenten in Göttingen, auch Herr Grundmann, der eigentlich Rechnungsführer im Institut ist, aber unglaublich schön und geschickt zeichnet und daher für alle Publikationen herangezogen wird. Er zeichnet jetzt gerade die ältesten argivischen Sagendarstellungen, auf zwei großen Tonschilden Kämpfe vor Troja und Kentauren, was mir besonders lieb ist, da ich's nun nicht zu machen brauche.

Geregnet hat's hier auch, oder besser gegossen, aber nur zwei Tage in einem gewaltigen Gewitterwolkenbruch, es war der erste Regen, seit ich in Griechenland bin, und heut ists auch schon wieder strahlend klar und endlich einmal ohne Staub, und ich sitze in der Morgensonne auf der Platia, dem großen Platz, auf dem man auch des abends ißt und nachmittags einen türkischen Kaffee trinkt.

Ich werde noch ein paar Tage hierbleiben in dieser wunderbaren Gegend und im Homer weiterlesen, die Ilias wird auch erst hier wirklich lebendig, von allem in den Ruinen von Tiryns, das wie einst Troja ringsummauert in der Ebene liegt, dann kehre ich zurück nach Athen, um Buschor zu treffen, wenn er aus Samos auf der Heimreise durchkommt.

Ich selbst werde noch im Süden bleiben. Es ist für die Arbeit nötig, und wer weiß, wann wieder einmal so günstige Gelegenheit ist, mit so wenig Mitteln so unendlich viel zu sehn. – Nach Konstantinopel zu fahren wäre verlockend, aber eigentlich ein Luxus. Ich muß, wenn ich heimfahre, über Korfu reisen, das ist für die Arbeit wichtig. – Mit den Finanzen habe ich noch keine Schwierigkeit, da ich bisher von den 400,– – M, die Papi mir für die Reise zur Verfügung gestellt hat, noch keinen Pfennig gebraucht habe, ich konnte noch alles von meinem eigenen Geld bestreiten. Von jetzt ab werde ich im Institut wohnen, da Georgiadis schon nach Deutschland abgereist ist, bekomme aber die Wohnung umsonst (darüber bitte nicht reden), muß also nur für das Essen aufkommen. Auch hoffe ich, noch ein oder zwei Schüler für Deutschstunden zu finden, mein Griechisch langt schon dafür – viel Geld kann man hier freilich umgerechnet nicht verdienen. Daß Papi einen Zuschuß für Konstantinopel stiften wollte, ist sehr schön und hat mich recht gefreut und ich lasse vielmals danken. Vielleicht werde ich noch einmal später darum nachsuchen, etwa für eine Reise nach Sparta und Olympia, welche Gegend schon durch die Fremden, vor allem, was Preise angeht, verseucht ist, oder für die Anschaffung von einigem Winterzeug. Mit dem Schicken hat es so seine Schwierigkeiten. Ich habe an Herrn Wedeking nach München um meinen Wintermantel geschrieben und einige Kleidungsstücke, doch soll es mindestens vier Wochen dauern, bis das Zeug hier ist, und dann gibts natürlich Schwierigkeiten mit dem Zoll, und das ist hier kein Spaß. Von den Heidelberger Sachen läßt sich vielleicht einiges wollene Unterzeug, Strümpfe und dicke Socken in mehreren Päckchen schicken? Dann wäre ich dafür dankbar. Irgendeinen festeren Anzug brauche ich sowieso neu und versuche, in Athen etwas Billiges zu finden.

Könnte Papi noch ein Exemplar seiner Kantorowiczbesprechung an Karo oder an mich für Karo schicken? Er interessiert sich sehr gerade für diese Frage.

Die letzte Zeit in Athen und hier war für die Arbeit sehr fruchtbar. Das Thema ist jetzt sicher: »Anfänge der griechischen Sagendarstellungen« soll es etwa heißen; ich kann schon langsam überschauen, was sich da machen läßt, und die Disposition formt sich zunächst im großen. Nun gilt es, das Material zusammen zu bekommen und dann an die Einzelprobleme heranzugehen.

Ich hab in Athen im Museum schon angefangen zu zeichnen, geometrische Bronzefibeln, die ein Photographieren nicht zulassen, und frühe Bronzebleche mit Relief und Ritzung, die sehr stark an der

Oberfläche zerstört sind. Die Arbeit ist schwierig und diftelig, aber macht viel Freude. Manche Bilder kommen nach einer Reinigung, die zuerst von mir mit Spucke vorgenommen wird, während der mir beigegebene Phylax tief schläft, dann vom Techniker, zum ersten Mal heraus, zuweilen auch erscheinen sie unter der höchst geschickt gerade über dem Bilde klebenden Nummer. Diese Fibeln tragen die frühesten Sagenbilder, und da Karusos auch gerade eine solche Fibel veröffentlichen will und dafür im Winter nach Athen kommt und auch seine Frau, die Semni, im Winter nach Athen versetzt ist, kann es ein schönes Zusammenarbeiten werden. Dann kommt im November der englische Archäologe Payne nach Athen zurück. Er ist der beste Kenner der korinthischen Kunst und hat einen großen Komplex von neu ausgegrabenen Vasen, worunter viele Sagenbilder sind. Ich kann diese Dinge nur in seiner Anwesenheit ansehen. Er ist mit Kraiker gut bekannt, durch Buschor und Beazley hat sich zwischen den Engländern und deutschen Archäologen ein besonderes Verhältnis herausgebildet, und ich hoffe, von ihm viel zu lernen. Dann muß ich noch einmal mit einer besonderen Zeichenerlaubnis nach Korinth und Aegina, später möchte ich dann im Museum auch noch versuchen, die Metopen von Kalydon noch weiter zusammenzufügen, als es bisher gelungen ist; wie unendlich vieles liegt hier noch ziemlich unbearbeitet im Magazin. Es ist also noch viel Arbeit.

Über Deine Nachrichten von zu Haus habe ich mich sehr gefreut, vor allem über Lisas Erfolge. Es wird ihr sehr gut tun, einmal etwas andere Luft zu atmen – ich teile Deine Ansicht über A. A. und Frau R. vollkommen. Frau R. ersetzt aber den Mangel an Feinheit wirklich durch sehr große Güte und Tüchtigkeit, und Lisa scheint dort ebenso herzlich aufgenommen als ich selbst.

Daß H. aus den Verwandten- und Klüngelbesuchen nie herauskommt, ist schade, und es liegt hier nicht nur an der gegenwärtigen finanziellen Lage. Annemaries Tüchtigkeit ist sehr erfreulich.

An alle sehr herzliche Grüße, an Konrad einen extra,
Dein Roland

Athen, Pheidiou 1, 17. II. 1933

Lieber Papi,

Ich kam gestern abend zurück von der Peloponnes, in der ich nun 14 Tage herumgestreift war, und ich kann mich nur schwer wieder an Stadtlärm, Institut und all die Neuigkeiten gewöhnen, die hier auf mich einstürzen. Ich sehe an unserem Haus mit Staunen die Einschlaglöcher der Maschinengewehre, höre von Straßenkämpfen und Panzerautos, die hier in unserer Straße getobt haben, da der Führer der Volkspartei ein paar Häuser weiter wohnt. Man erzählt mir von all dem, was in Deutschland sich so überschnell ereignet, und ich kann alles nur staunend anhören und noch nicht recht begreifen. So ruhig war dort drunten alles. Die Bauern haben in Sparta wie immer auf dem Markt ihre Orangen ausgebreitet und ihre Zwiebeln und Samen verkauft, kleine Ziegen und Schafe werden auf dem Arm oder über die Schultern getragen und feilgeboten. Selbst am Wahltag in Olympia kamen die Bewohner der umliegenden Dörfer wie zu einer lustigen Prozession, auf langen Stangen wurde das Bild ihres Kandidaten vorangetragen und dazu gesungen und noch mehr geschrien; das Korn steht überall schon recht hoch, und die Frauen legen jetzt die Spindeln aus der Hand und gehen mit in die Weinberge. Ich bin froh, daß ich das alles jetzt noch gesehen hab, wer weiß, ob es später noch möglich sein wird, da unsere Beschäftigung gewissen Leuten wohl doch nicht genug nach Propaganda riecht. Mit den Füßen ging es gut, ich konnte ja immer in der Sonne liegend gut ausruhen.

Euer Bild hab ich noch am Tag vor der Abreise erhalten. Es ist besonders gut gelungen und trifft Euch wirklich beide gut, und ich habe mich recht darüber gefreut. Hoffentlich geht es Euch allen gut. So wünschte mir auch ein Zigeuner, dem ich für sein wunderbares Klarinettenspiel einen Wein hatte einschenken lassen. Er legte erst die Hand auf die Stirn, verneigte sich dann und sagte: Möge es Dir immer gut gehn und Deinen Eltern und den Eltern Deiner Mutter und Deines Vaters Eltern und allen Deinen Geschwistern und ihren Kindern – und ich schließe meine Wünsche den seinigen an.

Alle herzlich grüßend – Euer Roland

Wenn die Berta Siebeck wieder aus England zurück ist und Euch besucht, so bitte ich von mir zu grüßen.

München, 21.I.1934

Lieber Papi,

Heute hat endlich die Taufe von Hera Buschor stattgefunden. Wir hatten eine kleine provisorische Holzkirche in Bogenhausen ausgesucht, und der Pfarrer hatte die Taufe mit dem Kindergottesdienst zusammengelegt, und so wurde die Feier – in dem einfachen Holzraum mit wenigen Kerzen und frischem Tannengrün und umgeben von der großen Kinderschar – trotz christlicher Religion recht hübsch. Als alleiniger Taufpate habe ich meine Zustimmung zur christlichen Erziehung mit einem feierlichen »Ja« bekräftigen müssen; der heidnische Name wurde nicht einmal beanstandet, aber die Eltern wurden zur Nachholung der kirchlichen Trauung aufgefordert. Als Patengeschenk hatte ich, was ich glaube ich schon schrieb, von Franz Rickert einen silbernen Kinderlöffel machen lassen. (Bei einem Wettbewerb der Goldschmiede hat Franz Rickert kürzlich den 2. Preis für einen Meßkelch bekommen, Frau Gemma Wolters den dritten für ihren Kelch; den Kelch des ersten Preises soll angeblich Lisas Lehrer entworfen haben. Nach den Abbildungen aber hätte ich diesem Stück kaum einen Preis gegeben. Immerhin war mir interessant, daß zwei Preisträger aus – heute so viel geschmähten – Professorenhäusern stammten – das deutsche Handwerk in den Urtiefen des Volkes wurzelnd! – und daß ich mich einer persönlichen Verbindung mit dem deutschen Handwerk rühmen darf.)

Neulich habe ich zum ersten Mal einen Vortrag von Klages gehört. Der Mann redete zwei Stunden lang ohne Manuskript ununterbrochen, ohne sich einmal zu versprechen und ohne einen Augenblick die Aufmerksamkeit seiner Zuhörer zu verlieren. *Was* er aber redete, war eitles und leeres Geschwätz. Ein virtuoser Redner und genialer Schwätzer.

Herr Kalligas schrieb aus Berlin einen Brief an Thrasybulos, er habe dort ein Konzert »Heiterer Mozartabend« gehört, in dem ein Fräulein Hampe gespielt habe. Er war sehr begeistert vom ganzen Konzert und von Lottis Spiel und bedauerte sehr, daß er erst zu spät erfahren habe, daß sie eine Schwester von mir sei. Sonst hätte er ihr nach dem Konzert noch gratuliert für ihr schönes Spiel, so wie er mir gratulierte, eine solche Schwester zu haben. Ich habe mir natürlich stolz an die Brust geklopft.

München,
21. Jan. 1984

Lieber Papi, Heute hat endlich die Taufe von Hera Buschor stattgefunden. Wir hatten eine kleine provisorische Holzkirche in Bogenhausen ausgesucht und der Pfarrer hatte die Taufe mit dem Kindergottesdienst zusammengelegt und so wurde die Feier — in dem einfachen Holzraum mit wenigen Kerzen und frischem Tannengrün und umgeben von der grossen Kinderschar — trotz christlicher Religion recht hübsch. Als alleiniger Taufpate habe ich meine Zustimmung zur christlichen Erziehung mit einem feierlichen „Ja" bekräftigen müssen; der heidnische Name wurde wieder einmal beanstandet, aber die Eltern wurden zur Nachholung der kirchlichen Trauung aufgefordert. Als Patengeschenk hatte ich, was ich glaube ich, schon schrieb, von Franz Rickert einen silbernen Kinderlöffel machen lassen. (Bei einem Wettbewerb der Goldschmiede hat Franz Rickert kürzlich den 2. Preis für einen Messkelch bekommen, Frau Gemma Wolters den dritten für ihren Kelch; den Kelch des ersten Preises soll angeblich Lisas Lehrer entworfen haben — nach den Abbildungen aber hätte ich diesem Stück kaum einen Preis gegeben. Immerhin war mir interessant

dass 2 Preisträger aus – heute so viel geschmähten –
Professorenhäusern stammten, (das deutsche Handwerk
aus den Urtiefen des Volkes wurzelnd!) und dass ich
mich einer persönlichen Verbindung mit dem deutschen
Handwerk rühmen darf)

Neulich habe ich zum ersten Mal einen Vortrag von Klages
gehört. Der Mann redete 2 Stunden lang sine manus cripto
ununterbrochen, ohne sich einmal zu versprechen u. ohne einen
Augenblick die Aufmerksamkeit seiner Zuhörer zu verlieren.
Was er aber redete, war eitles und leeres Geschwätz. Ein virtuoser
Redner und genialer Schwätzer.

Herr Kelligas schrieb aus Berlin einen Brief an Thrasybulos,
er habe dort ein Konzert „Heiterer Mozartabend" gehört, in
dem ein Fräulein Hauepe gespielt habe. Er war sehr begeistert
vom ganzen Konzert und von Lotti's Spiel und bedauerte sehr
dass er erst zu spät erfahren habe, dass sie eine Schwester
von mir sei. Sonst hätte er ihr nach dem Konzert noch gratuliert, so wie er mir gratulierte eine solche Schwester zu haben.
Für ihr schönes Spiel. Ich habe mir natürlich stolz an die Brust
geklopft.

Sonst geschieht in meinem Dasein zwar nicht wenig, aber
wenig abwechslungsreiches. Mit Lucrez habe ich nun eine
harte Nuss zu knacken gegeben. Ich kann je mehr ich eindringe Regenbogens Begeisterung nur um so weniger teilen.
Im griechischen mache ich nichts mehr, nur in Archäologie
noch Hellenismus u. 4. Jht. Das Examen wird erst
Februar steigen (nach Bruckners Rat). Die Stipendien-mitbewerber sind noch weiter zurück als ich.

Also für heut wieder einmal nur diesen kurzen Gruss
aus meinem eintönigen Leben.   Dein Roland.

Sonst geschieht in meinem Dasein zwar nicht wenig, aber wenig Abwechslungsreiches. Mit Lucrez habe ich mir eine harte Nuß zu knacken gegeben. Ich kann, je mehr ich eindringe, Regenbogens Begeisterung nur um so weniger teilen. Im Griechischen mache ich nichts mehr, nur in Archäologie noch Hellenismus und 4. Jh. Das Examen wird erst Februar steigen (nach Buschors Rat). Die Stipendien-Mitbewerber sind noch weiter zurück als ich.

Also für heut wieder einmal nur diesen kurzen Gruß aus meinem eintönigen Leben.

Dein Roland

Rom, 27. XI. 1934

Lieber Papi,

Heute nur kurz einen Dankesgruß für Eure Grüße und Nachrichten.

Wir waren am Sonntag zu dritt (Ladner, Helmut und ich) auf dem Soracte und haben uns auf der Höhe in der wunderbaren Sonne erholt – es war noch so warm, daß uns beim Abstieg durch Gestrüpp und Geröll und Felsen das Wasser nur so herunterlief. Auf der Höhe hatten wir natürlich das alte, halbzerfallene Kloster besucht, wo einige freilich recht zerstörte Wandbilder, meist Papstbildnisse, für Ladner besonders interessant waren. Der Blick auf die Tiberebene und die fernen, zum Teil schon beschneiten Berge ringsum war über alle Beschreibung schön. An Freunden trafen wir nur den deutschen Militärattaché Fischer mit seiner Tochter, die ich in der Schule unterrichte – eine schwäbische Familie, die einen recht sympathischen Eindruck macht.

Am kommenden Sonntag hoffen wir nun wiederum ausfliegen zu können, um dort gemeinsam einen gemeinsamen Geburtstag zu feiern, Ladner hat nämlich am dritten Geburtstag. Für Weihnachten haben wir schon Pläne, da es bis Ende Dezember eine 70%ige Bahnermäßigung dorthin gibt.

Die Verhandlungen über des Herrn Geburtstag ruhen einstweilen, d.h. man beschließt wohl ohne uns. Wir Jüngeren werden ein bisher so gut wie unbekanntes Winckelmannsbild, das ich zufällig erhalten habe, vergrößern und rahmen lassen. Ob wir uns am Pranzo beteiligen, hängt von den Umständen ab.

Die Versammlungs- und Gesellschaftswelle hat hier eingesetzt, davon ein andermal mehr. Heut nur noch dies: Über die Goethegespräche würde ich mich sehr freuen (Biedermannsche Auswahl wohl) und an sonstigen Wünschen – es kommen nur Bücher infrage – etwa für Weihnachten:
(Antiquariatskatalog 394, A. Lorentz, Leipzig, Kurprinzenstr. 10):
Nr.   5 Dickins, Catal. of the Acropolismuseum 8.--
Nr. 68 Buschor, Die Affeninseln (S. A.) 1.--
Nr. 289 Amelung, Führer durch die Antiken von Florenz 2.--
Nr. 414 Jacobsthal, Aktaions Tod 3.--
Nr. 483 Karo, Menelaos auf einer frühattischen Vase (S. A.) . 2.40
Nr. 538 Karo, Kreta (S. A.) 2.50
Alles Sachen, die sonst leider nicht zu bekommen sind, das rot Angestrichene vielleicht am wichtigsten. Das wären so meine Fachwünsche. Bald mehr. Hoffentlich geht es Konrad wieder ganz gut.

An alle im Hause sehr herzliche Grüße

Dein Roland

Rom, 18.I.1935

Lieber Papi,

Mein erster öffentlicher Vortrag ist nun glücklich vorüber. Ich habe etwa anderthalb Stunden, mit Lichtbildern, aber ohne Manuskript gesprochen (daß ich das konnte, hatte ich vorher nicht gewußt, und wie ichs fertiggebracht habe, weiß ich jetzt nicht mehr). Jedenfalls hielt der Bienenvater noch ein sehr nettes kurzes Nachwort und: Professor Deubner meldete sich zum Wort. Ich mußte auf seine Einwände, die mir als die bisher landläufige Meinung wohl vertraut waren, dann noch aus dem Stegreif erwidern und schließlich durfte ich dann – mit einem großen Durst und unter dem Andrang der mir die Hand Schüttelnden und mehr oder weniger ehrlich Gratulierenden – endlich zu reden aufhören.

Die Zuhörerschaft – es mögen etwa 80 Leute gewesen sein – läßt sich wohl in verschiedene Kategorien einteilen. Ich hätte beinahe an meine Anrede »Exzellenzen, meine Damen und Herren« noch angefügt »liebe Kinder« oder »liebe und heute höchst bedauernswerte Kinder«; denn das waren sie in der Tat, die anderthalb Stunden einen »streng wissenschaftlichen«, »methodisch vorbildlichen«, »absichtlich nüchternen« Vortrag mit anhören und dabei musterhaft stille sitzen mußten – wieder mal eine geistreiche Idee des Bienenvaters: Stella und Olivia. Und so fiel dann das Urteil dementsprechend aus: Stella: »Mensch, war das stumpfsinnig« und darauf Olivia: »Ja, *Du* verstehst das ja alles noch nicht, ich habe alles verstanden«. Dann das Urteil des Bibliotheksdieners, der kaum ein Wort deutsch versteht: »era molto schick, Signor Dottore«. Dann die unglücklichen Gejagten, die an an einem Nachmittag drei Tees und dazwischen zwei Vorträge besuchen müssen. Dann der Schwarm von älteren Damen, die mich nun alle kennenlernen wollen (ich kann mich in der Bibliothek gar nicht mehr sehen lassen); dann die Wissenschaftler, die alle über Strenge, Klarheit, Aufbau des Vortrags befriedigt waren, und schließlich die Fachkollegen, die jeder eine verschiedene, von der meinen abweichende Meinung haben. Schließlich noch eine sehr ehrenvolle literarische Gesellschaft: Hans Carossa, den ich abends noch bei Curtius traf, dem es offenbar gut gefallen hat. Ich habe tags darauf als cambio mir auch seine Vorlesung angehört (eine leider seit dem Rumänischen Tagebuch etwas zu gesellschaftliche Literatur: die Prosastücke hübsch, die Gedichte schwach und im Reim zu billig und ein gerade erst verfaßtes, an Editha Curtius gerichtetes Gedicht, dessen Vorlesung vor der Öffentlichkeit mir nicht ganz passend erschien).

Bald mehr. (Wenn Du mir den »Zug nach dem Osten« vielleicht mit einer eigenhändigen Widmung schicken würdest, wäre ich sehr dankbar.) Ich werde bald von hier aufbrechen. Die Gesellschaftswelle ist zu arg und die Feiern sind zu häufig.

Herzliche Grüße an alle
        Dein Roland

Oxford, 8.IV.1935

Lieber Papi,

Es wird Zeit, daß ich wieder etwas von mir hören lasse – 8. April! da wollte das Karl-Buch ja schon da sein, und Du bist Deiner Redaktion und Korrekturpflichten enthoben. Was mag bei Euch jetzt für schönes Frühlingswetter sein. Ich sitze hier am üblichen abendlichen Kaminfeuer, bin in einem höchst vornehmen Hotel abgestiegen, da ich für die kurze Zeit, die ich hier bin, nicht *nur* teuer (denn das ists überall), sondern auch anständig hausen möchte – und man ist hier, wo es außen so windig ist und häufig regnet und wo es alle die Lebensauffrischungsmöglichkeiten wie im Süden nicht gibt, so auf einen bewohnbaren Raum angewiesen. Seit gestern früh bin ich hier, habe schon unzählige Colleges durchstreift und fände das Dasein des jungen C., den ich leider hier während der Ferien nicht getroffen habe, sehr beneidenswert, wenn wir Südländer es eben nicht noch beneidenswerter hätten. Auch hier blühen sogar schon einige Bäume und die schönen Rasenflächen sind voller gelber Osterglocken. Diese Gärten und die Ruhe in ihnen sind nach London wohl das Schönste hier.

Die vierzehn Tage in London sind so rasch vergangen und waren so voller Betrieb. Von den Leuten im Museum bin ich ganz besonders nett aufgenommen worden, war auch bei dem einen, einem jüngeren Keeper, im Reformklub eingeladen und mit ihm wieder bei dritten zum Essen. Die Öffnungszeiten im Museum hab ich natürlich so weit wie möglich ausgenutzt – nur zuweilen einen Besuch in der Nationalgalerie und bei den Raffaelkartons eingeschoben –, es gibt natürlich ungeheuer viel für mich zu tun, und ich suche so viel wie möglich aufzunehmen, da ich ja nicht weiß, ob ich je wieder herkomme, zumal ich mich, außer dieser Dinge wegen, doch nicht wieder herwünschen würde.

Beazley werde ich nachher hier anrufen, ich wurde ihm neulich in London schon vorgestellt, denke morgen und übermorgen noch hier in dem sehr reichen Museum zu arbeiten, dann bis Samstag noch einmal in London zu sein. Ab Sonntag bin ich dann für eine Woche in Paris. Danach, vielleicht nach einem kurzen Abstecher Straßburg–Colmar wieder in Heidelberg. Dann wird es viel mündlich zu berichten geben. Meine Adressen sind: bis 12. April, London Thackeray-Hotel, St. Russel-Street; bis etwa 20. Paris, poste restante.

Hoffentlich geht es zuhause allen gut, es sind ja nur noch etwa 14 Tage, bis ich wieder daheim bin.

Sehr herzliche Grüße
     Dein Roland

              Athen, 14. XI. 1935
Lieber Papi,

Die ersten zehn Tage habe ich glücklich hinter mir, und es ist mir, als sei ich schon lange hier. Als ich mit dem Schiff vor zehn Tagen an Korinth vorbeifuhr, dann den Isthmus passierte, hatte ich ein sehr merkwürdiges Gefühl, das ich bisher nie hatte, wenn ich nach Griechenland fuhr – nämlich das Gefühl, nach Hause zu kommen.

Da es schon Mittag war, bis ich die verschiedenen Zoll- und Paßstationen hinter mir hatte, fuhr ich gleich zu meinem Haus nach Kalamaki. Die erste Enttäuschung war, daß ich die Frau, die für Schefold das Haus besorgte, nicht übernehmen konnte. Sie wollte nicht bleiben, wohl auch, weil ihre Verwandten es nicht für schicklich hielten, vor allem aber aus einer Reihe familiärer Gründe, die ich allmählich herausbekommen habe und die für ein Lustspiel reichlich Stoff böten – man muß freilich hiesige Verhältnisse kennen, um sie zu verstehen. Mittlerweile habe ich Ersatz gefunden, bin ganz zufrieden, suche nach und nach das Inventar im Haus zu bereichern durch Kissen, Decken, Lampenschirme etc. Abends muß ich schon im offenen Kamin Holz einlegen, da der stürmische Herbstwind durch alle Fenster und Türen eindringt, morgens nur allzu früh das Haus verlassen, da es noch kalt ist und ich zum Dienst muß.

Da bin ich durch die gröbsten Aufräumearbeiten bald durch, es gab und gibt noch viel zu reformieren und aufzuarbeiten – meine Militärzeit kommt mir sehr zustatten, einmal weil ich zu der ganzen Sache einen gewissen Abstand bekommen habe, dann weil ich gewisse Einrichtungen übertrage und vor allem auf Pünktlichkeit schaue. Die

Öffnungszeiten fürs Publikum sind festgesetzt und werden rigoros durchgehalten, sonst gibts nie Ruhe im Haus – im Innern habe ich für jeden der Mitarbeiter die Dienststunden genau festgelegt und sehe scharf auf Einhaltung. Nur so ist überhaupt durchzukommen. Für mich habe ich drei Vormittage für Museumsarbeiten reserviert, während deren der Mitassistent Dienst im Hause hat – verschlampte Kataloge, Sammlungen, Photos sind nicht mein Fall, drum gibt es in der nächsten Zeit noch vieles anzupacken. Ich werde nicht oft zum Schreiben kommen, zumal wenn ich den Druck der Arbeit wieder aufgenommen habe.

Bücher habe ich nur wenige dabei, komme auch kaum zum Lesen. Nur für eines wäre ich dankbar, wenn die kleinen Übersetzungsbändchen von Thukydides gelegentlich geschickt werden könnten, die ich im Fremdenzimmer bereitgestellt habe.

Von Braun laß' mir doch bitte die Langenscheidt'schen kleinen Lexika schicken:

Neugriechisch-Deutsch und Deutsch-Neugriechisch
ferner:

Pausanias, Ed. Spiro (Teubner) Bd. II.   Mythographi Graeci Bd. I (Teubner), Apollodori Bibliotheca. Ich bekomme als Ausländer 25% Ermäßigung auf diese Bücher!!

Wenn ich von zu Hause ab und zu was höre, bin ich recht dankbar. Ich hoffe, es geht allen gut.

An alle sehr herzliche Grüße
Roland

Kieler Erinnerungen
Stefan George und Friedrich Wolters
1980

Wolters hatte schon viele Jahre Material gesammelt und Vorarbeiten durchgeführt zu einem Buche, das 1930 unter dem Titel erschien *Stefan George und die Blätter für die Kunst, Deutsche Geistesgeschichte seit 1890*. Das Buch war geschrieben und wurde gedruckt, und in diesem Sommer sollten die Korrekturen kommen. Stefan George wohnte in diesen Jahren einen Monat bei Friedrich Wolters, einen Monat im Hause von Julius Landmann, der damals als Gastprofessor in Kiel wirkte. Der Meister sollte bei seinem Aufenthalt vor allem die biographischen Partien des Buches hören, ergänzen und notfalls korrigieren.

Wolters schlug mir vor, in den Ferien dazubleiben, dann könne ich ein Exemplar der Korrektur des Buches mitlesen. Ich schrieb an meinen Vater, ich wolle während der Sommerferien in Kiel bleiben. Er erwiderte, wir seien eine Familie mit vielen Kindern; ich könne während der Ferien am Familientisch mitessen. Wolle ich aber in Kiel bleiben, so müsse ich mir das Geld selbst verdienen. Das tat ich dann, machte vormittags wissenschaftliche Hilfsarbeit im »Institut für Weltwirtschaft und Seeverkehr« für die Friedrich List-Ausgabe, die von Edgar Salin herausgegeben wurde. Über Mittag schrieb ich zwei Stunden Adressen in der Schleswig-Holsteinischen Universitätsgesellschaft, die damals von Carl Petersen geleitet wurde. Wenn schönes Wetter war, gab er mir frei. Dann durfte ich in Wolters' Wohnung, in der kleinen Goldschmiedwerkstatt von Frau Gemma Wolters sitzen und etwas arbeiten. Zwei Zimmer weiter aß man zu Mittag. Da drang oft genug das homerische Gelächter von George und Wolters bis zu mir herüber.

Die Nachmittage waren dem Buch gewidmet. Auf der hinteren, dem Garten zugewandten Glasveranda tranken Wolters und George Tee. Dabei trug Wolters jeweils eine Partie vor, und George machte seine Bemerkungen dazu. Ich saß öfters auf der vorderen, der Straße zugewandten Veranda und las Korrekturen. Wolters kam gelegentlich, um etwas zu holen oder Korrekturfahnen zu bringen und sprach ein paar Worte mit mir. Man spürte ihm an, wie anstrengend es für ihn war, sich Tag für Tag und mit großer Intensität mit dem Genius auseinanderzusetzen und ihm notfalls Widerpart zu geben und die eigene Position zu behaupten. Nicht immer ist ihm das gelungen. Man hat Wolters wegen einiger scharfer Formulierungen in seinem Buche kritisiert. Aber ich kann bezeugen, daß diese zum Teil nicht von Wolters, sondern von George selber stammen. So brachte Wolters Korrekturen, die ich übertragen mußte, auf denen der Meister eigenhändig mit seiner unverkennbaren Handschrift mildere Formulierungen von Wolters getilgt und durch sehr viel schärfere ersetzt hatte. Genau erinnerlich sind mir Sätze über Hugo von Hofmannsthal (im Buch S. 286 f.) und über Krishnamurti (im Buch S. 507).

Mittags um Punkt 12 Uhr verließ jeden Tag ein Trio das Gartentor von Wolters, um in der Nähe spazieren zu gehen: In der Mitte der Meister, auf der einen Seite Max Kommerell, auf der anderen ein hochgewachsener junger Mann. Ich habe nie nach seinem Namen gefragt. Es mag Karl Anton gewesen sein. Auch Kommerell las ein Exemplar Korrekturen des Buches. Eines Tages wurden Kommerell und ich zur gleichen Zeit zu Wolters gebeten. George stand im Zimmer. Wir beide, so lautete der Vorwurf, hatten in den Korrekturen der »goldene Sand« statt der »goldene Sang« stehen lassen. Ich wurde, als der Jüngere, zuerst gefragt »warum«. Ich gestand sofort, daß ich das übersehen hätte, und mußte »zur Strafe« ein Gedicht auswendig lernen:

Dreh ich in meinen händen die rötlichen urnen... (v62)

Kommerell aber erklärte, er habe an den goldenen Sand des Paktol gedacht und führte das breit aus. Der Meister hörte sich den ganzen Sermon mit zugekniffenen Augen an. Als Max Kommerell endete, blitzte er spöttisch aus seinen graublauen Augen und sagte: »O Maxim, nicht ohne Minim.« (Ich habe den »goldenen Sang« später beim Lesen des Buches nicht wiedergefunden und weiß nicht, ob ich das übersehen habe oder ob die Stelle geändert wurde.)

Ein andermal wurde Korrektur gelesen. George hatte sich auf das Sofa neben dem Schreibtisch von Wolters gelegt. Ich mußte daneben knien, um ihm die Korrekturfahnen zu halten. Ab und zu hatte ich den Eindruck, daß er nicht auf das Gedruckte, sondern mit seinem durchdringenden Blick auf meine Hände schaute, und ich glaubte, die Hände müßten mir abfallen. George wurde oft kritisiert, daß er die

Interpunktionszeichen vernachlässige. Wehe aber, wenn der Vorlesende einen Punkt oder ein Komma nicht laut mitlas; dann warf der Meister mit scharfer Stimme »Punkt« oder »Komma« dazwischen. Es war offenkundig, daß er auf verantwortungsvolles, peinlich genaues Lesen der Korrekturen den größten Wert legte.

Wolters unterbrach das Vorlesen an einer Stelle und sagte, Rudolf Fahrner, der in Marburg auch ein Exemplar Korrekturen las, habe geschrieben, diesen Satz könne man so nicht stehen lassen, das sei kein Deutsch und müsse geändert werden. George schwieg zunächst, dann stieß er das eine Wort »Grammatik« hervor. Wolters zog aus dem Bücherregal eine deutsche Grammatik, schlug den betreffenden Paragraphen auf und reichte das Buch dem Meister. Der las eine Weile stumm, dann sagte er: »Das kann man sehr wohl sagen, das kann man sehr wohl sagen! Ja, ja, der Fahrner ist halt ein Purist.« Als das Buch erschienen war, schenkte mir Wolters ein Exemplar und schrieb die Widmung hinein:

AN ROLAND

Auf welcher fahrt du schweifst
Durch welchen ort du streifst
Rom und Athen sind da
Wo du das Reich ergreifst.
F.   W.

zum 2. Dez. 1929

Mit dem Reich war natürlich das geistige Reich gemeint, wie Wolters dies in seinem Buche dargelegt hat – nicht etwa das »Dritte Reich«. Ich erwähne dies, weil es Leute gab, die Wolters der Sympathie zum Nazismus verdächtigten. Davon kann indessen keine Rede sein. Wolters war ein Feind aller Massenansammlungen und Massenbewegungen. Dafür ein kleines Beispiel: Wir fuhren auf einem Dampfer auf der Kieler Förde. Es begegnete uns ein anderer Dampfer, der voll uniform angezogener junger Leute war, die ihre Arme erhoben und im Sprechchor »Heil, Heil, Heil« riefen. Da erhob sich Wolters, ging an die Reling, legte die Hände als Schalltrichter an den Mund und rief mit Stentorstimme hinüber: »Unheil!«

Ich hatte bei Wolters einmal abends zum ersten Male griechische Vasenbilder gesehn. Er zeigte mir Photographien aus mehreren Museen, und da er merkte, wie ich darauf ansprach, riet er mir, doch ab und zu in das Archäologische Seminar zu gehen und mir dort Bilder anzuschauen. Ich brauche das ja nicht gleich studieren, sondern nur blättern und ansehn und meine Freude daran haben. Das tat ich, und je mehr ich dort betrachtete, desto mehr wuchs das Interesse. Eines Tages stieß ich auf einen griechischen Reliefkopf, der mir ungemeinen Eindruck machte. Es war der Reliefkopf des Herakles aus der Marmaria in Delphi, abgebildet in den Fouilles de Delphes IV Taf. XXIX. Ich lieh das Blatt aus und brachte es zu Wolters, damit er es dem Meister zeige. Nach ein paar Tagen gab er mir das Blatt zurück, und ich fragte: »Und was hat der Meister dazu gesagt?« Wolters erwiderte lächelnd: »Er hat gesagt ›quibusdam non est bonum criseas edere‹« (mit denen ist nicht gut Kirschen essen).

Meine archäologischen Ausflüge wurden häufiger. Aus dem Blättern und Anschaun wurde Lesen und Vergleichen. Ich nahm an Übungen teil, fing mit einem Worte Feuer, wie Wolters wohl vorausgesehen hatte. Ich entschied mich für Archäologie. Freund Max Wetter war bereit, mir einen längeren Aufenthalt in Rom zu bezahlen, damit ich angesichts der antiken Denkmäler leichter Zugang in das erwählte Fach fände. Wir trugen Wolters den Rom-Plan vor, stießen aber – zu unserem Erstaunen – auf unüberwindlichen Widerstand. Um in Rom etwas zu sehen und zu lernen, meinte Wolters, müsse man schon etwas wissen. In den Vatikanischen Museen etwa könne ein Nichtwissender sich förmlich verlaufen und gradezu die Lust verlieren, sich mit Archäologie beruflich zu befassen. Wie recht er hatte, habe ich erst später eingesehen, als ich – nach dem Doktorexamen – als Hilfsassistent am Deutschen Archäologischen Institut in Rom tätig war. Damals aber debattierten wir einen ganzen Abend. Wolters gab nicht nach.

So entschied ich mich, zum Studium der Archäologie nach München zu gehen. Ehe ich aber in den Süden fuhr, wollte ich in Potsdam Walter Elze besuchen, den ich bei Wolters kennengelernt hatte. Ich fuhr von Berlin mit der Stadtbahn und mußte in Westend umsteigen. Als ich aus dem Zug stieg, stand ich, wie durch ein Wunder, unmittelbar vor Stefan George. Er begrüßte mich freundlich und fragte: »Nun, mein Kind, wo fährst du denn hin?« Ich erwiderte stolz: »Nach

München.« Da kniff er seine Augen halb zu und sagte: »So, so, so, mit der Stadtbahn nach München.« In diesem Augenblick rollte sein Zug ein, und er verschwand behende.

Schon zur Zeit, als ich noch Jura studierte, hatte ich damit begonnen, griechische Lyrik zu übersetzen. Ich wohnte auf der anderen Seite der Förde, gegenüber von Kiel, in Kitzeberg. Dort gab es am Strand hohe Masten, die wohl der Marine dienten. Eine Leiter führte hinauf zu einer kleinen Plattform. Dort oben liegend war ich beim Übersetzen ganz ungestört. Inzwischen war ein dickes Heft, mit sauberer Schrift, voll geworden, das ich Wolters übergab. Er reichte es dem Meister weiter. Der Dichter, berichtete Wolters nach einiger Zeit, sei mit den Übersetzungen zufrieden gewesen. Aber gedruckt werden könne das erst, wenn ich in meinem Beruf eine Position errungen hätte.

Dies Heft habe ich besonders gehütet. Das war während des Zweiten Weltkrieges schwer. Daß dieser Krieg verloren werde, war mir seit langem klar. Ich rechnete nach dem Zusammenbruch mit Plünderungen. Daß ganze Städte durch Brand vernichtet werden würden, hatte ich nicht geahnt. Daher verstaute ich dies Heft mit einigen anderen Dingen, die mir wertvoll waren, als ich das letzte Mal von der Truppe auf Urlaub war, in meiner Wohnung in Würzburg in einem Versteck. Als ich nach Kriegsende die Ruinenstadt Würzburg wieder betrat, das Ausmaß der Zerstörung noch nicht ahnend, ging ich zuerst zum Martin von Wagner-Museum in der Domerschulstraße und fand das Gebäude ausgebrannt; dann zur Universität, sie lag in Trümmern; schließlich fand ich am Stadtrand unsere Wohnung nur noch als Schutthaufen.

Ich machte dort später Ausgrabungen. Zwei Stockwerke waren auf die Parterrewohnung gestürzt. Dennoch stieß ich auf das Versteck. Die dort verstauten Dinge standen in einer Reihe. Sie hatten nicht gebrannt, sondern waren, wohl aus Luftmangel, verkohlt. Ich konnte das Heft mit den Übersetzungen noch herausziehen, aufschlagen; Schriftzüge waren auf dem verkohlten Papier noch sichtbar. Dann zerfiel alles blitzschnell zu Staub.

PENTHESILEASCHALE, VON SCHÜLERINNEN BESCHRIEBEN
1941

Es war noch während meiner Schulzeit im Gymnasium meiner Heimatstadt, als ich zum ersten Male mit Bewußtsein Bilder aus der sagenhaften Welt der griechischen Frühzeit sah, die mächtigen Mauerringe von Mykene, Goldmasken, Waffen, Wandgemälde. Es war nur eine einzige Stunde, die uns ein fremder Lehrer zur Vertretung gab, die aber eine lange und geheimnisvolle Wirkung hinterließ. An diese Stunde erinnerte ich mich, als mich vor einigen Jahren der Leiter der deutschen Schule in Rom bat, in einer Oberklasse wöchentlich zwei Stunden Archäologie zu geben, und ich willigte mit Freuden ein. Die Voraussetzungen waren denkbar günstig. Wir wohnten auf dem Boden der einstigen Weltmitte, von Denkmälern, Bauten, Trümmern mehrerer Jahrtausende umgeben. Die Klasse war nur klein – es waren überwiegend Schülerinnen –, die Stunden lagen nacheinander, wir konnten somit in den Sammlungen die Dinge selber ansehen. Es war nicht nur die Abwechslung vom gewohnten Unterricht oder die neugierige Freude an Sehenswürdigkeiten, welche eine begeisterte Teilnahme hervorriefen, sondern vor allem die magische Anziehungskraft, die gerade in den frühzeitlichen Dingen selber liegt. Nicht Wissen zu vermitteln und zu belehren war meine Absicht (der eigentlich Lernende bei diesem Unterricht war ich), sondern durch Fragen zum eigenen Nachdenken und Betrachten anzuregen. Das sachlich-dingliche Interesse war bei allen Schülern überwiegend. Das »Wie«, etwa wie eine griechische »Vase« hergestellt war, beschäftigte die Gemüter zunächst mehr als das »Was«, etwa das auf dem Vasenbilde Dargestellte. Die an Bücher und Buchstaben gewöhnten Augen freizumachen und zum bildhaften Sehen hinzuleiten, das war mein Bestreben. »Sehen«, so meinten die meisten anfangs, könne doch ein jeder, ebenso wie »sprechen«. Aber bald gewahrten sie, daß es mit beidem nicht so einfach war: daß das Sprechen, wie einem der Schnabel gewachsen ist, nicht hinreichte; daß Beschreibung dieser Bilder etwas wie Übersetzen aus einer fremden Sprache war und daß es galt, für das jeweilige Besondere, Eigenartige der Darstellung den eigentümlichen, gerade hierauf zutreffenden deutschen Ausdruck zu finden – Ausdrücke, die meist nicht auf der Zunge lagen. Sie merkten überdies, daß

Abb. 80 München, Staatliche Antikensammlungen. Penthesilea-Schale. Durchmesser 43 cm. Um 460 v. Chr.

auch das Sehen nicht von ungefähr war, daß es voller Tätigkeit sein mußte, ein Ordnen und ein Sondern, und daß es mit der Wortbeschreibung auf das innigste zusammenhing.

Eine Weile hatten wir uns schon auf diese Weise im beschreibenden Sehen geübt, da hieß es eines Tages überraschend: Klassenarbeit! »Penthesilea-Schale« war das Thema. Alle sahen sie zum erstenmal (Abb. 80). Jeder erhielt eine Abbildung. Zu erklären war nicht viel. Vom Trojanischen Kriege wußte jeder. Schon lange war die Burg vom Griechenheer belagert worden, viele Schlachten waren schon geschlagen worden, manche Völkerschaften schon den bedrängten Trojanern zu Hilfe gekommen. Da erschienen eines Tages auch die streitbaren Amazonen, von ihrer Königin Penthesilea angeführt. Sie gerieten mit den Griechen ins Gefecht, und im Schlachtgetümmel trafen Penthesilea und der mächtige Achilles aufeinander. Penthesilea aber wurde von Achill getötet. – Eine halbe Stunde wurde Zeit gegeben. Auf unbedingte Richtigkeit in der Beschreibung der Bewaffnung und dergleichen kam es nicht an. Das Wesentliche des dargestellten Vorganges sollte geschildert werden. Lobende Beiworte – wie schön, wunderbar – waren, wie zuvor im Unterricht, streng verpönt. – Zwei der abgegebenen Arbeiten habe ich mir seinerzeit abgeschrieben – beide sind von Schülerinnen –, weil sie mir besonders gut gefielen und für das Ergebnis dieser Prüfung bezeichnend waren. Hier zunächst die eine:

»*Wir sehen vor uns das Innere einer griechischen Vase. Es ist ein kreisförmiges Bild mit einem blumengeschmückten Rand. Der Blick fällt zuerst auf die beiden Mittelfiguren. Sie stellen Achill und Penthesilea dar. Man sieht Achill in voller Rüstung: Beinschienen, der Schild, in den man hineinsieht, und der Helm mit Backenschutz. Die Scheide ist im Eifer des Gefechts nach vorn gerutscht. Er ist über Penthesilea gebeugt und hat ihr das Schwert bis tief in die Brust gestochen. Man sieht, daß ihre Kraft erlahmt, denn sie sinkt ins Knie. Sie hat ihre Hände zur Abwehr erhoben. Sie ist mit einem kurzen Kleid angetan; es geht nur bis zu den Knien und wird mit einem Gürtel in der Taille zusammengehalten. Sie hat eine Haube auf dem Kopf, unter der die Haare hervorkommen. Die Haare sind hinter die Ohren gestrichen. Sie trägt viel Schmuck, sowohl Armringe wie Fußringe. Bei Achill ist noch zu erwähnen, daß er seine ganze Kraft gebrauchet, denn seine Muskeln treten stark hervor. Das sind die beiden Mittelgestalten.*

An beiden Seiten steht nun je eine Figur. Auf Achills Seite sieht man eine Frau, die erschlagen wurde und wahrscheinlich mit dem Tode ringt. Sie hat im Schmerz ihre Hände über dem Kopf ineinandergekrallt, und sie verdreht ihre Augen. Aus einer Wunde unterhalb des Halses rinnt Blut. Sie hat die Haare mit einer Binde auf der Stirn zusammengehalten, und von beiden Schultern fallen sie offen hinab. Sie hat dasselbe kurze Kleid wie Penthesilea, mit dem Gürtel zusammengehalten, nur kommt unter diesem an Beinen und an Armen enganliegend ein gesticktes Unterkleid hervor. Auf Penthesileas Seite steht ein Krieger, der durch das Schlachtfeld stürmt und sich anscheinend erstaunt nach Achill umdreht. Vielleicht will er ihm zu Hilfe eilen. Er hat das Schwert zum Angriff bereit aus der Scheide gezogen. Ein kurzes Waffenhemd bedeckt seinen Körper bis zur Hälfte des

Oberschenkels. Auf der linken Schulter hängt ein Umhang, den er mit der Hand hält und außerdem noch einen Speer. Er hat keine Beinschienen, aber genau so einen Helm, unter dem der Bart hervorguckt.«

Und die andere Arbeit lautet:

»Es ist das Innenbild einer Schüssel, die zwei Henkel hat. Ein Rand umgibt das Bild. Auf ihm sind kleine Muster gemalt. Das Bild paßt sich der Form der Schale an. In der Mitte des Schalengrundes sind die beiden Hauptgestalten, ein Krieger in voller Rüstung und eine Frau, die Amazonenkönigin Penthesilea. Der Krieger Achilles neigt sich etwas zur Frau nieder, um sie mit dem Schwert zu töten. Er ist barfuß und trägt Beinschienen. Eine reichgezierte Scheide hat er umgehangen. Die deutliche Muskelangabe zeigt die starke Anspannung des Körpers. Er hat einen Mantel umgehangen. Einen Arm hält er im Schild, den man perspektivisch sieht. In dem anderen Arm hält er das Schwert, das schon zum größten Teil in Penthesilea steckt. Auf dem Kopf hat er einen reichgezierten und bemalten Helm, der einen großen Teil des Gesichtes verdeckt. Das Haar kommt hinten etwas durch. Es ist sehr regelmäßig gelockt. Seine Augen blicken rachevoll auf die Frau, er lächelt sogar etwas.

Penthesilea ist gerade im Stürzen, mit den Fußspitzen hält sie sich noch am Boden. Am Gelenk trägt sie ein Armband. Körper und Kopf sind aufgerichtet zu Achill. Sie trägt ein kurzes Gewand; unter dem kommt ein etwas längeres plissiertes hervor. Einen schmalen, dunklen Gürtel trägt sie. Er wird seitwärts von einem Überfall bedeckt. Das plissierte untere Gewand kommt an der Schulter nochmals vor. Mit dem rechten Arm versucht sie Achill an der Brust wegzustoßen. Sie trägt einen Armreif daran, und ihre Finger verkrampfen sich. Mit dem linken, an dem sie auch einen verzierten Armreif trägt, versucht sie den Arm des Achill, der das Schwert in sie sticht, hochzuheben. Ihr Haar ist sehr fein gezeichnet. Vor dem Ohr ist eine Welle. Schwere Ohrringe hängen an dem Ohr. Die Krone ist ziemlich einfach, sie paßt zu ihrer sonstigen Kleidung. Die Augen sind angstvoll flehend auf Achill gerichtet. Der Mund ist leicht geöffnet.

Rechts liegt eine andere Amazone am Boden. Sie ist der Form der Schale angepaßt. Ihre Hände krampfen sich über den Kopf zusammen. Sie hat schwarze Haare, die ihr strähnig über die Schulter fallen. Auf dem Kopf werden sie durch ein helles Band zusammengehalten. Das *linke Auge wird teilweise vom Haar bedeckt. Sie schielt. Sie liegt wahrscheinlich im Sterben! Der Mund ist etwas geöffnet, so daß man die Zähne sieht. Ihr Gewand ist viel verzierter als das der Königin. Sie trägt einen Anzug mit Hosen bis an die Füße, der reich bemalt ist, darüber ein loses Übergewand. Das Übergewand hat Ärmel, die sich aufstülpen und zurückfallen.«*

Beide Arbeiten haben manches Gemeinsame: Das weibliche Interesse für alle Einzelheiten der Haartracht und Gewandung kommt in seiner Unbefangenheit der antiken Betrachtungsweise gewiß näher als manche kunstgeschichtliche Beschreibung. Treffliche Einzelbeobachtungen zeichnen beide aus; Beschreibungen wie »die Scheide ist im Eifer des Gefechts nach vorn gerutscht« oder »Penthesilea ist gerade im Stürzen« sind unübertrefflich. Größer aber sind die Unterschiede. Schon im Temperament. Die erste Arbeit rasch und unbedenklich hingeschrieben, im Ausdruck manchmal unbeholfen, als erste abgegeben. Die zweite bedächtig, fein einfühlend, abgewogen, nicht ganz fertig geworden und als letzte abgeliefert. Der Charakter beider Verfasserinnen lag bildhaft vor mir ausgebreitet. Aber mehr als das! Es sind hier unbewußt und unabhängig voneinander zwei Seiten des antiken Bildes selbst beschrieben worden. Das Großartig-Grausame des Kampfes ist in der ersten Arbeit erfaßt und schonungslos geschildert: etwa »das Schwert bis tief in die Brust gestochen« ... »im Schmerz ihre Hände über dem Kopf ineinandergekrallt« ... »aus einer Wunde unterhalb des Halses rinnt Blut« ... man sieht so recht das Schlachtgetümmel vor sich, aus dem die Szene nur ein Ausschnitt ist.
Die zweite Arbeit ist weniger schwungvoll, aber darum nicht weniger tief ins Wesen dieses Bildes eingedrungen. Schon in der Beschreibung: »ein Krieger in voller Rüstung und eine Frau, die Amazonenkönigin« findet sich der Gegensatz zwischen dem harten männlichen Achill und der weiblich weicheren Penthesilea angedeutet, den der Maler so sinnfällig zum Ausdruck brachte. Wenn aber die Beschreibung des Achilles mit den Worten endet: »Seine Augen blicken rachevoll auf die Frau, er lächelt sogar etwas« und die der Penthesilea mit: »Die Augen sind angstvoll flehend auf Achill gerichtet«, so ist hier unbewußt erfühlt, daß über die reine Kampfhandlung hinaus in dem

Begegnen dieser Blicke sich ein seelischer Vorgang abspielt – neben dem heroischen Geschehen das tragische Erkennen.

Erst nach Abschluß der Arbeiten wurde verraten, daß dieses Bild, das etwa in der Zeit des Aischylos geschaffen wurde, von einem bedeutenden attischen Maler stammt, für dessen großen Schwung der enge Schalenraum fast nicht genügte; daß er an der großen Malerei gelernt haben mag, vielleicht auch selber größere Wandgemälde schuf – und daß ein deutsches Museum so glücklich ist, diesen kostbaren Schatz in seinen Räumen zu verwahren.

Antrittsrede in der Heidelberger Akademie der Wissenschaften
1960

Es wird nirgends soviel nachträglich konstruiert wie in Selbstbiographien. Darum möchte ich mich über meine Jugendzeit kurz fassen. Ich habe sie in Heidelberg verbracht. Hier weiß jedermann, was ich dem Elternhaus verdanke. Aber auch derer möchte ich dankbar gedenken, die mich in der Jugendbewegung aus der oft allzu behüteten Atmosphäre des Elternhauses herausholten und mich der Dichtung Hölderlins, Stefan Georges und Jean Pauls vertraut machten.

Dankbar nennen möchte ich auch eine Musiklehrerin, die mich zur Konzentration zwang und mir zum ersten Mal die Augen über künstlerische Komposition öffnete. Das künstlerische Interesse des Elternhauses galt neben der Musik vor allem der mittelalterlichen und der ganz modernen Kunst. Wir Kinder durften mit meinem Vater oft die Mannheimer Kunsthalle besuchen. Bildwerke antiker Kunst blieben uns so gut wie unbekannt. Nur eine Schulstunde im Heidelberger Gymnasium ist mir unvergeßlich. Da zeigte uns ein Lehrer in einer Vertretungsstunde Bilder von Tiryns und Mykene.

Die beiden letzten Schuljahre verbrachte ich in Salem, in enger Verbundenheit mit der umgebenden Natur und in ständiger Abwehrstellung gegen den damaligen Leiter der Schule. Daß es dort möglich war, in kleinem Kreise, ohne pennälerhafte Störungen, Homer zu lesen, erschien mir als ein großes Glück. Griechisch war mein liebstes Fach.

Während einer der Ferien, die ich allein in der Schule verbrachte, hatte ich Platons Staat gelesen und war von dem Gedanken erfüllt, man müsse sich dem Staate zur Verfügung stellen. In jugendlicher Unwissenheit fragte ich, was man da studieren müsse. Es wurde mir Jura genannt. So begann ich mit dem Studium der Jura in Kiel, in bewußter räumlicher Entfernung vom Elternhaus und in innerer Ablehnung dessen, was sich damals »Heidelberger Geistigkeit« nannte. Bald erkannte ich, daß Jura nicht das war, was mir vorgeschwebt hatte. Ich blieb der Universität oft fern und beschäftigte mich, lesend, auswendiglernend und übersetzend, mit altgriechischer Lyrik. Auf dem Umwege über Soziologie und Neuere Geschichte fand ich schließlich zur Archäologie. Im Hause des Neueren Historikers Friedrich Wolters sah ich zum ersten Male Abbildungen griechischer Vasen. Seiner Anregung folgend, besuchte ich das Archäologische Seminar in Kiel. Er war es auch, der mir 1930 riet, nach München überzuwechseln, wo Ernst Buschor, aus Athen kommend, gerade den Lehrstuhl übernommen hatte. Wolters meinte, die Wissenschaft sei ein Handwerk. Man müsse zum besten Meister gehen, um es zu lernen. Dann gebe es zwei Möglichkeiten: Entweder man fahre künftig in der Art des Meisters fort – dann gut. Oder man komme darüber hinaus zu etwas Eigenem – dann um so besser.

Neben der Archäologie betrieb ich Klassische Philologie, ein Jahr davon in Heidelberg. Das Wichtigste, was ich während des Studiums aufnahm und als vorbildlich empfand, scheint mir – nachträglich und im Großen betrachtet – dies: Bei Ernst Buschor die Fähigkeit des Vergleichenden Sehens; bei Johannes Stroux die Schärfe des Interpretierens und die maieutische Kunst, eine Übung abzuhalten; bei Otto Regenbogen das einprägsame, beispielhafte Gestalten eines Vorlesungsstoffes – unvergeßlich ist mir sein Lukrez-Kolleg.

Eine Reise nach Griechenland, im Sommer 1932, führte zur Freundschaft mit Thrasybulos Georgiades, zum ersten Eindringen in das Neugriechische, wurde zur Grundlage meiner späteren Vertrautheit mit diesem Land. Aus den geplanten drei Monaten Aufenthaltes wurden neun. Schon in München hatte ich mich mit frühen Darstellungen griechischer Sagen befaßt, alles hierzu Veröffentlichte gesammelt. Im Athener National-Museum entdeckte ich, bei einer Führung durch Georg Karo, auf den Platten frühgriechischer Gewandnadeln Gravierungen, die bis dahin noch niemand beachtet hatte. Ich ließ sie reinigen und verbrachte den Winter damit, sie zeichnerisch festzuhalten – jeweils vormittags im hellen Sonnenlicht zeichnend (sonst war nicht genug zu erkennen), nachmittags im verdunkelten Raum, die überanstrengten Augen ausruhend. Das Ergebnis lohnte den Einsatz: Unter den figürlichen Gravierungen fanden sich die ältesten bildlichen Darstellungen griechischer Heldensagen, noch aus dem 8. Jh. v. Chr. Auch ließen sich zum ersten Mal für diese Frühzeit »Meisterhände«, eben die der einzelnen Graveure, scheiden. Dies Material bildete den Grundstock meiner Dissertation »Frühe griechische Sagenbilder in Böotien«, die 1936 in Buchform erschien.[1] Es lag mir dabei nicht nur an der Verbindung von literarischer und bildlicher Überlieferung, sondern auch daran, zu zeigen, wo und in welcher Weise die Bildkunst eigenen Gesetzen folgt.

Nach der Promotion in München Anfang 1934 erhielt ich zunächst eine halbtägige Hilfsassistentenstelle am Deutschen Archäologischen Institut in Rom. Dank der Großzügigkeit von Ludwig Curtius habe ich während dieser Zeit in Rom, seiner näheren und ferneren Umgebung viel gesehen. Mit Ludwig Curtius hatte ich schon während meiner Heidelberger Schulzeit auf dem Neckar gerudert. Während meines römischen Aufenthaltes entspann sich eine Freundschaft, die sich im Laufe der Jahre, bis zu seinem Tode immer enger knüpfte.

Das archäologische Reisestipendium nützte ich zu Studien in Paris, London, Oxford und kehrte über Budapest nach Griechenland zurück. Dort erhielt ich gleichzeitig die planmäßige Assistentenstelle in Rom und in Athen angeboten und entschied mich für Athen.

Die zweijährige Assistentenzeit in Athen (1936/37) stand im Schatten der politischen Ereignisse. Zwei Direktoren mußten nacheinander gehen, der dritte war zugleich Landesgruppenleiter der NSDAP. Der Referent am Institut war zugleich Ortsgruppenleiter. Beide waren von ihren Parteigeschäften absorbiert. So hatte ich als Assistent die anfallenden Aufgaben fast allein zu bewältigen. An eigene Forschungsarbeit war nicht zu denken.

Im Frühjahr 1937 wurde ich zur Eröffnung der neuen Ausgrabungen nach Olympia beordert. An die Eröffnung schloß sich eine erste Grabungs-Kampagne, die ich gemeinsam mit Ulf Jantzen durchführte. Für die bronzegußtechnischen Fragen wurde Kurt Kluge als Fachmann herangezogen. Unser Finderglück war unwahrscheinlich. Neu und lehrreich war dabei die Notwendigkeit, sich jeweils rasch zu entscheiden, sich ohne Auswahl mit jedem Befund und jedem Fundstück abzugeben, der Zwang, darüber in kürzester Zeit Rechenschaft abzulegen – es wurde uns von oben eine Frist von nur drei Monaten bis zur Ablieferung des Fundberichtes gesetzt.[2] Einen Teil der Fundstücke konnte ich wieder in eigenen Zeichnungen vorlegen. Merkwürdig war die Erfahrung, daß Dinge, mit denen man sich vorher intensiv beschäftigt hatte, gleichsam auf einen zukamen: In Olympia waren es etwa frühe, sehr erlesene Darstellungen griechischer Sagen auf getriebenen Bronzeblechen. – Als Verdienst rechnen wir uns an, daß wir – aufs

Improvisieren und auf einfachste Hilfsmittel angewiesen – damals mit Bienenwachs und Lötlampe ein Verfahren zur Hebung der überaus brüchigen Bronzebleche entwickelten, wie es heute noch in Olympia und an anderen Grabungsplätzen mit Erfolg angewendet wird.

Im Januar 1938 siedelte ich als Assistent an das Martin-von-Wagner-Museum der Universität Würzburg über. Während der anderthalb Jahre, die mir dort vergönnt waren, wurde ich zweimal zur Wehrausbildung herangezogen, im August 1939 mußte ich wiederum einrücken und für lange Zeit auf wissenschaftliche Arbeit verzichten. Noch in der letzten Nacht hatte ich meine Habilitationsschrift »Der Wagenlenker von Delphi«[3] abgeschlossen. In dieser Arbeit versuchte ich, die bedeutende Bronzegruppe des Lenkers mit dem Gespann über die kunstästhetische Betrachtung hinaus aus allen gefundenen Bruchstücken als Gesamtes zu rekonstruieren und an den historischen Platz ihrer einstigen Aufstellung zurückzuversetzen. Die Habilitation fand im Herbst 1939 während eines dreitägigen Urlaubs von der Artillerieschule statt. Die Ernennung zum Dozenten erfolgte wegen Einspruchs des Würzburger NS-Dozentenführers mit großer Verspätung erst 1941. Von der Berufungsliste an die Universität Kiel wurde ich aus politischen Gründen durch das Reichsministerium für Kultus und Unterricht gestrichen. Daß ich durch Kriegs- und Nachkriegsereignisse rund 10 Jahre verhindert war, wirklich wissenschaftlich zu arbeiten, hängt mir heute noch an. Diese große Lücke zu schließen, ist mir bis jetzt nicht gelungen. Zwei Übersetzungen aus dem Neugriechischen sind in dieser Zeit entstanden; während des Krieges: Ion Dragumis, Samothrake;[4] in der Hungerzeit nach dem Kriege: Elias Venesis, Äolische Erde[5] im Inselverlag 1949. Bei beiden lockte mich nicht allein das Inhaltliche als vielmehr die Freude der sprachlichen Bewältigung.

Zwei Phasen aus der Kriegszeit seien eigens hervorgehoben: Ein Jahr auf Kreta und ein Jahr in Athen. Die Dolmetschertätigkeit auf Kreta führte zwangsläufig in Lebens- und Sprachbereiche, mit denen man sonst nicht in Berührung kommt. Ich kam zu der Erkenntnis, daß Stufen, welche die Menschheit in ihrer Entwicklung nacheinander durchlaufen hat, dort noch nebeneinander als lebendige Daseinsformen erfahren werden können. Ich habe diese Erfahrungen in einer kleinen Schrift mit dem Titel »Hochzeit auf Kreta« niedergelegt.[6] – In Athen waren es die letzten beiden Monate vor der Räumung. Da hatte ich den besonderen Auftrag, die Verhandlungen einzufädeln und durchzuführen, die schließlich zur kampflosen Übergabe führten. Von Augenblick zu Augenblick handeln zu müssen, die Größe der Gefahr und die Verantwortung des Ganzen, verbunden mit der täglichen, oft fast stündlich wechselnden persönlichen Lebensgefahr, das war – gegenüber dem kontemplativen Dasein des Wissenschaftlers – eine neue Lebenserfahrung. Wie die von Adolf Hitler befohlene Zerstörung aller lebenswichtigen Anlagen vermieden werden konnte, die Millionenstadt dadurch vor der Katastrophe bewahrt blieb, das habe ich in einer kleinen Schrift »Die Rettung Athens im Oktober 1944«[7] festzuhalten versucht.

Nach Kriegsende schlug ich mich in einem Fußmarsch von rund 600 km nach Würzburg durch und fand dort das Museum und die Universität in Trümmern, die Wohnung total ausgebombt. Die Arbeit im Museum begann damit, die im Luftschutzkeller des Gebäudes verschütteten Leichen zu bergen, die Reste der Vasensammlung aus dem Schutt auszugraben, die ausgelagerten Bestände wieder einzubringen. Wir fanden sie als Masse kleiner verkohlter Scherben. Plünderer hatten sie zerstört. Auf Kohlenzügen reisend, kaufte ich die ersten Bücher für das Archäologische und Altphilologische Seminar der Universität Würzburg.

Im Herbst 1946 folgte ich einem Ruf an die Universität Kiel, wo ich das Archäologische Institut neu einzurichten hatte. Die Übungen mit den Studenten, fast durchweg Kriegsteilnehmern, hatten dort ein später kaum wieder erreichbares Niveau. Hunger und Kälte aber bewirkten, daß ich vor Erschöpfung in einem Krankenhaus Zuflucht suchen mußte. – Die Unmöglichkeit, in Kiel eine Wohnung zu finden, veranlaßte mich, im Frühjahr 1948 einen Ruf nach Mainz anzunehmen. Ich mußte dort an der neugegründeten Universität wieder ganz von vorne anfangen; ein neues Institut mit Büchern, Lichtbildern, Räumen, Personal, einer stattlichen Lehrsammlung griechischer Originale gelang es, im Laufe von neun Jahren und durch Ablehnung eines Rufes nach Hamburg auf die Beine zu stellen. Es wurde einem dabei nichts geschenkt; alles und jedes mußte mühsam erkämpft werden, nicht aus »Freude am Organisieren« – wie mir solche nachsagten, die nie eine derartige Situation erlebt haben –, sondern aus bitterer Notwendigkeit. Dabei suchte ich aus der Not eine Tugend zu machen und solche Themen in Angriff zu nehmen, die auch ohne vollständigen wissenschaftlichen Apparat bewältigt werden konnten.

In der Kieler Zeit entstand die Studie »Die Stele aus Pharsalos im Louvre«,[8] wo Kunst- und Kulturgeschichtliches eng miteinander verbunden wird. Im Krankenhaus schrieb ich (für das 100jährige Jubiläum der Heidelberger Archäologischen Universitätssammlung) den Aufsatz über Nestor.[9] Ich versuchte darin, eine Sagengestalt als Persönlichkeit zu fassen, auf den geschichtlichen Kern zurückzuführen und in einem weiteren historischen Rahmen zu begreifen. An diese Arbeit schloß ich später die Schrift »Die Homerische Welt im Lichte der neuesten Ausgrabungen« an,[10] ein Versuch, die zerstreuten Grabungsberichte, die ersten Ergebnisse der Entzifferung der mykenischen Schrift mit der mythisch-historischen Überlieferung zusammenfassend zu konfrontieren.

Die Schrift über »Die Gleichnisse Homers und die Bildkunst seiner Zeit«[11] wurde in der ersten, bücherlosen Mainzer Zeit verfaßt. Es lag mir dabei daran, neben den Berührungspunkten mit der Dichtung vor allem das Eigenständige der Bildkunst aufzuzeigen.

Auf den Aufbau der Mainzer Originalsammlung gehen drei Veröffentlichungen zurück: 1. Das CORPUS VASORUM ANTIQUORUM Mainz 1,[12] eine streng editorische Arbeit; 2. Das Buch »Griechisches Leben im Spiegel der Kunst«.[13] Hier werden die besten Stücke der Mainzer Sammlung einem breiteren Publikum in kulturhistorischer Betrachtung vorgelegt, wobei vom Konkreten ausgehend auf das Allgemeine hingewiesen wird. Diese beiden Werke wurden gemeinsam mit E. Simon abgefaßt.

Ein drittes Buch, das auf die Mainzer Forschungen zurückgeht, ist gegenwärtig im Druck. Es wird unter dem Titel »Ein frühattischer Grabfund« erscheinen.[14] Aus Hunderten unscheinbarer Scherben konnten in jahrelanger Arbeit monumentale Grabgefäße aus der Zeit um 700 v. Chr. zusammengesetzt und auf eine spezielle Verwendung im Grabkult zurückgeführt werden. Wieder wird hier das Verhältnis von Epos und Bildkunst berührt sowie die Frage der Umwandlung orientalischer Vorbilder in der frühgriechischen Kunst.

Während der Mainzer Zeit bahnte sich eine enge Arbeitsgemeinschaft mit Bildhauer Adam Winter aus Mainz-Kastel an, die der Erforschung und praktischen Wiedergewinnung der Technik der griechischen und römischen Keramik-Malerei gilt. Es wurde der, unserer Disziplin sonst unbekannte, Weg der Experimente beschritten. Daß dieser Weg gerade bei Fachkollegen noch auf mangelndes Verständnis stößt, ist aus der allzu einseitig auf das Ästhetische gerichteten Entwicklung der Klassischen Archäologie erklärbar. Um so erfreulicher ist es, daß ich für die Fortführung dieser Forschungen bei der Heidelberger Akademie Verständnis und Unterstützung gefunden habe.

Mit Mitteln der Mainzer Akademie habe ich im Frühjahr 1952, gemeinsam mit Giorgio Buchner, auf der Insel Ischia eine Grabungskampagne durchgeführt, die den Spuren der ersten griechischen Kolonisten auf italischem Boden galt. In drei Wochen wurden 45 Gräber eines griechischen Friedhofes freigelegt, die bis in das späte 8. Jh. v. Chr. zurückreichen. Das Finderglück war also wiederum groß. Aber gerade darum wurde die Grabung ohne deutsche Beteiligung weitergeführt.

Insgesamt erhoffe ich mir im Kreise der Heidelberger Akademie neben vielfachen Belehrungen vor allem Anregungen, welche die toten Punkte, unter denen nicht nur der Einzelne, sondern jedes Fach zuweilen leidet, überwinden helfen.

1 Frühe griechische Sagenbilder in Böotien, Athen 1936.
2 Die Grabung in Olympia im Frühjahr 1937 (gemeinsam mit Ulf Jantzen), Jahrbuch des Deutschen Archäologischen Instituts, 1936/37, Olympiabericht I. – Nachtrag zum Grabungsbericht: Ein bronzenes Beschlagblech aus Olympia, Archäologischer Anzeiger 1938 Spalte 259 ff. [Hier S. 109 ff.]
3 Der Wagenlenker von Delphi, in Brunn-Bruckmann, Denkmäler griechischer und römischer Skulptur; auch als selbständige Publikation erschienen, München 1941. [Vgl. hier S. 180 ff.]
4 Ion Dragumis, Samothrake, aus dem Neugriechischen übertragen, Rütten u. Löning Verlag 1942. [Vgl. hier S. 232 ff.]
5 Ilias Venesis, Äolische Erde, aus dem Neugriechischen übertragen, Insel-Verlag 1949. [Vgl. hier S. 244 ff.]
6 Hochzeit auf Kreta, Festschrift für Edwin Redslob, Berlin 1955. [Hier S. 74 ff.]
7 Die Rettung Athens im Oktober 1944, Institut für Europäische Geschichte Mainz, Wiesbaden 1955.
8 Die Stele aus Pharsalos im Louvre, 107. Winckelmannsprogramm der Archäologischen Gesellschaft zu Berlin, Berlin 1951. [Vgl. hier S. 191 ff.]
9 Nestor, in Vermächtnis der Antiken Kunst, herausgegeben von R. Herbig, Heidelberg 1950. [Vgl. hier S. 25 ff.]

10 Die Homerische Welt im Lichte der neuesten Ausgrabungen, Gymnasium 63, 1956, auch als Sonderheft erschienen. [Vgl. hier S. 30ff.]
11 Die Gleichnisse Homers und die Bildkunst seiner Zeit, Tübingen 1952. [Vgl. hier S. 33ff.]
12 CORPUS VASORUM ANTIQUORUM Mainz 1 (gemeinsam mit E. Simon), München 1959.
13 Griechisches Leben im Spiegel der Kunst (gemeinsam mit E. Simon), Mainz 1959. [Vgl. hier S. 150ff.]
14 Ein Frühattischer Grabfund, Mainz 1960. [Vgl. hier S. 39ff.]

Ernst Buschor (1886–1961)
1962

* 2. Juli 1886 in Hürben † 11. Dezember 1961 in München

Im Dezember 1961 ist Ernst Buschor im Alter von 75 Jahren gestorben. Nach kurzem Leiden ist er einem Gehirntumor erlegen. An einem unwirtlichen Wintertag kamen Freunde und Schüler von nah und fern in Breitbrunn am Ammersee zusammen, um ihn zur letzten Ruhe zu geleiten. In der kleinen Kirche lag er, der nie kirchlich gewesen war, aufgebahrt. Vertreter von Hochschulen und Akademien sprachen Worte der Anerkennung und Bewunderung für das, was er als Archäologe für die Wissenschaft geleistet, was er als Lehrer seinen Schülern gegeben, was er als Verfasser populärer Bücher, als Übersetzer der griechischen Dramen breiten Kreisen vermittelt hat – Leistungen, für welche ihm gegen Ende seines Lebens der Pour le mérite verliehen worden war. Aber es konnte in Gegenwart des Toten, der in seinem Leben niemals offiziell gewesen war, kein offizieller Ton aufkommen. Es waren einfache, menschliche Worte des Dankes und der Ergriffenheit.

Auch wir wollen uns hier darauf beschränken, einige Erinnerungen festzuhalten aus der Zeit, als er nach München, der Stätte seines längsten Wirkens, kam. Im Jahre 1929 verbreitete sich die Kunde, Ernst Buschor komme von Athen nach München. Studierende der Archäologie aus allen Teilen Deutschlands, bald auch aus dem Ausland, strömten herbei, um ihn zu hören. In den engen Räumen des Archäologischen Seminars über den Hofgarten-Arkaden fanden sie kaum Platz. Wer gehofft hatte, mit dem Lehrer rasch Kontakt zu finden, sah sich getäuscht. Buschor war wortkarg und verschlossen. Gelegentlich kam er in die Bibliothek des Seminars; mit kurz geschnittenem Haar, asketischem Ausdruck, die Lippen fest geschlossen, die Fäuste geballt, ging er an den Regalen entlang, suchte ein Buch heraus und zog sich wieder in seinen Arbeitsraum zurück. Die Tür zu diesem Raum war stets ein wenig offen, aber wer wagte schon, dort einzutreten?

Bei der Anmeldung zu den Seminaren war er abweisend, in den Übungen sparsam mit Worten. Er kritisierte kaum. Nur hin und wieder warf er, wenn etwas völlig Falsches vorgebracht wurde, ein

»Ist mir ganz neu« dazwischen. Oder er forderte mit einem »Ist alles einverstanden?« zum Widerspruch auf. Am Ende eines Referates gab er kein eigenes Urteil ab. »Wenn einer es von selbst nicht merkt, dann ist ihm nicht zu helfen.«

Was war es, das uns zu diesem wortkargen, abweisenden, asketischen Manne hinzog? Kaum wußten wir, daß er früher für kurze Zeit in Erlangen und Freiburg Professor gewesen war. Aber jeder von uns hatte seine »Griechische Vasenmalerei« gelesen, die er 1912, noch vor seiner Promotion, geschrieben hatte. In den Übungen lernten wir seine meisterhaften Texte zu Furtwängler-Reichholds großem Tafelwerk schätzen. Mit seinem Buche »Die Skulpturen des Zeustempels zu Olympia« (1924) hatte er uns eine Phase der griechischen Plastik, die des Strengen Stils, erschlossen; und wir hatten gelernt, in welcher Art man sich Kunstwerken von solchem Range zu nähern habe. Mit seiner Schrift über »Attische Lekythen der Parthenonzeit« (1925) hatte er den ernsten Untergrund der klassischen Kunst aufgezeigt, ein Thema, das er in späteren Büchern auch für die Plastik des Parthenon und die Kunst des Phidias immer wieder aufgriff.

1922 hatte Buschor die Leitung des Deutschen Archäologischen Instituts in Athen, bald darauf auch die der Ausgrabungen in Samos übernommen. Er war dort unmittelbar mit der archaischen Plastik in Berührung gekommen, und seine Athener Aufsätze waren es, die uns die frühe griechische Plastik auf neue Weise sehen lehrten. Über die »Archaische Plastik« hielt er auch seine erste Vorlesung in München: immer mit Doppelprojektion, die Bilder nur mit knappen Worten, die Worte mit wenigen Gesten seiner zierlichen Hände begleitend. So lehrte er uns vergleichend sehen, wies stilistische Unterschiede und Stufen der Entwicklung auf. Er schärfte uns den Blick für echte griechische Kunst, die nicht durch klassizistische Einflüsse geschönt, nicht durch Kopistenhand verfälscht war.

Von 1925 bis an sein Lebensende war Buschor in den Semesterferien meist auf Samos. Er lebte dort in engem Umgang mit den griechischen Originalwerken, schrieb dort manche seiner Bücher und entwickelte eine eigenwillige und umstrittene Art des Ausgrabens. Wesen und Werden des samischen Hera-Heiligtums gestalthaft sichtbar werden zu lassen, war sein ganzes Streben. In seiner Lebensweise paßte er sich den dortigen ärmlichen Verhältnissen an, war ängstlich darauf bedacht, kein fremdes Element auf dieser Insel einzuschleppen. Dort und überhaupt in Griechenland, meinte er, könne man lernen, »was alles zum Leben *nicht* gehört«.

Aber nicht nur in Samos bei der Grabung, auch in München war Buschor in Kleidung und Lebensweise betont zurückhaltend, in seinem Auftreten bewußt unprofessional. Wenn er zur Universität ging, sagte er seinen Kindern: »Ich gehe ins Geschäft.« Saß er im Kreise der Studenten abends beim »Wiesenwirt« oder in der »Pfälzer Weinstube«, mußte derjenige ein Zehnerl Strafe zahlen, der ihn mit »Herr Professor« titulierte. An solchen Abenden kam sein Humor zum Vorschein, der häufig einen sarkastischen Unterton hatte. Er liebte das Paradoxe, hatte in seinen Jugendjahren viel Jean Paul gelesen. »Er hat viel mit mir gemeinsam«, schrieb er mir einmal in einem Briefe, »ja ich glaube, er ahmt mich sogar etwas nach.«

Seine Verehrung der »hohen Kunst Karl Valentins« ist bekannt. Er besuchte ihn zweimal im »Karl-Valentin-Musäum« in München und widmete dem Komiker einen Nachruf in der Festgabe für Karl Reinhardt (1952). Einen Aufsatz über »Das Krokodil des Sotades« (1919) hatte er mit Wilhelm Busch begonnen: »Den Mohren hätte unterdessen beinah das Krokodil gefressen...«, und er freute sich diebisch, als seine Akademieschrift »Feldmäuse« (1937), eine Studie zum attischen Bühnenwesen, fälschlich unter die Berichte der naturwissenschaftlichen Klasse eingereiht werden sollte. Aus solchen Neigungen erwuchs auch sein Büchlein »Rätselküche«, in dem er griechische Volksrätsel mit selbst erfundenen zusammenbraute. Überhaupt hatte er in seinem Wesen etwas Rätselhaftes, liebte das Versteckspiel, ließ sich nicht in die Karten schauen. Das Sich-Verbergen vor der Umwelt, das Vermeiden von klaren Stellungnahmen oder das Umkehren seiner Meinung von Fall zu Fall – von manchen als Bosheit mißdeutet – wurde zeitweilig Manier, ja geradezu Koketterie.

Bezeichnend für Ernst Buschor ist die Anekdote über das Vorspiel zu seinem Bildnis von Hans Wimmer. Der Bildhauer besuchte ihn in den dreißiger Jahren, um ihn zu porträtieren. Buschor zierte sich in der ihm eigenen Weise, indem er sagte, nur wirklich bedeutende Menschen verdienen es, porträtiert zu werden. Da habe Wimmer schlagfertig erwidert: »Da werd ich halt amal in zehn Jahren wiederkommen, Herr Professor.« Nach dem Kriege kam er wieder, und

Buschor ließ ihn gern gewähren. Das Bronze-Bildnis, das so entstand (1946/47), hat Buschors Züge überzeugend festgehalten.

Humor, Sarkasmus, Freude am Paradoxen und am Rätselhaften waren nur die Untertöne. Bestimmend für die ersten Münchener Jahre war der leidenschaftliche Ernst, mit dem er seiner Aufgabe, der Forschung und der Lehre, nachging. Er prägt sich in dem Bildniskopfe aus. Er übertrug sich auch auf seine Schüler. In solcher Spannung hielt Buschor damals den Vortrag »Der Blick der antiken Figur«. Dieser Vortrag wird denen, die ihn hörten, unvergeßlich bleiben. Er wurde nie gedruckt; aber einiges davon ist in das Buch »Die Plastik der Griechen« (1936) eingegangen.

Dies Werk bildet im Schaffen Buschors gleichsam einen Wendepunkt. Nach der abweisenden Haltung der früheren Jahre wandte er sich nunmehr einem breiten Leserkreise zu. Wohl gab es weiterhin streng wissenschaftliche Untersuchungen wie vor allem seine bedeutenden Schriften über die Entwicklung von Tragödie und Satyrdrama (in den Berichten der Bayerischen Akademie der Wissenschaften). Aber seine fortan in rascher Folge veröffentlichten Bücher waren häufig über das wissenschaftliche Ziel hinaus auf Breitenwirkung bedacht, so »Grab eines attischen Mädchens« (1939), »Griechische Vasen« (1940), »Vom Sinn der griechischen Standbilder« (1942), »Die Musen des Jenseits« (1944), »Phidias der Mensch« (1948), »Frühgriechische Jünglinge« (1950) – um nur einige zu nennen.

Die neue Zielsetzung hat auch die Schreibweise, die schließlich manieriert wurde, bestimmt. An diesem Spätstil knüpfen die Epigonen Buschors an. Man wird sich eines Tages fragen, welche Einflüsse geistiger, künstlerischer, kunstgeschichtlicher Art auf Buschor selbst, der so viele Menschen nachhaltig beeinflußte, eingewirkt haben. Aber dies zu untersuchen, ist der Abstand heute wohl noch nicht groß genug. Welcher Art diese Einflüsse auch gewesen sein mögen – Buschor stammte aus einer Sektiererfamilie, war selbst ein ausgesprochener Einzelgänger. Die Leistung, die er vollbrachte, ist einzigartig und unnachahmbar.

Porphyrios Dikaios

*1904   † 24. 8. 1971

Verehrte Trauergemeinde,

Gestatten Sie mir ein paar persönliche Worte zum Abschied von unserem Freunde Porphyrios Dikaios. Es ist hier nicht der Ort, seine wissenschaftlichen Verdienste zu würdigen. Es möge genügen, wenn ich sage: er war ein Forscher von internationalem Ruf. Auch ist es nicht meine Absicht, die vielen Ehren aufzuzählen, die er für seine wissenschaftlichen Leistungen empfing – Ehrendoktor in Oxford, Ehrendoktor in Nancy, Ehrendoktor in Uppsala und viele andere Ehrungen mehr – was sind all diese Ehren angesichts des Todes?

Nur wenige menschliche Worte möchte ich sagen über den Menschen, der von uns ging, den Menschen, wie wir ihn kannten, wie ich ihn kennen lernte. Es sind 12 Jahre her, daß ich ihm auf einem Kongreß in Kreta begegnete. Seine ruhige, warme Art nahm mich gefangen. Wir haben rasch zusammengefunden. Wir wurden Freunde.

Meine Forschungen führten mich damals nach Zypern. Ich flog mit Dikaios zusammen von Athen nach Nikosia. Im folgenden Jahre habe ich ihn nochmals dort besucht. Ich habe ihn zu Hause gesehen, in einer schönen Villa am Stadtrand von Nikosia, mit seiner Frau, einer Französin, mit seiner damals noch kleinen Tochter. In den Wirren, von denen seit der sogenannten »Befreiung« diese Insel heimgesucht wurde, war damals ein lucidum intervallum, eine kurze Spanne des Friedens eingetreten. Die Menschen auf Zypern und mit ihnen die Dikaioi lebten ein glückliches Leben. Ich habe Porphyrios Dikaios auch im Amt gesehen, als Direktor des bedeutenden Cyprus Museum und als Leiter des Denkmalschutzes der gesamten Insel mit ihren vielen Schätzen, den prähistorischen, die er zum Teil selbst gefunden hat – er hat durch seine Ausgrabungen ganze Perioden der Vorgeschichte Zyperns erschlossen –, den Denkmälern des klassischen Altertums, der byzantinischen Epoche, der Kreuzritterzeit. Dikaios versah sein vielfältiges Amt umsichtig und gewissenhaft, ruhig und bestimmt, mit jener menschlichen Wärme, die ihm zu eigen war. Er kannte das Land und seine Leute. Er verstand es, mit den einfachen Menschen, die zum Teil noch in vorgeschichtlichen Verhältnissen leben, umzugehen. Er liebte und achtete sie. Wenn er in späteren Jahren in kleinem Kreise die

Farblichtbilder zeigte, die Porträts, die er von diesen Menschen aufgenommen hatte, dann taute der zurückhaltende Gelehrte auf, dann sprach er mit Begeisterung von den Menschen seiner Heimat.

Ich begegnete Porphyrios Dikaios einige Jahre später wieder, in Amerika, am Institute for Advanced Study in Princeton. Er hatte dort ein Forschungsstipendium. Aber er war nicht derselbe Dikaios, den ich von früher kannte. Der politische Umschwung in Zypern hatte sich ausgewirkt. Man hatte ihn vorzeitig seines Amtes enthoben. Er hatte sein Haus und seine Heimat verlassen. Er war fest davon überzeugt, daß ihm Unrecht geschehen war, und er hat dies schwer empfunden. Auch hat er die Trennung von seiner Heimat nie verwunden. Auf der anderen Seite war Dikaios nicht verwöhnt. Er war als Kind unter vielen Geschwistern aufgewachsen. Die Geschwister sind heute in der Welt verstreut. Zwei seiner Brüder sind aus Lyon, zwei aus Nikosia gekommen, um der Beerdigung beizuwohnen. Seine Tochter, die in Schweden verheiratet ist, war auf die Nachricht von seiner schweren Erkrankung herbeigeeilt; aber sie hat ihn nicht mehr bei Bewußtsein angetroffen. Damals, in Amerika, ging sie noch als Kind zur Schule. Seine kluge und tapfere Frau stand ihm in guten und in schweren Zeiten hilfreich zur Seite.

Porphyrios hatte in England und Frankreich studiert, er hatte in Zypern in ständigem Kontakt mit den ausländischen Missionen, den archäologischen sowie den diplomatischen, gestanden – er hatte Welt in sich aufgenommen. Es fiel ihm leicht, sich in Amerika einzugewöhnen. Aber er hat sich dort nie wohlgefühlt. Er war durch und durch Europäer. Dennoch hat er dort in Princeton sein eigentliches Ziel nie aus dem Auge gelassen, die Ergebnisse seiner Ausgrabung in Enkomi auf Zypern zu veröffentlichen. Tag für Tag war er mit beispiellosem Eifer am Werke. Skeptiker meinten, er werde diese umfangreiche Arbeit nie zu Ende bringen.

Das Stipendium in Princeton ging zu Ende. Dikaios übernahm eine Professur an der Brandeis University. Es gefiel ihm dort gut, aber er schrieb mir eines Tages, zur Fortführung der Arbeit am Enkomi-Werk komme er kaum. Er habe viele andere Verpflichtungen. Da schien es mir notwendig, die Initiative zu ergreifen. Er mußte in die Lage versetzt werden, dieses wichtige Werk zu vollenden. Es gelang, ein Stipendium der Thyssen-Stiftung zu erwirken. Mit diesem Stipendium und als Gastprofessor an der Universität Heidelberg war er in den letzten Jahren bei uns tätig. Er hatte in Heidelberg einen Kreis von Schülern. Er hat sie geliebt, sie haben ihn lieb gewonnen, und dies ist die Voraussetzung für einen fruchtbaren akademischen Unterricht. Aber die Hauptaufgabe war für ihn die Fortführung des Enkomi-Werkes. Ihr hat sich Dikaios mit ganzer Kraft und mit bewundernswürdiger Hingabe gewidmet.

Zwei Bände dieses Werkes waren schon erschienen. Der Druck wurde durch die Thyssen-Stiftung, durch das Deutsche Archäologische Institut ermöglicht und durch die Heidelberger Akademie der Wissenschaften, deren Mitglied Dikaios war. Da erkrankte seine Frau schwer. Er sah sie an seiner Seite hinsiechen, sah sie leiden und hat mitgelitten. Es ist noch kein Jahr, da haben wir sie hier auf dem Friedhof zu Grabe getragen. Porphyrios hatte die treue Gefährtin seines Lebens verloren. An diesem Verlust hat er schwer getragen. Seine eigenen Kräfte schwanden. Dennoch hat er nicht nachgelassen. Mit großer Anstrengung hat er sein Werk zu Ende gebracht. Der dritte Band ist vor drei Monaten erschienen. Dies Werk ist eine bedeutende Leistung, geradezu ein vorbildliches Muster einer sorgfältigen und umfassenden Grabungspublikation.

Das Stipendium in Deutschland war abgelaufen. Dikaios sollte mit einem schwedischen Stipendium eine neue Tätigkeit in der zyprischen Abteilung des Museums in Stockholm beginnen. Es fiel ihm schwer, sich von Heidelberg zu trennen, von seinen Freunden, vom Heiligenberg, auf dem er jeden Morgen zwei Stunden wanderte, vor allem aber vom Grab seiner geliebten Frau.

Er unterzog sich einer, wie er glaubte, kleinen Operation. Wer hätte geahnt, daß dieser Eingriff so schlimm enden würde? Sein nochmaliger Aufbruch in die Fremde – er hat nicht sollen sein. Oder anders gesagt, es sollte so kommen, wie es kam, weil das Schicksal es so wollte. Solon, der unter die Sieben Weisen des Altertums zählte, hat das Leben in zehn Stufen zu je sieben Jahren eingeteilt. Jede Stufe hat ihren eigenen Grad der Reife. Wer aber in das zehnte Jahrsiebt kommt – das Alter zwischen 63 und 70 Jahren –, dem kommt der Tod nicht zur Unzeit.

Porphyrios erlebte seinen 67. Geburtstag in der Klinik nicht mehr bei Bewußtsein. Sein Lebenswerk ist vollendet, sein Leben abgeschlossen. Er brauchte sich vom Grabe seiner Frau nicht zu trennen. Er ist mit ihr im Tod verbunden, liegt auf demselben Friedhof wie sie zu Füßen des Heiligenberges, den er so sehr liebte. Porphyrios Dikaios war ein guter Mensch. Wer ihn kannte, mußte ihn lieben. Seine Güte wird in uns weiterleben.

Hermann Wagner

*1895   †20.10.1976

Nachruf, gesprochen von R. Hampe in der Friedhofskapelle am Bergfriedhof in Heidelberg am 25.10.1976

Wir nehmen Abschied von einem alten Freunde,
von Hermann Wagner,
der bis zum Ende des letzten Krieges freier Photograph am Deutschen Archäologischen Institut in Athen gewesen ist und dann, nach dem Zusammenbruch des Deutschen Reiches, am Archäologischen Institut der Universität Heidelberg eine Zufluchtstätte fand, nachdem er nicht nur sein schönes Haus in Iraklion bei Athen und vieles andere verloren hatte, sondern vor allem seine Wirkungsstätte. Im Namen dieses Instituts und seiner Mitarbeiter möchte ich, als wohl ältester Bekannter Wagners in diesem Kreise, ein paar Worte sagen, Worte der Anerkennung und des Dankes.

Die Heidelberger Tätigkeit gab Wagner eine Existenzmöglichkeit, erlaubte ihm gelegentlich auch noch die Mitwirkung an größeren Unternehmungen – ich denke etwa an die Aufnahmen für den großen Skulpturenkatalog des Prado in Madrid oder an die Ausgrabungen in Palinuro. Aber im ganzen lag die Blütezeit seiner Tätigkeit und seiner Leistungen vor dem Kriege in Athen, wo ich ihn 1932 kennenlernte.

Er hatte damals kein leichtes Leben, arbeitete in einem kleinen Labor im Keller des Instituts in der Phidiasstraße, mußte sich sein Geld mühsam verdienen, denn er war ja kein fest bezahlter Angestellter. So arbeitete er etwa für die deutschen Ausgrabungen in Samos und später in Olympia oder für die amerikanische Grabung am Markte von Athen. Aber seine große Leistung bestand in der Erschließung der griechischen Plastik. Darin erreichte er eine Meisterschaft, die von keinem seiner Nachfolger übertroffen wurde. Viele Fachleute und unendlich viele Liebhaber der griechischen Kunst haben durch ihn griechische Plastik recht eigentlich sehen gelernt. Dies gilt insbesondere für die archaische Plastik und die großen Publikationen der Skulpturen des Akropolismuseums von Athen, des Heraheiligtums von Samos oder etwa des Wagenlenkers von Delphi – sie sind nicht zuletzt durch seine Kunst zu Standardwerken geworden. Als vor dem Krieg

Abb. 81 und 82 Athen, Akropolis. Kritiosknabe. Marmor. Höhe 86 cm.
Um 480 v. Chr.

anläßlich der Olympiade Skulpturen des Akropolismuseums (für die Filmleute) ins Freie herausgetragen wurden, da nützte Wagner diese

Gelegenheit, um Koren der Akropolis (Abb. 78), den Kritios-Knaben (Abb. 81 und 82) und andere Skulpturen im Sonnenlicht aufzunehmen, in der Beleuchtung also, in der sie auch im Altertum gestanden hatten. Auch diese Aufnahmen sind bis heute einzigartig.

Hermann Wagner war ein Meister in seinem Fach. Er hatte nicht nur eine außergewöhnliche künstlerische Einfühlungsgabe, er hatte sich auch im Laufe der Jahre erstaunliche archäologische Kenntnisse angeeignet, von denen mancher Archäologe etwas lernen konnte, zumal die Jüngeren, zu denen ich mich damals zählte. Hermann Wagner war erfinderisch. Er bedurfte zu seinen Aufnahmen keiner großen Apparaturen, wie sie heute üblich sind. Dasselbe gilt für seine besondere Begabung im Konservieren, insbesondere von antiken Metallarbeiten. Die Grabungen von Samos und Olympia, aber auch unsere Heidelberger Sammlung haben davon profitiert. Sowohl beim Photographieren als beim Konservieren hatte er die seltene Gabe der Geduld.

Im Ersten Weltkrieg hatte er bei der Fliegerei das Photographieren aus der Luft gelernt, und wenn in Griechenland damals Wahlen bevorstanden, dann wurde Wagner von der Griechischen Regierung eingesetzt, um die vielen improvisierten Flüchtlingssiedlungen in der Umgebung von Athen im Luftbild festzuhalten; denn damals gab es – so erstaunlich das heute klingt – in Athen niemanden, der diese Technik beherrschte.

Neben der Skulptur waren Aufnahmen griechischer Landschaft Wagners große Stärke, und noch bis vor kurzem hat er seinen alten Freunden zum Geburtstag oder zu Weihnachten Proben dieser einzigartigen Aufnahmen verehrt.

Aus Liebhaberei machte er daneben wunderbare Aufnahmen von Pflanzen und von Blumen, die nur wenigen bekannt geworden sind.

Hermann Wagner war ein Meister in seinem Fach, in Großaufnahmen ebenso wie in Details. Er war ein ausgesprochener, oftmals eigenwilliger Einzelgänger, der einen keineswegs leichten, sondern mühevollen Weg durchs Leben ging; nicht nur den großen Aufgaben, sondern auch den kleinen täglichen Pflichten hat er sich sorgfältig und verantwortungsbewußt hingegeben. Jede Flüchtigkeit war ihm zuwider. Wagner war hilfsbereit; er war ein treuer und verläßlicher Kamerad. Durch seine meisterhaften Aufnahmen hat er der Wissenschaft einen großen Dienst erwiesen und sich selbst ein Denkmal gesetzt.

TEXTNACHWEISE

Bei der Auswahl aus einem größeren Ganzen mußte die Zählung der Anmerkungen geändert werden. Zusätze der Herausgeberin sind auf ein Mindestmaß beschränkt und stehen in eckigen Klammern. Sie finden sich vor allem dort, wo R. Hampe später noch einmal auf das gleiche Thema zu sprechen gekommen war. Ungekürzt übernommene Aufsätze und Textfolgen sind die Regel; auf Kürzungen ist in den Anmerkungen hingewiesen.

Kapitel 1: Mykenische und Homerische Welt
S. 17   »Frühgriechisches Kunsthandwerk«. Einleitung zu einer Vorlesung.
   Unveröffentlichtes Manuskript. Würzburg, WS 1945/46.
S. 20   Besprechung von Viktor Burr, ΝΕΩΝ ΚΑΤΑΛΟΓΟΣ (Leipzig 1944).
   Deutsche Literaturzeitung 69, 1948, 429–432.
S. 25   Die Homerische Welt im Lichte der neuen Ausgrabungen: Nestor. Anhang: Stammbaum der Neleiden.
   R. Herbig (Herausgeber), Vermächtnis der antiken Kunst (Heidelberg 1950) 67–70.
S. 30   Die Homerische Welt im Lichte der neuesten Ausgrabungen: Der »Nestorbecher« von Ischia.
   Gymnasium 63, 1956.
S. 33   Die Gleichnisse Homers und die Bildkunst seiner Zeit: Schiffbruch des Odysseus. (Tübingen 1952) 27–31.
S. 39   Ein frühattischer Grabfund: Schlachtfeld, Hunde und Geier. (Mainz 1960) 66–70.
S. 49   Böotische Fibeln: Zusammenfassung.
   Katalog der Sammlung antiker Kleinkunst des Archäologischen Instituts der Universität Heidelberg II. Neuerwerbungen 1957–1970 (Mainz 1971) 98–99.
S. 55   »Frühgriechische Bildniskunst«. Einleitung zu einer Vorlesung. Unveröffentlichtes Manuskript. Mainz, etwa 1949.

Kapitel 2: Antikes und neuzeitliches Kreta
S. 59   Der Sarkophag von Hagia Triada.
   R. Hampe/E. Simon, Tausend Jahre frühgriechische Kunst (Fribourg 1980) 35–36.
S. 63   Kretische Löwenschale des 7. Jahrhunderts v. Chr.: Verwendung.
   Sitzungsberichte der Heidelberger Akademie der Wissenschaften (Heidelberg 1969) 23–26.
S. 69   ΠΑΡΑΜΥΘΙ (Märchen)
   Erschienen während des Krieges in einer Zeitung von Chania (Westkreta). Übersetzung der Herausgeberin.

S. 74   Hochzeit auf Kreta.
        Edwin Redslob zum 70. Geburtstag. Eine Festgabe (Berlin 1955) 224–233.
S. 87   Die Pithostöpfer von Kreta.
        Vortrag auf dem 1. Internationalen Kretologenkongreß (dort auf Neugriechisch gehalten). Kretika Chronika 118, 1963, 213–225.

Kapitel 3: Olympia
S. 109 Ein bronzenes Beschlagblech aus Olympia.
        Archäologischer Anzeiger 1938, 359–369.
S. 115 Olympia-Funde (Eine Auswahl).
        Pantheon 27, 1941, 97–101.
S. 127 Olympia-Funde.
        Pantheon 29, 1942, 125–128.

Kapitel 4: Interpretationen antiker Bildwerke
S. 137 Kretische Mitra in Olympia – Fundlücken in der Darstellung des Alexandros.
        I: Lexicon Iconographicum Mythologiae Classicae (Zürich 1981) 506–507 Nr. 52; II: Unveröffentlichtes Manuskript.
S. 143 Bruchstück eines attischen Grabpfeilers.
        Archäologischer Kalender (Mainz 1978) 28.8./10.9.
S. 145 Zu den Panathenäischen Amphoren.
        Unveröffentlicher Brief an J. A. Davison, University of Leeds; vgl. dessen Aufsatz in Journal of Hellenic Studies 78, 1958, 23–42.
S. 150 Hydria des Telesstas – Silen aus dem Umkreis des Pistoxenos-Malers.
        R. Hampe/E. Simon, Griechisches Leben im Spiegel der Kunst (Mainz 1959) 5 und 11.
S. 155 Attische Trinkschale: Hetäre am Waschbecken.
        Archäologischer Kalender (Mainz 1974) 18./31.8.
S. 157 Ein Denkmal für die Schlacht von Marathon.
        Die Antike 15, 1939, 168–174.
S. 169 Rückkehr eines Jünglings.
        Corolla für Ludwig Curtius zum 60. Geburtstag (Stuttgart 1937) 142–147.
S. 180 Der Wagenlenker von Delphi: I. Die Pferde – II: Deutung. Brunn/Bruckmann, Denkmäler griechischer und römischer Skulptur (München 1941) Text zu Tafeln 786–790; 11–13. 37–39.
S. 191 Die Stele aus Pharsalos im Louvre.
        107. Berliner Winckelmannsprogramm (1951) 23–28.
S. 198 Glaspaste mit Büste des Königs Kodros.
        Katalog der Sammlung antiker Kleinkunst des Archäologischen Instituts der Universität Heidelberg II. Neuerwerbungen 1957–1970 (Mainz 1971) 111–116 (ohne die Literaturliste zu den Heius-Gemmen).
S. 206 Statuette eines jungen Nubiers.
        Archäologischer Kalender (Mainz 1976) 8./21.2.

S. 208   Zur Laokoongruppe.
         Sperlonga und Vergil (Mainz 1972) 74–76.

Kapitel 5: *Übertragungen antiker und neugriechischer Dichtung.*
           Griechische Heldensagen
S. 215   Homer, Ilias 13, 10 ff.
         Ion Dragumis, Samothrake (Potsdam; Rütten und Loening 1942) 106, Motto zum Kapitel Phengari/Mondberg (die fünf ersten Verse); E. Simon, Die Götter der Griechen (München 1969) 66–67.
S. 216   Homer, Odyssee 6, 85 ff. und 23, 153 ff.
         Homer, Odyssee, übersetzt von R. Hampe (Stuttgart, Reclam 1979) 92–96. 382–385. Das Artemisgleichnis 6, 102 ff. bereits in E. Simon, Die Götter der Griechen (München 1969) 147.
S. 222   Kyprien (Fr. 4 Allen)
         Simon, Götter a. O. 237–238.
S. 222   Hesiod, Theogonie 319 ff.
         R. Hampe/H. Gropengiesser, Aus der Sammlung des Archäologischen Institutes der Universität Heidelberg (Berlin/Heidelberg/New York 1967) 36 zu Taf. 12.
S. 222   Homerischer Hymnus an Apollon (3, 140 ff.).
         Simon, Götter a. O. 139.
S. 223   Homerischer Hymnus an Aphrodite (5, 68 ff.).
         R. Hampe, Kretische Löwenschale des 7. Jahrhunderts v. Chr. Sitzungsberichte der Heidelberger Akademie der Wissenschaften (Heidelberg 1969) 36.
S. 223   Homerischer Hymnus an Athena (28).
         Simon, Götter a. O. 212.
S. 224   Archilochos (Fr. 30 und 31 West)
         Löwenschale a. O. 32.
S. 224   Alkman (Fr. 56 Page)
         Simon, Götter a. O. 164.
S. 224   Alkaios (Fr. 362 Lobel/Page)
         Löwenschale a. O. 32.
S. 224   Anakreon (Fr. 348 Page)
         Simon, Götter a. O. 154.
S. 225   Anakreontische Verse (VIII 5–10 und XXII Preisendanz)
         Löwenschale a. O. 32 und Castrum Peregrini (Amsterdam 1980) 49.
S. 226   Pindar, Hymnus (Fr. 33 Snell) und Dithyrambos (Fr. 70 b, 19 ff. Snell).
         Simon, Götter a. O. 136 und 165.
S. 227   Pindar, Parthenion (Fr. 94 b Snell)
         R. Hampe/E. Simon, Griechisches Leben im Spiegel der Kunst (Mainz 1959) 6.
S. 227   Euripides, Hippolytos 215 ff.
         Ebendort 22.

S. 228   Vergil, Aeneis 5, 833 ff. und 6, 337 ff.
         R. Hampe, Sperlonga und Vergil (Mainz 1972) 80–83.
S. 230   G. Drosinis, Auf eine Kore der Akropolis.
         Zuerst publiziert in einem Zeitungsartikel »Vom Ausgraben« (1943), wiederholt im Archäologischen Kalender (Mainz 1979) 5./11.11.
S. 232   Zwei Kapitel aus Ion Dragumis, Samothrake (Potsdam, Rütten und Löning 1942): Das Meer (27–40). Die Nike (95–105). Das Buch erschien in neugriechischer Sprache zuerst 1909.
S. 244   Aus Elias Venesis, Äolische Erde.
         Aus dem Neugriechischen von R. Hampe (Wiesbaden 1949. Neudrucke Berlin/Darmstadt 1958 sowie Mainz, Philipp von Zabern, 1969 und 1977) 95–98.
S. 248   Brief an C. Weickert vom 20.1.45 und unveröffentlichtes Probekapitel aus »Griechische Heldensagen« für den Verlag Rütten und Löning, Potsdam.

Kapitel 6: Jugendbriefe, Erinnerungen, Nachrufe
S. 272   Briefe zwischen 1926 und 1935.
S. 298   Kieler Erinnerungen. Stefan George und Friedrich Wolters.
         Castrum Peregrini (Amsterdam 1980) 43–49 (um die Stellen gekürzt, die auch in der Antrittsrede S. 309 enthalten sind); vgl. auch S. 276.
S. 303   Penthesileaschale, von Schülerinnen beschrieben.
         Publiziert in der Zeitschrift »Frauenkultur« 7. Heft, Juli 1941, 8–9. 18.
S. 309   Antrittsrede in der Heidelberger Akademie der Wissenschaften.
         Jahreshefte der Heid. Ak. der Wiss. 1959/60 (Heidelberg 1961) 21–26.
S. 317   Ernst Buschor 1886–1961.
         Jahresringe. Beiträge zur deutschen Literatur und Kunst der Gegenwart 62/63 (Stuttgart 1962) 346–348.
S. 321   Porphyrios Dikaios 1904–1971.
         Unveröffentlichtes Manuskript.
S. 325   Hermann Wagner 1895–1976.
         Unveröffentlichtes Manuskript.

BILDNACHWEISE

Taf. I Porträtgemälde Roland Hampe von Wilfried Otto (1981). Phot. Karl Öhrlein.
Taf. II Iraklion, Museum. Sarkophag von Hagia Triada. Hirmer Photoarchiv.
Taf. III Olympia, Museum. Terrakottakopf des Zeus von der Gruppe Abb. 34. Phot. »Hannibal«, Greece.
Taf. IV Olympia, Museum. Terrakottaköpfchen einer Frau (Mänade). Phot. Sp. Tsavdaroglou.
Taf. V Asomatos, Kreta. Frisch getöpferte Pithoi, die zum Trocknen abgestellt sind. Phot. R. Hampe.
Taf. VIa Kreta. Pithostöpfer beschleunigt das Trocknen eines Pithos durch brennende Reisigbündel. Phot. R. Hampe.
Taf. VIb Asomatos, Kreta. Bau des Pithos-Ofens. Phot. R. Hampe.

Abb. 1 Athen, Akropolismuseum. Kalbträger. Phot. Deutsches Archäologisches Institut Athen, Hege 1051.
Abb. 2 Ischia, »Nestorbecher«. Phot. Deutsches Archäologisches Institut Rom.
Abb. 3 und 4 München, Staatl. Antikensammlungen. Geometrische Kanne mit Schiffbruch des Odysseus. Museumsaufnahmen (Inv. 8696).
Abb. 5 Mainz, Universität. Zwei protoattische Kratere (A links und B rechts). Phot. Hanne Zapp/Mainz.
Abb. 6 Mainz, Universität. Fragment vom Hauptfries des protoattischen Kraters B: Schlachtfeld, Hunde und Geier. Zeichnung. Nach CVA Mainz, Universität 1 (München 1959) Taf. 16.
Abb. 7 München, Staatl. Antikensammlungen. Protoattisches Kännchen. Museumsaufnahme.
Abb. 8 London, British Museum. Spätgeometrische Amphora (N-Maler). Museumsaufnahme.
Abb. 9–Abb. 14 Heidelberg, Universität. Böotische Bronzefibeln. Phot. Archäologisches Institut der Universität.
Abb. 15 Heidelberg, Universität. Zwei syrische Salbschalen, Serpentin, die eine mit Löwenkopf, die andere mit Hand. Phot. Archäologisches Institut der Universität.
Abb. 16 und 18 Heidelberg, Universität. Kretische Löwenschale. Phot. wie 15.
Abb. 17 Iraklion, Museum. Löwengefäß aus Arkades. Phot. G. Xyluris/Iraklion.
Abb. 19–Abb. 25 Bei den Pithostöpfern von Kreta. Phot. R. Hampe und A. Winter.
Abb. 26 und 27 Pithostöpfer in Messenien. Phot. R. Hampe.
Abb. 28/29 Töpferei und Ziegelei in Messenien. Phot. E. M. Czako.
Abb. 30 Olympia. Heraion. Phot. H. Froning.
Abb. 31 Kerkyra, Museum. Xenvares-Kapitell. Phot. Deutsches Archäologisches Institut Athen, Corfu 79.
Abb. 32 und 33 Olympia, Museum. Bronzener Blattüberfall von einer frühen Holzsäule des Heraion von Olympia, Außen- und Innenansicht. Phot. Deutsches Archäologisches Institut Athen und Zeichnung.

Abb. 34   Olympia, Museum. Terrakotta-Gruppe: Zeus raubt Ganymedes. Hirmer Photoarchiv Nr. F 561.0635.
Abb. 35   Olympia, Museum. Bronzenes Beschlagblech: Schlange und Steinbock. Phot. Deutsches Archäologisches Institut Athen, Neg. 908.
Abb. 36 und 37   Olympia, Museum. Bronzenes Beschlagblech: Greifin und Junges. Nach Postkarte und nach Zeichnung R. Hampe.
Abb. 38   Fußboden im Baptisterium zu Florenz. Phot. Alinari.
Abb. 39   Olympia, Museum. Bronzene Greifenprotome (B 145). Hirmer Photoarchiv Nr. 592.0445.
Abb. 40   Olympia, Museum. Bronzestatuette. Startender Wettläufer. Phot. Deutsches Archäologisches Institut Athen.
Abb. 41 und 42   Athen, Nationalmuseum. Bronzepferd von einem Viergespann (B 1000). Hirmer Photoarchiv Nr. 561. 0425 und 0428.
Abb. 43   Rekonstruktion des Weihgeschenks, zu dem das Pferd Abb. 41 gehörte. Zeichnung F. Krischen. Nach Pantheon 1942, 128 Abb. 5.
Abb. 44   Olympia, Museum. Kretische Bronzemitra, fragmentiert (B 4900). Paris und Helena. Zeichnung nach Olympiabericht 8 (1967) Taf. 103.
Abb. 45   Athen, Nationalmuseum. Attischer Grabpfeiler: Diskosträger. Phot. H. Wagner.
Abb. 46 und 47   Heidelberg, Universität. Panathenäische Preisamphora, eine der letzten Erwerbungen von R. Hampe. Unpubliziert. Phot. Archäologisches Institut der Universität (Inv. 73/3).
Abb. 48   Mainz, Universität. Bronzehenkel von der Hydria des Telesstas: Mädchenkopf. Phot. Archäologisches Institut der Universität.
Abb. 49   Mainz, Universität. Innenbild einer Schale aus dem Umkreis des Pistoxenos-Malers: Silen. Phot. Archäologisches Institut der Universität.
Abb. 50   New York, Norbert Schimmel Collection. Schale des Duris. Phot. O. E. Nelson/New York.
Abb. 51   Athen, Akropolismuseum. Nike des Kallimachos. Phot. Deutsches Archäologisches Institut Athen, Schr. 106.
Abb. 52   Rekonstruktion der Nike Abb. 51 durch A. Raubitschek. Zeichnung. Nach Antike 15, 1939, 170 Abb. 1.
Abb. 53   Eleusis, Museum 1223. Schwarzfiguriger Ständer. Nach Antike 15, 1939, 173 Abb. 5.
Abb. 54 und 55   Athen, Nationalmuseum. Kerykeion, Bronze, von der Akropolis. Phot. Deutsches Archäologisches Institut Athen. N.M. 4073 und 4074.
Abb. 56   Privatbesitz. Salbgefäß mit Pan. Nach Antike 15, 1939, 173 Abb. 6.
Abb. 57–59   Tarquinia, Museum RC 6846. Schale des Brygosmalers, Außenbild der einen Seite. Details. Heimkehr des Paris. Phot. Deutsches Archäologisches Institut Rom.
Abb. 60   Anderes Außenbild der Schale Abb. 57–59. Achill und Memnon. Nach Postkarte.

Abb. 61   Paris, Louvre G 151. Schale des Briseismalers, Außenbild. Gleiches Thema wie Abb. 57–59. Museumsaufnahme.

Abb. 62   Paris, Louvre G 115. Schale des Duris, Außenbild. Zweikampf zwischen Menelaos und Paris (Alexandros). Museumsaufnahme.

Abb. 63 und 64   Delphi, Museum. Beine der Pferde des Wagenlenkers. Aufnahmen H. Wagner. Nach BrBr Text zu Taf. 786–790. Abb. 7. 8.

Abb. 65   Rekonstruktion der delphischen Wagenlenkergruppe.
Zeichnung F. Krischen. Nach BrBr Text zu Taf. 786–790 Abb. 32.

Abb. 66   Delphi, Museum. Wagenlenker. Hirmer Photoarchiv Nr. 561. 0602.

Abb. 67   Delphi, Museum. Kopf des Wagenlenkers. Phot. H. Wagner.

Abb. 68   Paris, Louvre. Stele aus Pharsalos. Phot. Chuzeville.

Abb. 69–71   Rekonstruktionszeichnungen der Stele Abb. 68. Nach 107. BWPr 1951 Abb. 15–17.

Abb. 72   Volos, Museum. Thessalische Grabstele mit zwei Mädchen. Nach Postkarte.

Abb. 73 a, b   Heidelberg, Universität. Glaspaste mit Büste des Königs Kodros. Phot. Archäologisches Institut der Universität.

Abb. 74 und 75   Paris, Cabinet des Médailles. Bronzestatuette eines jungen Nubiers. Museumsaufnahme.

Abb. 76   Rom, Vatikan. Laokoongruppe. Phot. Deutsches Archäologisches Institut Rom. Neg. 64900.

Abb. 77   Roland Hampe mit Enkel nach der Homerlesung in der Buchhandlung Weiss am 25. 11. 1979 in Heidelberg. Privatphotographie.

Abb. 78   Athen, Akropolis. Euthydikoskore. Phot. H. Wagner.

Abb. 79   Paris, Louvre. Nike von Samothrake. Hirmer Photoarchiv Nr. 561. 1030.

Abb. 80   München, Staatl. Antikensammlungen. Penthesilea-Schale. Hirmer Photoarchiv Nr. AM 2688/1.

Abb. 81 und 82   Athen, Akropolis. Kritiosknabe. Phot. H. Wagner.

REGISTER

I: Mythologische Gestalten

Achilleus 21f., 31, 44f., 169ff., 176, 255f., 304–308
Agamemnon 45, 265
Aiakos 251
Aias 31
Aigeus 31
Aigisthos 46, 137
Aineas 260, 263f., 266f., 276
Akastos 251f., 254
Aktaie 140
Aktorione 11, 53
Alexandros (Paris) 11, 139f., 172–177, 254, 256–268
Alkyoneus 210
Amarynkeus 11
Amazone(n) 204, 304–308
Amphiaraos 189
Amphitrite 253
Amykos 266
Anchises 260, 263f.
Andromache 45, 51
Antigone 276
Antinoos 46
Aphareus, Apharetiden 266–269
Aphrodite 139ff., 175, 222f., 253f., 257–261, 263ff., 267
Apollon 140, 149, 202f., 222, 250, 253f., 261, 268
Ares 253
Argonauten 255, 266
Artemis 150, 158f., 170, 175f., 199f., 224f., 227, 250, 253

Assarakos 259, 263
Atalante 141
Athena 140, 203, 223, 253f., 256, 258f., 262
Atreus 265

Baton 189
Bellerophon 256
Boreas 259
Boros 27
Briareos 256
Briseis 169

Chariklo 253
Chariten 257f.
Chimaira 222, 256
Chiron 249–256
Chromios 25, 27

Dardanos 259f.
Deiphobos 260
Demeter 253
Despoina 140f.
Diana 199ff.
Diomedes 200f.
Dionysos 152, 254
Dioskuren 269
Dolon 200f.
Doris 254

Elpenor 44f.
Eos 140, 171
Erichthonios 259

336

Erinyen 47
Eris 140, 254
Eurystheus 106

Ganymedes 117f., 259, 263
Giganten 140
Glaukos 31, 106
Gorgo 258
Gorgone (Schwester Alexanders des Großen) 244–247
Greif, Greifin 47, 121 ff.

Harmon 261
Harpyien 47
Hekabe 45, 173, 175f., 256, 259, 261
Hektor 31f., 44ff., 170, 172, 177, 260f., 263
Helena 51, 137ff., 141, 169, 260, 265, 267f.
Helenos 264
Helios 36, 140
Hephaistos 74, 86, 254
Hera 114, 140, 150, 251, 253, 256, 258f.
Herakles 27, 52ff., 106, 253ff., 301
Herakliden 27
Herkyna 150f.
Hermes 36, 141, 159, 162, 172, 175, 253f., 256f.
Hermione 265, 267
Hesperos 140
Hestia 253
Hilaeira 267
Hippomedon 140

Hölzernes Pferd 53f.
Horen 254, 258
Hydra 52

Idas 266–269
Ilos 259, 263
Iokaste 140
Iolaos 140
Iris 45, 159, 162, 249ff., 253
Iuppiter Capitolinus 202

Kalypso 36
Kassandra 173, 175, 177, 260f., 264
Kastor 265–269
Katreus 267
Kekrops 141
Kentaur(en) 249f., 285
Ker(en) 41, 47
Klytaim(n)estra 46, 137
Kodros 25, 28, 198f., 203f.
Kronos 250

Laokoon 208–211
Laomedon 259
Leda 265
Leukippos, Leukippiden 267f.
Lynkeus 266–269

Mänade 119, 153
Maia 253
Medusa 256
Melanthos 25, 27f.
Meleager, Meleagros 141, 255
Memnon 171f., 176

337

Menelaos 36, 46, 137, 176, 265, 267f.
Minotauros 255
Moira, Moiren 45, 254
Molione 53
Mopsos 140
Muse(n) 9, 254

Nausikaa 216ff.
Neleiden, Stammbaum der 25–28
Neleus 25, 27, 203f.
Nemesis 265
Nereus 253f., 256
Nestor 25ff., 30f., 53, 314
Nike(n) 140f., 159–168, 237–243
Nymphe(n) 150f., 257
Nyx 140

Odysseus 12, 36f., 44, 46, 200f., 216ff.
Oedipus 275
Olympos 149
Orestes 137

Palinurus 211, 228f.
Pan 162–168
Pandora 106
Paris, s. Alexandros
Patroklos 45
Peleus 22, 251–255
Pelops 265
Penelope 219ff.
Penthesilea 304–308
Periklymenos 25, 27f.
Perseus 255f.

Phaidra 227
Phereklos 261f.
Philyra 250
Phoibe 267
Phoinix 169
Phylenheroen 168, 203f.
Polydeukes 265–269
Polyphem 211
Polyxena 173, 177, 261
Poseidon 12, 25, 27, 215, 250, 253f., 256
Priamos 44, 169f., 173, 176, 256, 259ff., 263f., 268, 280
Proteus 36

Satyrn, s. Silen(e)
Silen(e) 119, 152f., 254
Sirene(n) 227
Sphinx, Sphingen 41, 47

Teiresias 36
Tekton 261
Themis 52, 140, 249, 251, 254
Theseus 31, 255
Thetis 171, 250–256
Troilos 172
Trophonios 150f.
Tros 259
Tyndareos, Tyndariden 265, 268f.

Venus 202

Zeus 59f., 62, 106, 115ff., 140, 203, 249–254, 256, 258, 264f., 269

II: Personen (Antike), nur im Haupttext Genannte

Aischylos 177
Alexander der Große 245 ff.
Alkaios 224
Alkibiades 187
Alkisthenes 140
Alkmäoniden 187, 189
Alkman 150, 180, 224
Anakreon 224
Antenor 166
Apollodor 27, 297
Archilochos 126, 224
Arkesilas 187, 189
Aspasios 203
Athenäus 65

Bathykles 113
Brygos 169 ff.

Caesar, Julius 202
Cicero 200, 202

Damophon von Messene 141
Dandis 133
Deinomeniden 187 ff.
Diodor 188
Dionysios 187

Euripides 140, 227

Gelon 187 ff.

Hagesias 187
Heius 198–205
Hekataios 26
Hellanikos 25 f.

Herodot 25 f., 55 f., 166 ff.
Herodotos von Theben 187
Hesiod 180, 222
Hieron 187 ff.
Homer 12, 19–25, 27, 30 ff., 137 ff., 215–223, 278, 309, 314

Kallimachos von Aphidnai 158 ff., 166 ff.
Karrhotos 187, 189
Kimon 168, 203
Kleoitas 133
Klitias 141
Knopion 187, 189
Kritios 166, 327
Kroisos 55 f.
Kyniska 134, 187

Lichas 187
Lukian 190
Lukrez 292, 310

Marcellus 202
Miltiades 158, 164, 166 ff., 203
Mithridates 202

Nero 157, 187
Nesiotes 166
Nikomachos 187, 189

Octavia 202

Pausanias 25, 27 f., 134, 139, 168, 184, 187, 203, 297
Peisistratos 145, 149

Phidias 203
Phintis 187
Pindar 151, 187 ff., 226 f.
Platon 190, 309
Plinius 202
Polyzalos 187 ff.
Pompeius der Große 202
Proklos 280

Sappho 126, 150, 196 f.
Scaurus 202
Simon 180
Simonides 168
Sokrates 153
Solon 55 f., 145
Sophilos 141

Sophokles 275 f.
Sulla 202

Theognis 117
Theron von Akragas 187, 189
Thrasybulos 188
Thukydides 23, 26 f.
Tyrannenmörder 166

Varro, Marcus 202
Vergil 228 f., 280
Verres 202

Xenophon 158, 180, 183
Xenvares 109 f.

III: Personen (Neuzeit)

Aufgenommen sind – mit Auswahl – nur im Haupttext Genannte. Falls sie als Autoren zitiert sind, erscheinen die Vornamen abgekürzt.

Allen, Th. W. 20
Amelung, W. 293
Andreae, B. 208

Bartels, H. 137
Baumann (Lehrer in Salem) 273
Beazley, John D. 145, 162–169, 201, 287, 295
Berve, H. 158
v. Blanckenhagen, P. H. 211
Bourguet, A. 184
v. Brauchitsch, G. 148
Brunn, H. 200
Buchner, Giorgio 315

Bulle, H. 184
Burr, Viktor 20–24, 26
Buschor, Ernst 12, 184, 196, 278 ff., 284 f., 287, 292 f., 310, 317–320
Buschor, Hera 289

Cades, T. 200
Carossa, Hans 294
Caskey, J. L. 26
Cromwell, Oliver 272
Curtius, Editha 294
Curtius, Ludwig 293 f., 311
Curtius, Olivia 294
Curtius, Stella 294

Dalton, O. M. 201
Davison, J. A. 145–149
Deubner, Ludwig 293 f.
Dickins, G. 159, 293
Diehl, A. 183
Diener, Dorothea, gen. Ditel, geb. Hampe (Schwester) 275, 282
Diener, Hermann (Schwager) 272
Diepolder, Hans 278 f.
Dikaios, Porphyrios 321–324
Dörpfeld, W. 26, 109, 113 f.
Dornseiff, F. 187
Dragumis, Alexander (Schwiegervater) 9
Dragumis, Ion 9, 12, 232–243, 312
Drosinis, Georgios 230
v. Duhn, F. 184

Ehrenberg, V. 32
Elze, Walter 301

Fahrner, Rudolf 300
Fittschen, K. 137, 139
Furtwängler, A. 112, 184, 200 ff., 318

George, Stefan 298–302, 309
Georgiades(-is), Thrasybulos 9, 281 ff., 286, 289, 310
Glassen (Lehrer in Salem) 275
Goethe, J. W. 210, 293
Gross, W.-H. 208
Grundmann, Kimon 285

Hafner, G. 184
Hahn (Schulleiter in Salem) 272, 274
Hampe, Annemarie (Schwägerin) 287
Hampe, Charlotte, geb. Rauf, 1883–1950 (Mutter) 273 ff., 281–288
Hampe, Hermann (Bruder) 276, 287
Hampe, Karl, 1869–1936 (Vater) 12, 272 f., 275–280, 283 f., 286, 288–298, 309
Hampe, Karl Ludwig (Bruder) 276
Hampe, Konrad (Bruder) 287, 293
Hampe, Lisa (Schwester) 282, 287, 289
Hampe, Lotti (Schwester) 289
Hölderlin, F. 309
Hölscher, Tonio 13
Hoffmann, H. 139
Homann-Wedeking, Ernst 286
Homolle, Th. 184
Hultsch, F. 148

Jacobsthal, P. 293
Jacoby, F. 20
Jantzen, Ulf 12, 118–126, 311
Judeich, W. 159

Kahil, Lilly 11
Kantorowicz, Ernst 280, 286
Karo, Georg 284 ff., 293, 310

Karusos, Christos 281f., 284, 287
Karusu, Semni 149, 284f., 287
Keramopullos, A. 184
Kirchner, J. 158
Kommerell, Max 299
Kraiker, Wilhelm 284, 287
Krischen, Fritz 131
Kuchenmüller, W. 275
Kübler, K. 47, 54
Kunze, Emil 285

Ladner, Gerhart 292
Landmann, Julius 277, 298
Langlotz, Ernst 162
Launay, M. 184
Lesky, A. 31
Levi, D. 66
Lippold, G. 201

Mann, Golo 275
Mann, Thomas 275
Müller, K. 285
Murray, A. S. 201

Nilsson, M. P. 31

Payne, Humfry 159, 287
Petersen, Carl 298
Petersen, E. 148
Pfuhl, E. 278
Picard, Ch. 191ff.
Pomtow, H. 184

Raoul-Rochette, M. 200
Raponi, I. M. 199f.
Raspe, R. E. 200

Raubitschek, Antony E. 148, 159
Regenbogen, Otto 292, 310
Reinbach, S. 201, 205
Reinhardt, Karl 319
Richter, G. M. A. 191
Richter, Jean Paul 309, 319
Rickert, Franz 289
Rodenwaldt, G. 283
Rohrbach, Paul 272, 275

Salin, Edgar 298
v. Salis, Arnold 196
Schadewaldt, W. 32, 196
Schede, Martin 248
Schefold, Karl 137, 284, 296
Schulze, Siegmund 272
Schweitzer, B. 139
Schwyzer, E. 204
Siebeck, Berta 280, 288
Sieveking, J. 201
Simon, Erika 314
Steinocher, Maria, gen. Mai 276
Stroux, Johannes 310
Studniczka, F. 184, 278
Svoronos, J. 184

Valentin, Karl 319
Venesis, Elias (Ilias) 9, 244–247, 312
Ventris, M. 11, 31
Visconti, E. A. 200
Vollenweider, M.-L. 201

Wagner, Hermann 325–328
Walter-Karydi, E. 107
Weickert, Carl 248, 278f.

Wetter, Max 301
Wiglis, Siphis 76, 82
Wiglis, Theodoros, gen. Theodoris 77f., 84
v. Wilamowitz-Moellendorff, U. 187f.
Wilhelm, A. 158
Wimmer, Hans 319f.
Winckelmann, J. J. 118, 200, 293

Winter, Adam 10f., 87–106, 314f.
Wolters, Friedrich 282, 298–302, 310
Wolters, Gemma 289, 298

Xanthudidis, St. 90

Zwierlein-Diehl, Erika 201ff.

KULTURGESCHICHTE DER ANTIKEN WELT
Fachkundige Einführungen für den archäologisch und historisch interessierten „Laien"

Band 1: *Boardman, John*
Schwarzfigurige Vasen aus Athen · Ein Handbuch
Format 16 x 23 cm; 278 Seiten; 321 Abbildungen; Fester Einband
ISBN 3-8053-0233-9

Band 2: *Alföldi, Maria*
Antike Numismatik · Teil I: Theorie und Praxis
Format 16 x 23 cm; 218 Seiten Text und umfangreiche Register; 19 Abbildungen; 23 Tafeln mit 410 Abbildungen; 7 Karten; Fester Einband
ISBN 3-8053-0230-4

Band 3: *Alföldi, Maria*
Antike Numismatik · Teil II: Bibliographie
Format 16 x 23 cm; 152 Seiten Bibliographie und ausführliches Register; 20 Tafeln; Fester Einband
ISBN 3-8053-0335-1

Band 4: *Boardman, John*
Rotfigurige Vasen aus Athen · Die archaische Zeit
Ein Handbuch
Format 16 x 23 cm; 285 Seiten; 528 Abbildungen; gebunden, mit farbigem Schutzumschlag
ISBN 3-8053-0234-7

Band 5: *Boardman, John*
Griechische Plastik · Die archaische Zeit
Ein Handbuch
Format 16 x 23 cm; 297 Seiten; 481 Abbildungen; gebunden, mit farbigem Schutzumschlag
ISBN 3-8053-0346-7

Band 6: *Zauzich, Karl-Theodor*
Hieroglyphen ohne Geheimnis · Spaß beim Hieroglyphenlesen
Ein Handbuch zur Erlernung der altägyptischen Schrift
Format 16 x 23 cm; 125 Seiten; 6 Schwarzweiß- und 8 Farbabbildungen; Fester Einband
ISBN 3-8053-0470-6

 VERLAG PHILIPP VON ZABERN · MAINZ

KULTURGESCHICHTE DER ANTIKEN WELT

Fachkundige Einführungen für den archäologisch und historisch interessierten „Laien"

Band 7:   *Dörner, Friedrich Karl*
Vom Bosporus zum Ararat
Reise- und Fundberichte aus Kleinasien
2. Auflage
Format 16 x 23 cm; XII, 392 Seiten mit 27 Textillustrationen; 64 Abbildungen; 5 doppelseitige Farbtafeln und 6 Farbtafeln mit 8 Abbildungen; gebunden, mit farbigem Schutzumschlag
ISBN 3-8053-0417-X

Band 8:   *Richter, Friedrich / Hornbostel, Wilhelm*
Unser tägliches Griechisch
Deutsche Wörter griechischer Herkunft · Mit einem archäologischen Beitrag von Wilhelm Hornbostel
Format 16 x 23 cm; 246 Seiten; 36 Abbildungen; Fester Einband
ISBN 3-8053-0464-1

Band 9:   *Haynes, Sybille*
Die Tochter des Augurs · Aus dem Leben der Etrusker
Format 16 x 23 cm; 308 Seiten; 13 Farbtafeln; 42 bibliophile Illustrationen; gebunden, mit farbigem Schutzumschlag
ISBN 3-8053-0463-3

Band 10:   *Haas, Volkert*
Hethitische Berggötter und hurritische Steindämonen · Riten, Kulte und Mythen
Format 16 x 23 cm; 258 Seiten; 6 Farb- und 37 Schwarzweißabbildungen; gebunden, mit farbigem Schutzumschlag
ISBN 3-8053-0542-7

Band 11:   *Habachi, Labib*
Die unsterblichen Obelisken Ägyptens
Aus der Feder des Nestors der Ägyptologie erfahren wir alles über Obelisken.
Format 16 x 23 cm; 256 Seiten; 5 Farb- und 83 Schwarzweißabbildungen; Fester Einband
ISBN 3-8053-0581-8

 VERLAG PHILIPP VON ZABERN · MAINZ

KULTURGESCHICHTE DER ANTIKEN WELT

Fachkundige Einführungen für den archäologisch und historisch interessierten „Laien"

Band 12: *Hagenow, Gerd*
Aus dem Weingarten der Antike
Die Bedeutung des Weines in den antiken Kulturen, in der Poesie, sowie die Technik des Weinbaus im Altertum.
Format 16 x 23 cm; 248 Seiten; 16 Farb- und 64 Schwarzweißabbildungen; Fester Einband
ISBN 3-8053-0589-3

Band 13: *Haynes, Denys*
Griechische Kunst und die Entdeckung der Freiheit
Durch die Idee menschlicher Freiheit unterschied sich die griechische Kultur von allen anderen der alten Welt und schuf die Grundlagen unseres modernen westlichen Denkens.
Format 16 x 23 cm; 148 Seiten; 90 Schwarzweißabbildungen; Fester Einband
ISBN 3-8053-0557-5

Band 14: *Lacey, W. K.*
Die Familie im Antiken Griechenland
Format 16 x 23 cm; 330 Seiten; 32 Tafeln mit 49 Abbildungen; Fester Einband
ISBN 3-8053-0543-5

Band 15: *Perfahl, Jost*
Wiedersehen mit Argos und andere Nachrichten über Hunde in der Antike
Format 16 x 23 cm; 116 Seiten; 8 Farb- und 50 Schwarzweißabbildungen; Fester Einband
ISBN 3-8053-0757-8

Band 16: *Schefold, Karl*
Die Bedeutung der griechischen Kunst für das Verständnis des Evangeliums
Format 16 x 23 cm; 113 Seiten mit 48 Abbildungen; Fester Einband
ISBN 3-8053-0639-3

Band 17: *Toynbee, J. M. C.*
Tierwelt der Antike
Format 16 x 23 cm; XV, 486 Seiten mit 1 Textabb.; 4 doppelseitige Farbtafeln; 48 Tafeln mit 144 Abb.; Fester Einband
ISBN 3-8053-0481-1

 VERLAG PHILIPP VON ZABERN · MAINZ

KULTURGESCHICHTE DER ANTIKEN WELT

Fachkundige Einführungen für den archäologisch und historisch interessierten „Laien"

Neuerscheinungen Herbst/Winter 1984

Band 18: *Rühfel, Hilde*
Das Kind in der griechischen Kunst · Von der minoisch-mykenischen Zeit bis zum Hellenismus
Format 16 x 23 cm; 378 Seiten; 133 Abbildungen; 8 Farbtafeln; gebunden, mit farbigem Schutzumschlag
ISBN 3-8053-0808-6

Band 19: *Rühfel, Hilde*
Kinderleben im klassischen Athen · Bilder auf klassischen Vasen
Format 16 x 23 cm; 230 Seiten; 101 Abbildungen; 5 Farbtafeln; gebunden, mit farbigem Schutzumschlag
ISBN 3-8053-0794-2

Band 20: *Snodgrass, A. M.*
Wehr und Waffen im antiken Griechenland
Format 16 x 23 cm; 300 Seiten; 140 Abbildungen; gebunden, mit farbigem Schutzumschlag
ISBN 3-8053-0533-8

Band 21: *Brothwell, Patricia und Don R.*
Manna und Hirse · Eine Kulturgeschichte der Ernährung
Format 16 x 23 cm; 316 Seiten; 45 Abbildungen; 19 Farb- und 50 Schwarzweißtafeln; gebunden, mit farbigem Schutzumschlag
ISBN 3-8053-0536-2

Band 22: *Hampe, Roland*
Antikes und modernes Griechenland
Format 16 x 23 cm; 335 Seiten; 81 Abbildungen; 6 Farbtafeln; gebunden, mit farbigem Schutzumschlag
ISBN 3-8053-0802-7

 VERLAG PHILIPP VON ZABERN · MAINZ

KULTURGESCHICHTE DER ANTIKEN WELT

Fachkundige Einführungen für den archäologisch und historisch interessierten „Laien"

Sonderband: *Buchner, Edmund*
Die Sonnenuhr des Augustus
Der Ausgräber berichtet von der aufregenden Entdeckung und Ausgrabung der Sonnenuhr des Augustus, der größten Uhr und des größten Kalenders aller Zeiten
Format 18 x 26 cm; 112 Seiten; 25 Schwarzweißabbildungen; 32 Tafeln mit 53 Abbildungen; Fester Einband
ISBN 3-8053-0430-7

Sonderband: *Homer* Die Odyssee
In gekürzter Form nacherzählt von Eva Jantzen und bibliophil illustriert von Brinna Otto
Format 22 x 22,5 cm; 200 Seiten; 66 Zeichnungen nach griechischen Originalbildern; Fester Einband
ISBN 3-8053-0531-1

Sonderband: Ausgrabungen — Funde — Forschungen des Deutschen Archäologischen Instituts
Format 18 x 21 cm; 258 Seiten; 128 Schwarzweißabbildungen; 14 farbige Abbildungen und Karten; Fester Einband
ISBN 3-8053-0758-6

Sonderband: *Carettoni, Gianfilippo*
Das Haus des Augustus auf dem Palatin
Format 18 x 26 cm; 95 Seiten mit 19 Abbildungen; 2 Plänen; 26 Farbtafeln mit 40 Abbildungen; 22 Tafeln mit 25 Abbildungen; Fester Einband
ISBN 3-8053-0755-1

Neuerscheinung Herbst/Winter 1984

Sonderband: *Ekschmitt, Werner*
Die Sieben Weltwunder · Ihre Erbauung, Geschichte und Wiederentdeckung
Format 18 x 26 cm; 277 Seiten; 94 Abbildungen; 28 Farb- und 50 Schwarzweißtafeln; gebunden mit farbigem Schutzumschlag
ISBN 3-8053-0784-5

VERLAG PHILIPP VON ZABERN · MAINZ